KB032505

關·東·大·路

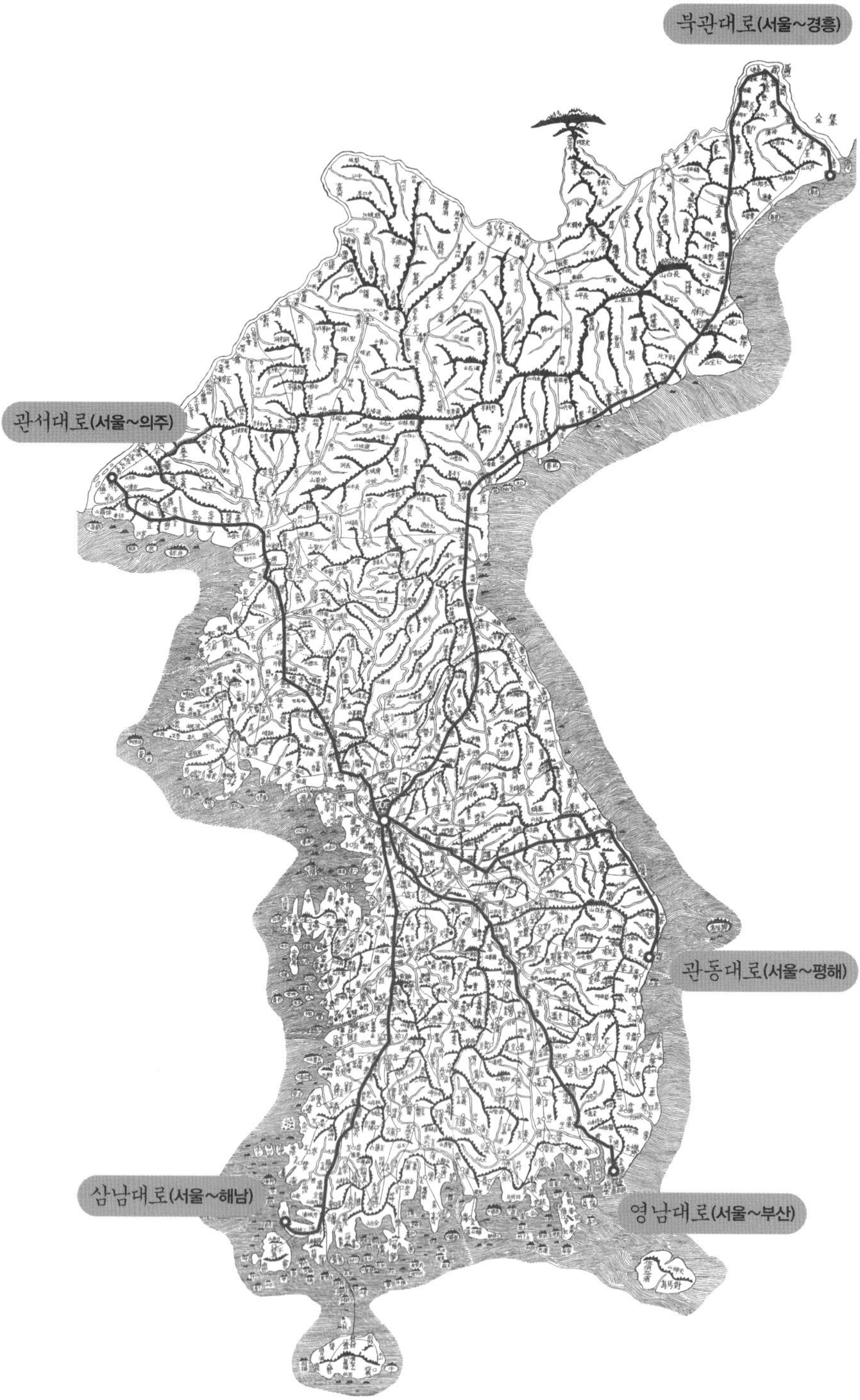
북관대로(서울~경흥)
관서대로(서울~의주)
관동대로(서울~평해)
삼남대로(서울~해남)
영남대로(서울~부산)

관동대로

關·東·大·路

서울에서 평해까지 옛길을 걷다

신정일 지음

휴머니스트

과거와 현재가 살아 숨 쉬는 관동대로

삼남대로와 영남대로를 다 걷고 나니 왠지 마음 한구석이 허전했다. 그 이유를 생각해보니 아직 걷지 못한 평해로(平海路), 즉 관동대로 때문이었다.

북한 답사는 언제 추진될지 알 수 없기에 남한에 있는 이 길만이라도 빨리 걸어보고 싶었다. 달력을 놓고 이리저리 일정을 맞추어보아도 날짜를 잡기가 쉽지 않았다. 애를 태우고 괴로워하는 사이에 몇 달이 지나고 몇 년이 흘러갔다. 이래서는 안 되겠다 싶어 정해년(2007)을 넘기지 말자고 다짐한 끝에 가을 만산홍엽을 바라보며 관동대로 도보답사에 나섰다.

그런데 혼자 걸었던 삼남대로나 네 명이 함께 걸었던 영남대로와 달리, 사단법인 '우리땅걷기' 도반(道伴)들과 걷기로 하면서 문제가 생겼다. 자유롭게 일하는 나로서는 일정 맞추기가 그리 어렵지 않았지만 다른 사람들은 일부러 시간을 내지 않는 한 함께 걷기가 어려웠다. 우여곡절 끝에 우리땅걷기 정예 도반들과 대장정에 나서게 되었다. 바로 엊그제까지만 해도 서로 모르던 사람들이 운명처럼 관동대로의 도반이 된 것이다.

'작은 것만 보던 사람은 천지가 크다는 것을 보지 못한다'는 옛말처럼 많은 사람들이 마음은 있어도 실제로 여행을 하기란 쉽지 않다. 거기에다 여행을 간다 해도 주마간산, 아니 주차간산처럼 단순히 돌아다니다 오는 것이 대부분이다. 그렇다고 마음먹고 주제(옛길, 우리나라의 강, 국토 종단의 도보답사 등)를 정하고 계획을 세워서 차근차근 실행으로 옮기는 일도 생각만큼 쉽지 않다. 그나마 계획을 세웠다가도 집안에 일이 생기면 다음 기회를 기다리거나 포기를 하기 때문에 '사람은 내일을 기다리다 그 내일엔 묘지로 간다'는 러시아 속담처럼 끝내 물 건너간 계획이 되고 만다.

지금 사람들만 그러한 것이 아니라 옛사람들도 그러했다. 오히려 옛날에 유람을 더 많이 했을 듯싶지만 한양에서 겨우 수백 리밖에 안 되는 금강산을 답사한 사람은 그리 많지 않았다. 오죽했으면 조선 중기 문신인 신기재(申企齋, 1484~1555)는 "젊을 때는 병이 많고 지금은 늙었으니, 인생 백 년 동안에 금강산 한 번 못 보았네"라고 읊었을까.

요즘 들어 에스파냐의 '산티아고'나 일본의 에도시대의 길과 로마의 옛길을 찾는 도보 순례자들이 부쩍 늘었다. 우리 옛길의 아름다움과 그 길 위에 살아 숨 쉬는 역사를 모르는 사람들이 많기 때문이리라. 800여 킬로미터의 순례길을 걷고자 40여 일이라는 시간과 막대한 돈을 들여 해외로 가는 사람들을 볼 때마다 그래서 더 안타깝고 마음 아프다. 그들의 발길을 우리의 아름다운 옛길과 생명을 지켜주는 한국의 5대 강으로 돌리려면 무엇보다 원래 모습의 역사 문화를 찾는 일이 중요하다.

'우리땅걷기'에서도 옛길의 가치를 일깨우고 우리 땅에 대한 자긍심을 심어주고자 우리 길을 걸은 사람들에게 인증서를 주고 있다. 이는 우리 땅에 대한 올바른 이해는 물론 걷기를 통해 스스로에 대한 자신감을 증명하는 증서와도 같다. 42.195킬로미터를 완주한 마라톤 주자들에게 주는 인증서를 천리 옛길이나 천삼백 리 우리 강을 걸은 사람들에게 준다고 누가 되겠는가?

모든 길이 힘들지만 특히 관동대로는 옛 지도로만 살펴보았을 뿐 근래에 이 길을 밟은 사람이 없다는 점에서 관동대로 인증서는 더욱 값진 것이다.

아무리 가까워도 가지 않으면 이르지 못하고 종착지에 닿지 않으면 안 되는 숙명의 길, 관동대로. 《동국여지비고(東國輿地備攷)》 제2권에 관동대로는 우리나라 각 지역에 이르던 9대로 중 제3로라고 기록되어 있다. 《동국여지비고》를 보면 경흥의 서수라로 가는 제2로와 평해로 가는 제3로만이 동대문을 이용했다는 사실을 알 수 있다.

> 서북(西北)으로 의주(義州)에 가는 것이 제1로가 된다. 홍제원(弘濟院)과 양철평(梁鐵坪)을 경유한다. 동북으로 경흥부 서수라진(慶興府西水羅津)에 가는 것이 제2로다. 흥인문(興仁門)과 수유치(水踰峙)를 경유한다. 동으로 평해군(平海郡)에 가는 것이 제3로가 된다. 흥인문과 중량포(中梁浦)를 경유한다. 동남으로 동래부, 부산진으로 가는 것이 제4로가 된다. 숭례문(崇禮門)과 한강진(漢江津)을 경유한다. 남으로 고성현(固城縣)과 통제사영에 가는 것이

제5, 6로가 된다. 두 길로 나뉘는데 한강진을 경유하는 것이 제5로가 되고, 노량진을 경유하는 것이 제6로가 된다. 남으로 제주로 가는 것이 제7로가 된다. 노량진을 경유한다. 서남으로 보령현(保寧縣) 수군절도사영에 가는 것이 제8로가 된다. 노량진을 경유한다. 서쪽으로 강화부로 가는 것이 제9로가 된다. 양화진(楊花津)을 경유한다.

서울과 경기도를 거쳐 가야 하는 강원도는 영동과 영서로 나눌 수 있다. 경치가 빼어난 영동 지방에는 예로부터 바닷가 경치 좋은 곳에 정자와 누각들이 많았고, 원주와 춘천 지방을 아우르는 영서 지방은 생산물이 풍부해서 사람 살기에 알맞았다.

백두대간의 동쪽과 서쪽에 자리 잡은 두 지방은 풍속도 많이 달랐다. 영동 지방은 기후가 따뜻해서 삼베를 만드는 삼이 잘 자라 삼베옷을 많이 입었다. 그러나 춘천과 원주 지역의 영서 지방에서는 삼이 잘 자라지 않는 대신에 가을철의 건조한 기후를 이용하여 목화 재배가 성했다. 그래서 이 지역 서민들은 무명실로 짠 옷을 즐겨 입었다.

그런데 어쩌다가 영동과 영서 지방에서 큰 고개를 넘어야 하는 혼사를 치를 때면 종종 재미난 광경이 연출되었다. 대개 혼주들은 그 지방에서 나는 옷감으로 혼사 때 입을 옷을 준비하는데 굳이 귀한 옷을 차려입는다고 영동에서는 무명옷을 입고, 영서에서는 삼베옷을 입기도 했다.

또한 대관령 넘어 영동 지방은 관동팔경과 금강산, 설악산, 두타산 같은 빼어난 경치로 수많은 문객들이 답사한 곳이었다. 이승휴, 이곡, 이색, 원천석, 김시습, 원호, 남사고, 양사언, 김창협, 허균, 허난설헌, 이식, 허목 등 역사적 인물들의 발자취가 남아 있는 곳이 관동대로가 지나는 길목인 관동지이다.

이 지역은 조선시대에 이름난 유배지로서 수많은 사람들의 애환이 서린 곳이기도 하다. 관동대로의 종착지인 평해에서 귀양살이를 했던 이산해(李山海)는 다른 지역보다 생활이 많이 뒤떨어진 이곳을 미개인들이 살았던 곳으로 그려놓았다.

내가 처음 유배지로 갈 때 기성(箕城) 경내로 들어서니, 날이 이미 캄캄하여 사동(沙銅) 서경포(西京浦)에 임시로 묵게 되었다. 이 포구는 바다와 떨어진 거리가 수십 보가 채 안 되고 띠풀과 왕대 사이에 민가 십여 채가 보였는데 집들은 울타리가 없고 지붕은 겨릅과 나무껍질로 이어져 있었다.

맨땅에 한참을 앉았노라니, 주인이 관솔불을 밝혀 비추고 사방 이웃에서 사람들이 구경하러 모여들었다. 그들은 남자는 쑥대머리에 때가 낀 얼굴로 삿갓도 쓰지 않고 바지도 입지 않았으며, 여자는 어른 아이 할 것 없이 모두 머리를 땋아 쇠 비녀를 지르고 옷은 근근이 팔꿈치까지 가렸는데, 말은 마치 새소리와 같이 괴이하여 알아들을 수가 없었다.

방으로 들어가니 비린내가 코를 휘감아 구역질이 나려 했으며, 이윽고 밥을 차려 왔는데 소반이며 그릇에서 모두 악취가 나서 가까이 할 수 없었다. 주인 할아범과 할멈이 곁에서 수저를 대라고 권하기에 먹어보려 했지만 도저히 먹을 수가 없었다. 이에 내가 놀라 궁향(窮鄕) 벽지에는 반드시 별종의 추한 인종이 세상에는 알려지지 않은 채 살고 있나보다 생각했다.

그 후 사람들에게 물어본즉 이곳이 이른바 바닷가의 단호(蜑戶, 바닷가에 사는 미개인의 집)란 것으로 기성에만 열한 곳이 있다 한다. 여음, 율현, 구미, 해진, 정명, 박곡, 표산, 장정, 도현, 망양정이 있으며 사동도 그중 한 곳이라 하였다.

문벌 좋은 가문에서 태어나 한 번도 궁핍함을 모르고 살았던 당대의 재상 이산해는 얼마나 난감했겠는가?

이처럼 역사 속 인물과 시대의 얼굴을 말해주는 곳이 관동대로이다.

조선시대의 옛길은 그저 사라져간 역사의 길이 아니라 과거와 현재를 이어주는 다리 구실을 한다. 그 길에 살아 숨 쉬는 역사와 이 땅을 살다 간 사람들의 애환이 얽히고설킨 길을 별 탈 없이 걸었다는데 기쁘고 고마울 따름이다. 그리고 그 힘든 천릿길을 발톱이 빠지면서도 포기하지 않고 걸었던 도반들을 생각하면 미안함과 함께 '장하다'는 생각이 앞선다. 이들과 함께한 시간은 평생 잊지 못할 것이다.

영남, 삼남, 관동대로와 남한 5대강(한강, 낙동강, 섬진강, 영산강, 금강)을 걷고 남은 힘으로 부산 해운대에서 통일전망대까지 이어지는 동해 트레일을 걸었다. 길은 또 다른 길로 이어지듯 북녘땅을 향해 발걸음을 내딛는 날이 하루빨리 오기를 바란다. '우리땅걷기' 도반들은 북한을 자유롭게 걷는 그날까지 발걸음을 멈추지 않을 것이다.

끝으로 이 책을 시대의 아웃사이더 김시습, 《택리지(擇里志)》를 지은 이중환, '대동여지도'를 만든 김정호 선생과 이 땅을 걷고 있는 모든 분께 바친다.

2008년 10월

신정일

차례

첫 구간

첫날 흥인지문에서 남양주 다산 생가까지

이틀째 마재에서 용문까지

사흘째 용문에서 원주 문막까지

나흘째 문막에서 횡성까지

닷새째 횡성에서 문재 정상까지

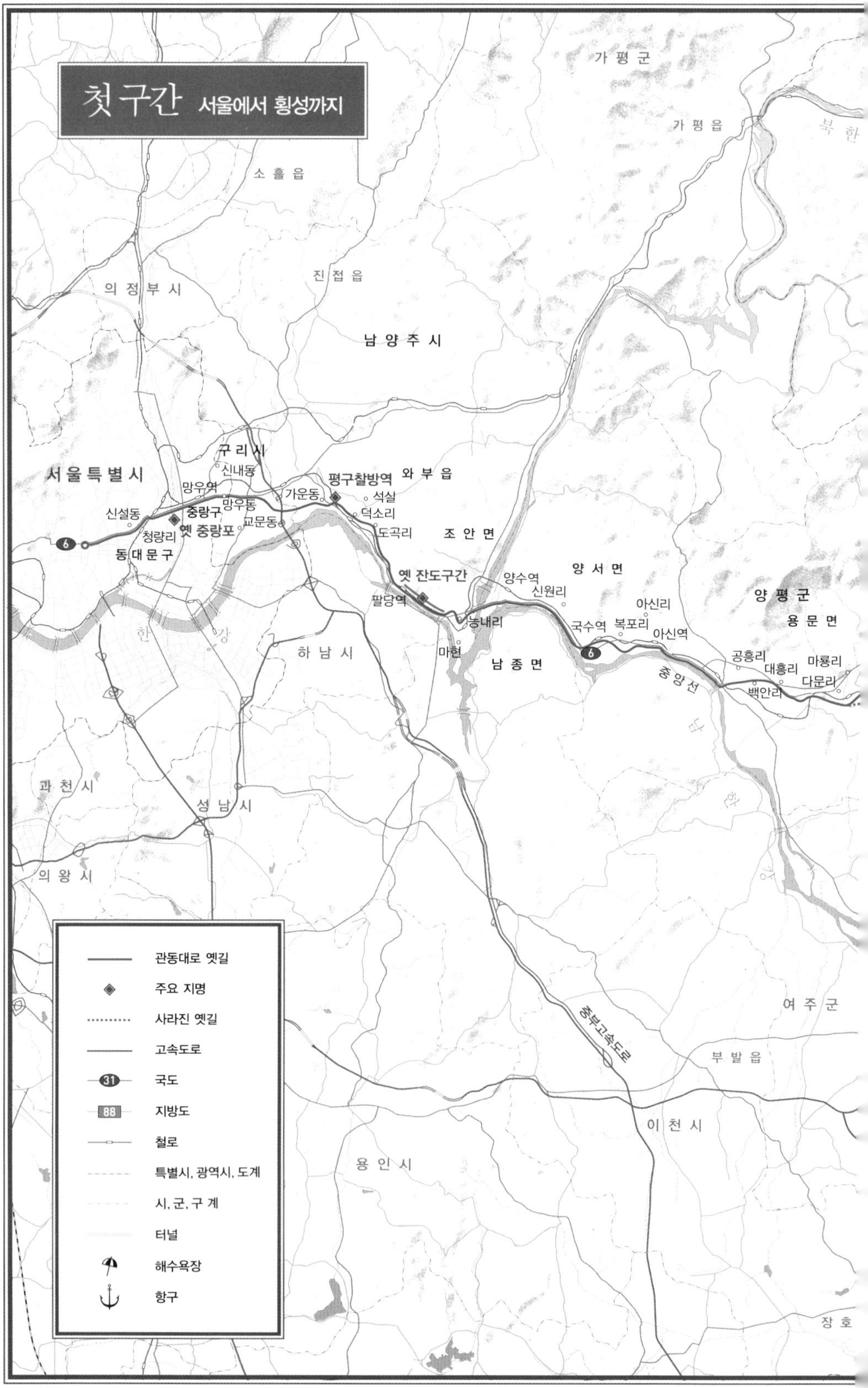
첫 구간 서울에서 횡성까지
가 평 군
가 평 읍
북 한
소 흘 읍
진 접 읍
의 정 부 시
남 양 주 시
구 리 시
신내동
서울특별시
망우역
망우동
평구찰방역
와 부 읍
가운동
석실
덕소리
도곡리
신설동
중랑구
옛 중랑포
교문동
청량리
조 안 면
동대문구
양 서 면
옛 잔도구간
양수역
신원리
양 평 군
팔당역
아신리
용 문 면
능내리
국수역
복포리
아신역
한
강
하 남 시
마현
남 종 면
공흥리
대흥리
마룡리
중앙선
백안리
다문리
남
한
강
과 천 시
성 남 시
의 왕 시
관동대로 옛길
주요 지명
사라진 옛길
고속도로
31
국도
88
지방도
철로
특별시, 광역시, 도계
시, 군, 구 계
터널
해수욕장
항구
중부고속도로
여 주 군
부 발 읍
이 천 시
용 인 시
장 호

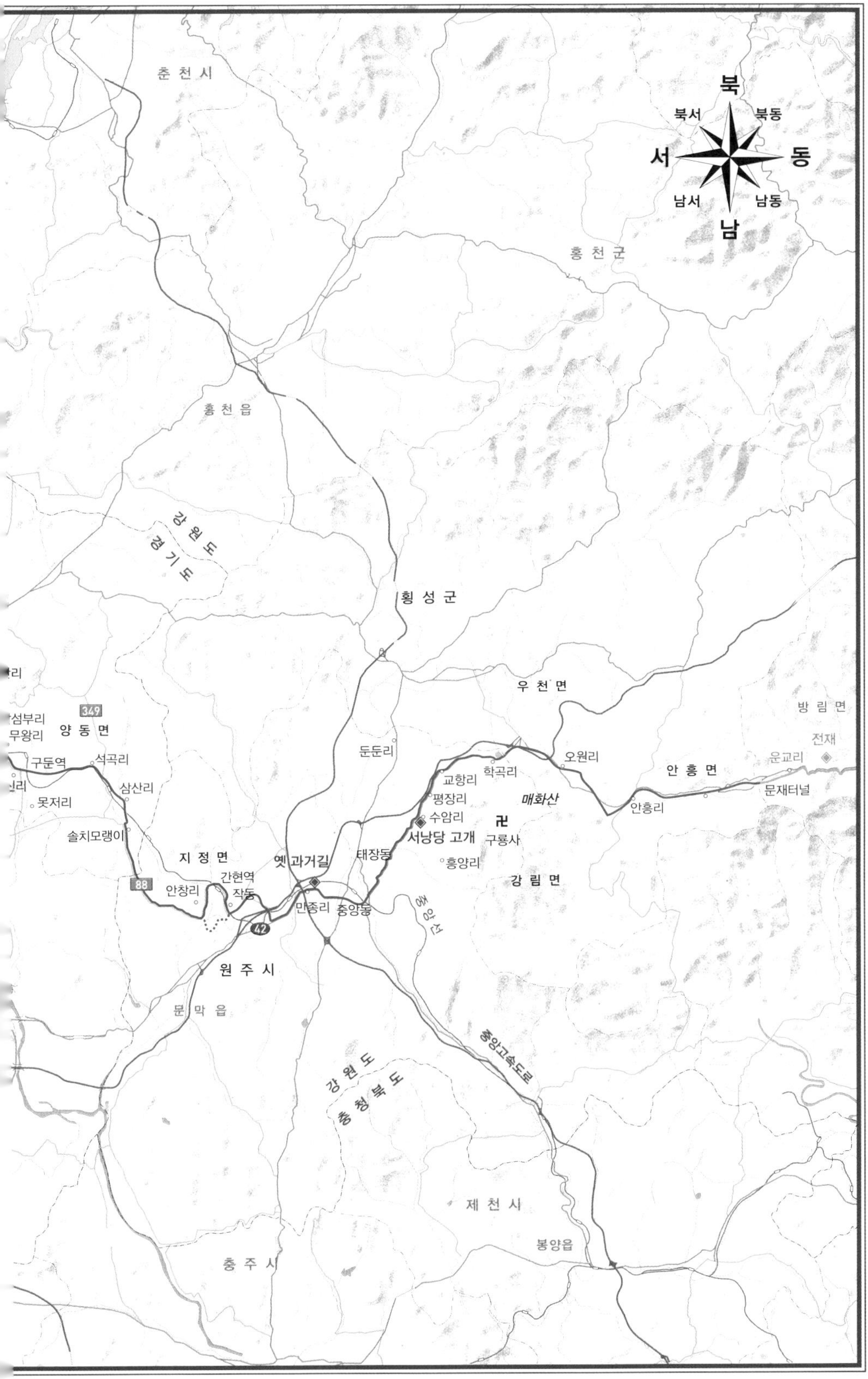

춘천시
북
북서
북동
서
동
남서
남동
남
홍천군
홍천읍
강원도
경기도
횡성군
리
349
섬부리
양동면
무왕리
우천면
방림면
전재
둔둔리
오원리
운교리
구둔역
석곡리
학곡리
교항리
안흥면
리
삼산리
평장리
매화산
문재터널
못저리
안흥리
수암리
솔치모랭이
서낭당 고개
구룡사
지정면
옛 과거길
태장동
흥양리
간현역
강림면
88
안창리
작동
만종리
중앙동
중앙선
42
원주시
문막읍
중앙고속도로
강원도
충청북도
제천시
봉양읍
충주시

첫날 홍인지문에서 남양주 다산 생가까지

관동대로는 수도인 한양과 경기 지방의 동부와 강원도를 연결하는 구실을 했다. 이 길은 조선시대의 관리들뿐만 아니라 소몰이꾼이나 보부상들의 발길이 끊이지 않았던 길이자 입신출세를 갈망하는 이들이 과거를 보러 가는 길이기도 했다. 또한 임진왜란 당시에는 고니시 유키나가가 거느린 일본군이 평해로를 따라 한양으로 진격하기도 했다. 우리가 거쳐 갈 관동이라는 지명은 그 유래가 흥미롭다. 고려 성종 때 오늘날 서울, 경기 지역을 관내도(關內道)라고 했는데 관동(關東)이라는 말은 그 동쪽에 있는 땅이란 뜻에서 생겨났다. 관동은 현재 행정구역상 강원도 일대를 아우르는 말이지만 대관령 동쪽인 영동 지방을 일컫는 말로 쓰인다.

시작이 반이다

"유일한 행복은 이 땅에서의 행복이며, 유일한 삶은 이 땅에서의 삶이다." "일을 시작하는 시간은 가장 불순한 시간이어야 한다."

길을 나서며 시인 김수영의 글을 다시 한 번 되새겨본다.

그럴지도 모른다. 아니 그렇다. 내게는 바로 지금 머나먼 길을 떠난다는 것, 그리고 지금부터 나그네라는 것만이 중요하다.

'나그네 모양 보아 표주박에 밥을 담고, 주인 모양 보아 손으로 밥 먹는다'는 우리 속담이 있지 않은가? 지금 이 순간부터 나는 철저한 나그네다. 나그네에게는 알 수 없는 길, 고통과 외로움의 길만이 기다리고 있을 뿐이다.

내일 날씨는 비가 온 뒤 갠다고 한다. 비가 내린다고 해도 어쩔 수 없는 일, 내리면 맞고 갈 수밖에 없으리라 생각하지만 마음은 그리 편치

밤마다 길을 걷는 꿈을 꾸다

않다. 비를 맞으며 걸을 생각을 하니 불현듯 오늘 하룻밤 묵어갈 서울에 대한 첫 느낌이 떠오른다. 초등학교를 졸업하던 해 얼결에 올라왔다가 절망과 좌절만 안고서 내려갔던 곳, 세월이 꽤 흘렀는데도 서울은 언제나 짙은 암갈색으로만 남아 있다.

혼자서 낯선 여관에 누워 잠을 청해도 설렘 때문인지, 아니면 두려움 때문인지 알 수 없는 생각들로 잠은 오지 않는다. 잠시 눈을 붙인 듯한데 창문을 여니 아침이 멀지 않았다.

'시작이 반이다'라는 말처럼 일단 첫걸음을 내딛는 순간 절반을 넘어선 것이나 다름없다. 물론 마지막에 다다르기까지 어떤 일이 벌어질지 아무도 모른다. 다만 욕심 부리지 않고 한 걸음 한 걸음 온 힘을 다해 걷는다면 우리가 닿고자 하는 평해에 도달할 것이다.

우리가 밟게 될 옛길을 조선시대 사대부들은 어떻게 유람했을까? 우리처럼 도보답사를 했을까? 아니면 말을 타고 갔을까? 조선 중기 문장가인 이수광(李睟光)이 지은 《지봉유설(芝峯類說)》 〈군도부(君道部)〉에 그 해답이 실려 있다.

> 평시에 유생(儒生)의 기마(騎馬)는 금지하였다. 그런 까닭에 유생들은 짚신을 신고 도보로 다녔으며, 타고 다니는 자는 드물었다. 그러던 것이 지금은 유생이 목이 긴 가죽신을 신고 말을 타고 다니는 것이 조관(朝官)의 모양과 꼭 같으며, 도보로 걸어 다니는 자는 아주 없어졌다. …… 풍속을 이루어 그것이 떳떳한 것으로 되었으니 시속(時俗)이 변하는 것을 알 수 있다.

박종(朴琮)이 쓴 〈백두산유록(白頭山遊錄)〉을 보면 말을 혼자서 몰고 가는 것이 아니라 말을 끌고 가는 견마(牽馬)잡이도 데리고 갔던 것이 그 당시 사대부들의 유람이었음을 알 수 있다.

우리는 비록 타고 갈 말도 없고 견마잡이도 없지만 힘차게 발걸음을 내딛는다면 이 땅 어딘들 못 가겠는가? 다만 이번 도보답사에 참여한 사람들이 장거리 답사는 처음이라는 것이 조금 걸릴 뿐이다.

10월 3일 개천절, 단군이 나라를 열었다는 대한민국 서울 하늘은 잔뜩 흐리다. 김밥 집에서 김밥 한 줄을 먹고 동대문 지하철역 6번 출구 앞으로 나가자 비둘기 떼가 날아오른다.

동대문에서 만난 나그네들

날아가는 새들 너머로 흥인지문(興仁之門)이 보인다. 이곳은 조선시대에 중요한 국가기관이 있는 한성부를 보호하려고 만든 도성으로 8개 성곽 문 가운데 동쪽에 있는 문이다.

흔히 동대문으로 불리는 흥인지문은 도성을 쌓을 때 같이 짓기 시작하여 조선 태조 7년(1398)에 완공되었다. 지금 동대문은 고종 6년(1869)에 새로 지은 것이다. 흥인지문의 현판은 본래 흥인문이었으나 세조 이후 흥인지문으로 바뀌었다. 그 이유는 풍수설 때문이다. 풍수설에서 인(仁)은 목(木)에 속하고 목(木)은 동(東)에 속하므로 흥인(興仁)은 동방을 뜻한다. '지(之)' 자를 더한 것은 한양의 지세가 북, 서, 남은 산과 고지이고, 오직 동쪽만 우묵하므로 그 함한 곳을 메우기 위해서였다고 한다. 또 다른 이야기로는 이 지대가 도성의 북, 서, 남쪽보다 유난히 낮아서 가라앉은 땅 기운을 돋우려는데 그 이유가 있었다고 한다.

예로부터 흥인문 밖에는 버드나무가 울창해서 흥인문 밖의 버들(興仁門外陽柳)이라 하여 필운대의 살구꽃, 북둔의 복숭아꽃, 천연정의 연꽃, 삼청동과 탕춘대의 수석과 더불어 한양의 명승지로 유명했다.

흥인지문에서는 가뭄이 심하면 기우제를 올렸고 긴 장마에는 비를 그치게 해달라는 영제(禜齊)를 올렸는데 큰 장마가 들면 언제나 동대문에 물이 들기 때문이었다. 또한 흥인지문은 도성 8개 성문 중 유일하게 옹성을 갖추었으며, 조선 후기 건축 양식이 잘 보존된 문화재이다.

이곳 동대문 밖을 지나 역사 속으로 걸어간 사람이 있었으니 조선시대의 빼어난 문장가인 송강(松江) 정철(鄭澈)의 형 자(滋)였다. 정철의 아버지 정유침은 궁중에서 쓰는 술을 빚는 사온서(司醞署)의 책임자였고, 자는 이조정랑이었다. 을사사화가 일어났을 당시 아버지 정유침은 함경도 정평(定平)으로, 맏형인 자는 전라도 광양으로 귀양길에 올랐다. 잠시 귀

관동대로의 출발지 동대문 앞에 선 우리땅걷기 회원들 간단히 제를 올리고 기념사진을 찍었다. 미소 반 걱정 반으로 출발한 이들이 열사흘 천릿길을 걷고 나면 어떤 표정일지 궁금하다.

양에서 풀려난 정유침은 명종 2년 가을에 양재역 벽서 사건으로 또다시 경상도 영일로 귀양을 가게 되었다. 전라도 광양에 귀양 가 있던 맏형 또한 더 먼 곳으로 보내야 된다는 상소문이 빗발치자, 함경도 두만강 쪽에 있는 경원(慶源)으로 옮겨가면서 한양을 지나게 되었다.

성 안에는 들어가지 못하고 동대문 밖을 지난다는 소식을 듣고 달려나온 자의 어머니가 '아들이 싸움터에 나갈 때 어머니 옷을 입고 가면 빨리 돌아온다'는 옛말을 따라 자신의 속옷을 벗어 아들에게 입히면서 통곡을 하자 지나가던 사람들이 모두 눈물을 지었다고 한다. 그러나 어머니의 간절한 소망은 이루어지지 않고 정철의 형 자는 경원으로 가는 도중에 장독이 도져 죽고 말았다.

그날의 역사와는 아랑곳없이 지금의 동대문에는 동대문 맨션, 동대문

종합시장, 동대문 화장품 등 온통 동대문 간판들뿐이다.

만나기로 한 곳에는 아무도 오지 않았다. 지나가는 사람들 뒷모습에 바람이 분다. 바람 속에 비가 묻어 있는 것을 보니 곧 비가 내릴 듯싶다. 간단하게 올리는 제사 때만이라도 피해가면 좋으련만……. 이런 생각을 하는 사이 안명숙 씨가 도착하고 뒤를 이어 이기춘, 윤동근 씨 내외와 이수아 씨, 김선희 씨, 손현미 씨가 왔다. 이혜리 씨는 둘째 딸 가은이를 데리고 오고, 고혜경 씨는 남편 이상철 씨와 함께 제사 용품까지 준비해 왔다. 외조도 보통 외조가 아니다. 아내 답사에 제물까지 같이 준비해오다니 그저 고마울 따름이다.

먼저 평창까지 이어진 지도 여섯 장을 펴놓고 우리가 가야 할 길을 설명했다. 그러고 나서 떡과 과일, 명태포로 제사상을 차린 뒤 손현미 씨가 하늘에 고하는 고천문(告天文)을 읽었다.

> 유세차
>
> 정해년 시월 초사흘 개천절에 서울시 동대문구 흥인지문에서 사단법인 '우리땅걷기' 회원들이 관동대로 천릿길 여정에 앞서 정성을 모아 하늘에 고합니다.
>
> 조선시대 우리나라의 길은 삼남대로, 영남대로, 경흥로, 의주로를 비롯한 9대로였습니다. 그중에 흥인지문을 출발하여 양평, 대관령을 거쳐 울진 평해에 닿는 제3로가 평해로라고도 부르는 관동대로입니다.
>
> 동해에서 생산되는 물산들이 보상과 부상들을 통해 대관령을 넘어 한강을 따라 한양으로 이어졌고, 한양을 비롯한 내륙에서 생산되는 물산들이 보부상들을 통해서 대관령을 넘어 관동 지방으로 이어졌습니다.

'우리땅걷기' 회원들은 눈이 시리도록 푸르고, 산천이 가장 아름다운 10월에 관동대로를 걷고자 합니다. 길을 가는 동안 아름다운 한강 길을 걷기도 하고, 옛길이 아름답기로 소문난 대관령 고개를 넘기도 할 것입니다.

강릉에서 평해에 이르는 7번 국도를 따라가는 이번 도보답사는 김정호가 지은《대동지지(大東地志)》에 '동남지평해삼대로(東南至平海三大路)'라고 실려 있습니다. 이번에 걷는 관동대로는 대략 열나흘이 걸릴 예정입니다.

한울님이시여, 오늘 이 자리에 모인 우리를 굽어 살피시고, 사라지고 소멸된 옛길 392킬로미터를 따라가는 험난한 여정을 별 탈 없이 무사히 마치도록 도와주소서. 그리하여 우리가 걸은 그 길이 수많은 사람들이 역사와 문화의 숨결을 찾아가는 길이 되도록 도와주소서. 그리고 우리 모두가 자연과 하나가 되어 함께 섬기고 경외하는 그러한 시간을 허락하여 주소서.

시월 초사흘, 사단법인 '우리땅걷기'

상향

십리 갈 길손과 천리 갈 길손의 차이

관동대로 출발을 앞두고 민경권 씨가 맨 마지막에 왔다. 그런데 가만히 보니 차림새들이 저마다 조금씩 다르다. 십리 갈 길손과 천리 갈 길손은 첫걸음부터가 다르다는 말이 있듯이 엿새 동안을 내리 걸을 사람과 하루를 동행할 사람은 배낭부터가 다르다.

드디어 첫발을 내딛는다. 흥인지문에서 시작하는 길이 관동대로 여정만은 아니었다. 금강산이나 원산, 함흥 지역으로 갈 때도 이 길을 지나

갔다. 조선시대 사대부들도 관동 지방으로 유람을 갈 때나 벼슬길을 떠날 때 동대문을 나섰다. 조선 중기 문장가인 김창협(金昌協)이 금강산 유람을 위해 나섰던 곳도 바로 흥인지문이었다.

"동으로 흥인문(興仁門)을 나가니 하늘은 높고 바람은 맑은데, 구릉과 들판이 고요하고 휑하여 내 마음 벌써 너울너울 산수 간에 달리는 것이었다."

그가 어린 시절부터 금강산 이야기를 들을 때마다 한번 유람하는 것이 소원이었다는 그 소망을 이루게 되었으니, 얼마나 즐거웠겠는가.

우리가 걸어가야 할 관동대로는 평해로라고도 부른다. 김정호가 지은 《대동지지》에는 평해로의 세 분기로가 실려 있다. 첫 번째가 현재 남양주시 삼패동에 있던 평구역에서 나뉘어 가평, 춘천, 양구로 이어지는 길이고, 두 번째가 현재 양평군 지평면에서 홍천, 인제 미시령을 넘어 간성으로 이어진 길이다. 세 번째가 원주에서 주천을 거쳐 영월에 이르는 길이다.

관동대로는 수도인 한양과 경기 지방의 동부와 강원도를 연결하는 구실을 했다. 이 길은 조선시대의 관리들뿐만 아니라 소몰이꾼이나 보부상들의 발길이 끊이지 않았던 길이자 입신출세를 갈망하는 이들이 과거를 보러 가는 길이기도 했다. 또한 임진왜란 당시에는 고니시 유키나가(小西行長)가 거느린 일본군이 평해로를 따라 한양으로 진격하기도 했다.

영남대로, 삼남대로, 의주로, 경흥로, 강화로를 비롯하여 평해로까지 현재 서울을 중심으로 한 'X'형 교통망이 마련된 것은 조선 초기였다. 이들 도로는 8도의 감영을 포함한 전국 도시를 연결하여 종착지로 연결되었는데, 의주로가 1로인 것은 중국과 통하는 길이었기 때문이다.

우리가 거쳐 갈 관동이라는 지명은 그 유래가 흥미롭다. 고려 성종 때 오늘날 서울, 경기 지역을 관내도(關內道)라고 했는데 관동(關東)이라는 말은 그 동쪽에 있는 땅이란 뜻에서 생겨났다. 관동은 현재 행정구역상 강원도 일대를 아우르는 말이지만 대관령 동쪽인 영동 지방을 일컫는 말로 쓰인다.

서울을 떠나면서

내가 지금 떠나는 서울은 한국인에게 무엇인가? 옛날이나 지금이나 한번 서울에 뿌리를 내리면 아주 드문 경우를 제외하고는 대부분 다시 나가서 살고 싶지 않은 살 만한 곳(?)이 서울이다. 유람이나 벼슬살이 그리고 유배 같은 손에 꼽을 만한 이유 이외에 먹고살 수 없을 정도로 가세가 기울 때에나 서울을 떠났다.

1890년대 우리나라를 답사하고 《한국과 그 이웃나라들》을 지은 영국인 여성 여행가 이사벨라 버드 비숍(Isabella Bird Bishop)의 글을 보자.

> 모든 한국인의 마음은 서울에 있다. 지방 관리들은 수도에 따로 저택을 갖고 있으며, 연중 많은 기간 부임지의 직무를 경시해도 된다고 믿는다. 토지 소유자들 대부분은 수도에 살고 있는 부재 지주들이며, 그들은 지대를 받으려고 지방의 민중들을 쥐어짠다. 여행 중 음식값과 숙박료를 댈 수 있는 사람은 누구나 일 년 중에 한 번이나 두 번 서울로 걸어오며, 어느 계급일지라도 서울에 사는 사람들은 단 몇 주라도 서울을 떠나 살기를 원치 않는다. 한국

인에게 서울은 오직 그 속에서만 살아갈 만한 가치가 있는 곳으로 여겨진다.

이러다가 대한민국의 모든 사람들이 서울에서 산다면 아침마다 KTX를 타고 고향으로 내려가 논물 보고 김매는 날이 올지도 모르겠다.

"우리의 서울 우리의 서울 거리마다 푸른 꿈이 넘쳐흐르는 아름다운 서울"을 흥얼거리며 우리는 지금 서울을 떠난다. 그래, 우리는 떠난다고 읊조린다. 가을비가 부슬부슬 내리는 길을 조금 걷자 오른쪽에 동묘(東廟)가 보인다.

종로구 숭인동에 자리한 동묘는 중국 촉한의 유명한 장수 관우를 제사하는 묘로서 원래 명칭은 동관왕묘(東關王廟)라고 한다.

임진왜란 때 조선과 명나라가 왜군을 물리친 데에는 관우의 덕이 컸기 때문이라고 여겨 임진왜란 중에 관왕묘를 세웠다고 하며, 선조 32년(1599)에 지어 2년 뒤에 완성되었다. 이때 명나라 신종(神宗)이 직접 쓴 '현령소덕관공지묘(顯靈昭德關公之廟)' 현판을 달았다가 명나라가 망하자 청나라를 꺼려 현판을 떼어내고 뒷날 다시 달았다.

하지만 관왕묘를 짓는 데 내키지 않아 하는 사람들도 많았다. 《선조실록》 32년(기해, 1599) 7월에 다음과 같이 적고 있다.

> 선조 임금께서 관왕묘를 세우기로 한다면 동대문 밖에다 세우라는 전교(傳敎)가 있었으므로, 조정에서 한성에 도읍을 정할 당초부터 도성의 동쪽 땅이 약한 것을 염려하는 터이므로 관왕묘를 동대문 밖에 세워서 이곳 땅 기운을 돋워야 마땅하다고 풍수에 밝다는 명나라 장수 엽정국(葉靖國)을 설득하였다.

남묘와 동묘가 세워지기 전 명나라 장수들은 '싸움터에 관우의 신령(神靈)이 나타나서 신병(神兵)으로 왜적을 쫓아냈다'고 소문을 낸 뒤 전라도 강진과 경상도 성주, 전라도 남원과 전주 등 우리나라 도처에 관왕묘를 세웠고 결국 남대문 밖과 동대문 밖에 관왕묘를 세우게 된 것이다.

이후 조선 전역에 관우 신앙이 퍼졌는데 숙종 때 태어나 영조 때까지 살았던 남유용(南有容)이 지은 《뇌연집(雷淵集)》을 보면 얼마나 많은 폐단이 발생했는지 알 수 있다.

명나라 장수들이 관우묘를 짓고 우리로 하여금 믿게 한 것인데 요사이는 어리석은 지아비나 아낙네들이 어제보다 오늘 더욱 많은 피륙과 돈을 바치니 이는 오히려 관우를 욕보이는 것이다. 관우묘를 찾는 이들이여 모름지기 자숙할지어다.

예정대로 오늘부터 열사흘을 걸어가면 관동대로의 최종 목적지인 평해에 도착할 것이다. 그때까지 함께 걸어갈 사람은 과연 몇이나 될까? 어떤 사람과 열흘 동안 함께 걷는다는 것은 그 사람과 10년을 함께 사는 것이나 마찬가지라는 글을 읽은 적이 있다. 그러니 떠날 때는 친구였지만 돌아올 때는 원수가 될 수도 있는 것이다. 길을 걷다보면 상대방의 장점뿐 아니라 허물도 보이기 마련이지만 서로 이해하고 견디기를 바랄 뿐이다.

길은 신설동으로 이어진다. 자전거를 타고 바삐 가는 사람들을 바라보며 안명숙 씨가 내게 물었다.

"선생님 자전거 탈 줄 아세요?"

"못 타는데요."

"그러면 오토바이는요?"

"그것도 못 타는데요."

"자전거는 누구나 쉽게 배우는데 일부러 안 배우시는 거죠?"

그 말을 들으며 나는 '뭐 하나 잘하는 것이 없구나'라는 생각에 피식 웃고 만다.

"그런데 말예요, 자전거는 평지에서는 좋은데 언덕배기에서는 꽝이거든요. 자전거에서 내려서 힘겹게 밀고 올라가다 보면 힘이 다 빠져버려요."

나는 늘 "자전거를 사주는 것은 생명을 재촉하는 것이나 다름없다"고 말한다. 쉴 새 없이 쏟아져 나오는 자동차는 사람들은 물론이거니와 자전거는 안중에도 없다는 듯 사정없이 질주한다. 그러다보니 자전거 사고가 끊이지 않는다.

신설동을 지나서 가는 관동대로

신설동은 조선시대에 한성부 동부 숭신방(崇信坊)의 신설계(新設契)가 있던 곳으로 일제강점기 때 신설정으로 바뀌었다가 1946년 왜식 동명의 변경 때문에 신설동으로 고쳤다고 한다. 신설동과 보문동 사이에 있는 우산각골이라는 마을에는 세종 때 정승인 하정(夏亭) 유관(柳寬)에 얽힌 이야기가 전한다.

청렴결백했던 유관은 작은 오두막집에서 살았는데 하루는 비가 많이 와서 지붕이 샜다. 방 안에서 우산을 받쳐 들고 있던 유관이 부인에게 다음과 같이 말했다고 한다.

"우리는 우산이라도 있으니 이 비를 피하지만, 우산도 없는 가난한 사람들은 어떻게 견디겠소."

정승이라는 신분에 비가 새는 집에 살면서도 살기 어려운 백성들을 걱정했다는 이야기가 오늘을 사는 힘 있는 자들의 귀와 눈에는 들리지도 보이지도 않나보다. 그러니 검은 돈을 하나라도 더 챙기려고 기를 쓰는 세상이 아니겠는가.

신설동을 지나며 길가에 사람들이 길게 늘어서 있기에 물었더니, 노숙자들이 밥을 먹으려고 기다리는 것이라고 했다. 아침 8시가 조금 넘은 시간이었으나 한 시간을 더 기다려야 밥을 먹을 수 있다고 한다. 잠시 그 모습을 바라보다가 발길을 돌렸다. 안암대교를 지나자 동대문구 제기동이다.

서울 사범대학이 있던 자리에 기우제와 산신제를 지내던 선농단(先農壇) 터가 있었다. 그곳을 제터 또는 제기(祭器)라고 부르다가 1946년에 제기동으로 바뀌었다고 한다.

제기동을 지나자 바로 청량리역이다. 조선시대 인창방(仁昌坊)의 일부로 나무가 우거지고, 남서쪽이 트여 늘 서늘하다 하여 청량리(淸凉里)라는 이름이 붙었다. 지금은 중앙선 열차의 시발점으로 수많은 인파가 북적거리는 곳으로 민자역사가 들어선다고 어수선하기 이를 데 없다.

청량리역을 지나서 조금 걷자 3대 막국수집이라는 음식점이 보인다. 3대를 이어온 막국수집이라는 이야기인데, 요즘에야 몇 대를 내세우며 자랑하지만 예전만 해도 그 누가 3대에 걸쳐 밥집 해온 걸 자랑으로 여

겼던가. 선대가 밥집 했다는 것을 쉬쉬하며 감추던 시절이 바로 엊그제인데 지금은 원조에 시조(始祖)까지 거슬러 올라간다.

중앙선과 경원선이 나뉘는 회기역을 지난다. 회기동은 연산군의 생모인 윤씨의 회묘(懷墓)가 있던 곳으로 회묘리 또는 회륭리라고 했다. 1914년에 새로운 이름을 지으면서 회묘리의 묘자가 좋지 않다고 하여 회기리라고 하였다가 1946년 지금 이름으로 바뀌었다.

휘경동에 접어든 시간이 오전 9시 9분. 휘경동 역시 순조의 생모인 유빈 박씨의 묘소인 휘경원(徽慶園)에서 그 이름이 유래한다.

중랑천 아래를 흐르는 냇물

중랑교를 지난다. 중랑천은 경기도 양주시에서 발원하여 의정부를 지나 한강으로 흘러드는 하천이다. 길이 20킬로미터에 이르는 중랑천은 중랑개 또는 한천이라고 부르는데, 동대문구 이문동을 지나 군자교, 장안교를 거쳐 청계천과 만나고, 서쪽으로 꺾여 한강으로 흘러간다.

옛날에도 청계천과 중랑천의 하천 오염은 심각했던 모양이다. 서빙고(西氷庫)에서 얼음 떠내던 일을 두모포(豆毛浦, 현재 옥수동)로 장소를 옮겼다는 기록이 있다.

《동국여지비고》 '산천조'에는 "백악, 인왕산, 목멱산(남산)에서 흘러내리는 여러 개울이 하나가 되어 동으로 흘러 도성의 복판을 가로질러 세 곳 수문을 거쳐 중랑포로 들어간다"고 전하고, 《한경지략(漢京識略)》 '산천조'에는 "우리나라의 강물이 모두 서쪽으로 흘러 바다로 들어가는데 한성의 개천만은 동으로 흘러가므로 사람들이 정도(正道)를 얻었다고 한다. 개성의 시냇물을 개천이라고 한 것을 한성에서도 그 이름 그대로 옮긴 듯하다"고 실려 있어 중랑천은 조선 500년 내내 개천이라고 불렸음을 알 수 있다.

서울 중랑우체국을 지난다. 안명숙 씨가 너무 배가 불러서 못 걷겠다고 하자, 손현미 씨가 "저기 보이는 아파트 아래에 우리 집이 있는데……." 하고서는 말끝을 흐린다. 그 말끝에 내가 "집에 가고 싶으신가봐요"라고 하자 "아니요, 그래도 걸어갈래요" 하고서는 앞장서서 걸어간다.

안명숙 씨가 한마디 한다.

"몇십 명이나 되면 모를까, 겨우 12명이 걸어가면서 집에 간다고 하면 말려야지, 어서 가라고 하니 참 이상한 단체야."

그러나 내 처지는 언제나 그랬다. '가고 싶은 자 가게 하고, 오고 싶은 자 오게 하라.'

가고 싶은 걸 막는다고 안 가겠는가?

망우역에 도착하니 10시 17분이었다. 오늘 일정은 대체로 순조로운 편이다. 게으른 사람 놀기 좋을 만큼 부지런한 사람 일하기 좋을 만큼 비는 내리고, 그래서 더 급히 걸어가니 이 속도대로라면 늦기 전에 능내리에 도착하겠다.

망우역에서 망우리고개까지는 그리 멀지 않다. 망우리는 서울시 중랑구 망우동과 신내동 일대를 아우르는 지역이다. 망우리 뒤에 있는 망우리고개 지명은 조선 초기부터 불리던 이름으로 조선을 세운 태조 이성계의 일화가 서린 곳이다.

서울에 도읍을 정한 이성계가 나라의 기초를 세웠지만 스스로 묻힐 땅을 찾지 못해 답답해했다. 그러던 중 다행히 신후지지(身後之地)를 검암산(儉岩山, 지금의 동구릉에 있는 건원릉)에 정하고 돌아오다가 이 고개에서 능 쓸 자리가 있는 산을 바라보며, "이제야 모든 근심을 잊겠노라" 하였다고 해서 망우리고개라고 한다.

망우리고개는 서울시에서 가장 동쪽에 있으며 중앙선 철도와 경춘 국도 그리고 강원도로 통하는 6번 국도가 지나는 길목으로 관문 구실을 한다.

망우리 고개를 넘자 구리에 이르고

망우리고개를 넘는다. 서울에서 울진 평해에 이르는 관동대로 중 처음 고개다운 고개를 넘자 경기도 구리시 교문동 덕고개에 이른다. 교문동은 본래 양주군 구지면 지역으로 1980년에 남양주군에 편입되었다가 1986년에 구리시에 편입되었다. 덕고개는 교문동에서 가장 큰 마을이었다고 한다.

가능골, 갈매지, 박씨들이 모여 살았다는 박촌을 비롯해 샛다리, 도리미, 한다리 등이 교문리에 있던 마을 이름이다. 능골고개, 뒷벌고개, 방아다리고개가 교문리를 수놓았던 고개들이며, 삭다리, 장자터가 교문리 들판을 이루었다. 그러나 도시로 바뀌면서 그런 고개나 들판은 이제 그 흔적조차 찾을 길이 없다.

길은 가능골에서 구리시 수택동으로 이어진다. 늪말, 수늪, 수택으로 부르는 수택동은 본래 양주군 구지면 지역으로 앞벌에 늪이 많아 붙은 이름이다. 1986년에 구리시 수택동이 된 이곳에는 이씨가 많이 살았다는 이촌과 그렁둔지, 너머말, 새말, 새터말, 신대촌, 안말, 옥바골 마을들이 있었다. 수늪 앞 늪에서는 빨래를 했다고 해서 빨래늪이고, 수늪 서쪽에 있는 고개는 도당집이 있어서 당재라고 부르며, 수늪 남쪽에 있는 들은 한강물이 잘 넘어 들어와서 무내미들이라고 한다.

원수택 남쪽에는 장자소라고 부르는 장자늪이 있었다. 예전에 장자가 살았는데, 어찌나 인색했던지 동냥 온 중에게 쌀 대신 쇠똥을 퍼준 죄로 천벌을 받아 집터가 늪이 되었다는 이야기가 전한다.

나그네가 나그네에게 길을 묻다

수택동에 있던 개무기들과 구리시장을 지나면서 길을 잃었다. 길은 여기저기 도처에 있는데 길에서 길을 묻다니……. 하지만 어쩔 수 없는 일이다. 길은 아는 사람이 앞서가야 한다는 말도 있지만 아는 사람이 없으니 누굴 탓하겠는가.

나그네가 나그네에게 길을 묻는다. 여행지에서 흔히 볼 수 있는 풍경이다. 우리 속담에 '알아야 면장을 한다'는 말이 있듯이 낯선 길에서 나그네가 나그네에게 길을 묻는 것이 도시에서 길 찾기다. 다비드 르 브르통은《걷기 예찬》에서 나그네를 다음과 같이 설명했다.

> 타향에서 온 나그네는 바로 길을 묻는 사람이며, 장소의 이름을 묻는 사람이다. 길 가는 사람에게 가장 중요한 것은 수수께끼 같은 수많은 장소들 속

경기도 구리시에서 만난 한강의 제1지류 왕숙천

에서 어디가 어디인지를 분간하는 일, 지도나 풍경들의 색깔과 선들 속에서 자신이 서 있는 현재 위치를 헤아리는 일이고, 지금까지 걸어온 길과 앞으로 가야 할 길을 눈대중으로 계산해서 앞으로 얼마나 더 많은 노력을 들여야 할지를 예측하는 일이다. 세계를 인식한다는 것은 그 세계에 어떤 의미를 부여하는 것, 다시 말해서 그 세계를 명명하는 것이다. 도보 여행자는 아직 어느 것 하나 그 정확한 좌표가 정해져 있지 않은 사람의 차원 속에서 길을 가는 사람이다. 그 차원 속에서 그가 더듬어가는 장소들은 한결같이 미지의 장소들이며, 마치 미완성 상태에 있는 것만 같은 장소들이다.

다행히 이 근처 덕소에 살고 있는 고혜경 씨 덕분에 길을 찾았다.
구리시 환경사업소를 지나 왕숙천(王宿川)이 흐르는 토평교를 건넌다.

왕숙천은 경기도 포천시 수원산 계곡에서 발원하여 남양주시를 지나 구리시에서 한강으로 흘러드는 한강 지류다.

조선 태조 이성계가 팔야리(八夜里)에서 8일을 머물렀다고 해서 '왕숙천'이라 부르게 되었다고 한다. 또 다른 이야기로는 세조를 광릉에 안장하고 나서 '선왕(先王)이 길이 잠들다'는 뜻에서 붙여진 이름이라는 설도 있다.

왕숙천을 건너기 전에 삼육대학교에서 만나지 못했던 김선 씨가 우리를 기다리고 있었다. 마음과 뜻이 서로 통해서일까? 생각지도 않았는데 만나니 기쁘기 짝이 없다.

왕숙천을 건너자 남양주시 미금읍 가운동을 밟는다. 가재와 조운리를 합하여 가운동이라는 이름을 얻었는데, 가재 동남쪽에 있는 조운(朝雲) 마을은 조원이라는 원집과 함께 주막거리가 있었다고 한다. 가재에서 도농리 역말로 가는 고개가 만능고개이고, 가재 서쪽에 있는 들판인 미음벌은 예전에 미음면 땅이 있던 곳이다.

그 이름 높았던 석실서원

가운동을 지나 수석동에 이른다. 미금읍 수석동에 있는 미음(渼陰) — 미호(渼湖)로도 불림 — 은 수변리라고도 부르는데, 조선시대에 미음면 사무소가 있던 곳이다. 미음 남쪽 한강가에서 광주군 동부읍 선리로 건너가던 나루가 미음나루였고, 가운리 조운으로 넘어가는 고개가 뒷놀음고개였다.

수석리에서 가장 큰 석실 마을에 석실서원(石室書院)이 있었다. 석실서원은 청음(淸陰) 김상헌(金尙憲)의 충절을 기리고자 세운 서원으로, 김상용(金尙容), 김수항(金壽恒), 민정중(閔鼎重), 이단상(李端相), 김창집(金昌集), 김창협(金昌協), 김창흡(金昌翕), 김원행(金元行), 김이안(金履安), 김조순(金祖淳)이 배향되었다.

18세기 진경문화와 북학사상의 산실이었던 석실서원 터

가노라 삼각산아 다시보자 한강수야
고국산천을 떠나고자 하랴마는
시절이 하수상하니 올동말동하여라.

위 시조로 잘 알려진 김상헌은 조선 중기 문신으로 북인들과 관계가 안 좋던 광해군 때에는 이렇다 할 관직을 얻지 못하다가 인조반정 이후 다시 조정에 나가게 되었다. 1636년 병자호란이 일어나자 남한산성으로 인조를 호종했으나 끝내 청나라에 항복을 하면서 척화론자였던 김상헌은 청나라에 4년여 동안 인질로 잡혀 있었다.

마침내 1645년 소현세자와 함께 귀국했지만, 척화신(斥和臣)을 탐탁지 않게 여기는 인조와 예전 같은 관계가 될 수 없음을 깨닫고 벼슬을 단념한 채 석실(石室)로 나아가 은거하였다.

강화도가 청나라에 함락당하자 강화 남문에서 화약에 불을 지르고 자폭한 김상용이 바로 김상헌의 동생이다. 두 형제는 안동 김씨 가문을 조선 후기를 대표하는 가문으로 올려놓았을 뿐 아니라 세도정치를 자리잡게 한 인물이기도 하다.

3수로 알려진 김수증, 김수흥, 김수항이 김상헌의 손자이며, 당대에 뛰어난 학자 6창으로 알려진 김창집, 김창협, 김창흡, 김창업, 김창즙, 김창립이 김수항의 아들들이다. 그리고 한말 안동 김씨의 세도가들인 김수근, 김병학, 김병국 등이 모두 그 후손이었다.

내일이면 나는 도로 산으로 가네

가까운 사람과 무심하게 지낸다는 뜻을 지닌 '한 청(廳)에 있으면서 김수항의 성도 모른다'는 속담이 있다. 여기에 나오는 김수항은 숙종 때 영의정을 지냈고 그 아들인 김창협은 조선 후기에 학자와 문신을 지냈다.

1689년 기사환국(己巳換局)이 일어나 아버지 수항이 장희빈 소생의 세자 책봉 문제에 연루되어 진도에 유배되었다가 사약을 받고 숨을 거두자, 김창협은 벼슬을 버리고 산중으로 들어가버렸다. 뒷날 아버지의 죄가 풀리고 여러 차례 관직이 제수되었으나 김창협은 모두 사양하였다고 한다. 그는 문학과 유학으로 이름이 높았는데 요절한 딸을 위해 지은 제문을 보면 자식을 잃은 아비의 슬픔이 절절히 묻어난다.

거사(김창협)가 언젠가 어떤 집의 요절한 딸을 위하여 묘지문을 짓고 있는

데, 마침 딸이 그것을 보고는 "그래도 아버님 글을 얻어 불후한 이름을 남기게 되었으니 이 죽음은 불행이 아니군요"라고 하였다. 중간에 또 남편 명중(明仲)에게 말하길, "저는 여자예요. 아무 공덕도 세상에 드러날 것이 없어 한스러우니 차라리 일찍 죽어서 우리 부친의 서너 줄 글을 얻어 묘석에 새기는 것만 못할 거예요"라고 하였다. 지금 딸아이가 이미 죽었거늘, 나는 그때에 맞추어 명(銘)을 짓지 못하였으니, 하루아침에 죽어간다면 아비와 딸이 흙 속에서 둘 다 눈을 감지 못할 것이다. 마침내 고통을 참고 흐느끼며 글을 써서 유택(幽宅)에 올린다. 아아, 이것이 정말로 참언(讖言)이었던 것인가, 과연 그 바라던 바를 얻었단 말인가!

여자로 태어나 한평생 아무 공덕도 세상에 남기지 못하고 담 너머 세상과는 동떨어져 살아야 하는 것이 조선 아녀자들의 운명이었다. 그래서 오래 사느니 일찍 죽어 아버님의 글 몇 줄을 얻어 새기는 것이 나을 것이라고 말한 딸의 제문을 짓는 아버지의 심정이 어떠했으랴.

그는 "의심이 깊지 않으면 믿음 또한 독실할 수 없다"고 말했는데 그런 김창협을 두고 매산 홍직필(洪直弼)은 "선생의 논변이 정밀하고 치밀하여 조금도 어긋남이 없음은 마치 일광옥결(日光玉潔)과 같다"고 평하였다.

천재 시인으로 알려진 김군산(金君山)은 김창협의 외아들로, 그가 방랑을 하게 된 데는 아버지와 작은아버지가 벼슬을 그만두고 시골에 은거한 영향이 컸다.

그는 스스로 광소년(狂少年)이라고 지칭했고, 염세동(厭世童)이라고도 하였다.

'오늘 밤 어디서 자나 묻지를 마시게, 내일이면 나는 도로 산으로 가네'라는 글에서 생애에 걸친 방랑 내력을 오롯하게 느낄 수 있다.

김씨가 사라진 자리에 조씨가 들어서다

1900년 고종 황제의 묘가 홍릉의 장지로 결정되자 본래 금곡에 있던 조말생(趙末生)의 묘소가 이곳 수석리로 옮겨왔다. 양주 조씨의 영모재가 들어서면서 그렇지 않아도 대원군의 서원 철폐령으로 훼철된 석실서원 터는 폐허로 변하고 말았다.

조선 초기의 문신 조말생은 이조참판, 형조판서, 병조판서를 지냈고 태종의 총애를 받았다. 그러나 세종 8년(1426)에 뇌물죄로 연좌되어 외관직으로 좌천되었다. 이정형(李廷馨)이 지은 《동각잡기(東閣雜記)》에 그 때 상황이 잘 드러나 있다.

> 우의정 조연, 부원군 연사종, 병조판서 조말생 등이 소송하는 노비를 받아 가만히 힘을 써주어 승소판결을 받았다. 헌부에서 조사를 하고 실정을 알아내 연 등을 모두 중도부처(中途付處)하였다. 세종이 헌부에 전교하기를 "내가 듣기로 세력 없는 사람의 소송하는 노비를, 소송 맡는 관리들이 청탁을 받아 원통하고 억울하게 된 일이 더러 있다 하는데, 헌부의 이번 일은 심히 가상히 생각하노라"고 하였다.

석실서원은 단원 김홍도와 이병연의 그림과 시에 남아 있으며, 김원행을 찾았던 홍대용과 황윤석의 발길이 끊이지 않았던 곳이다. 하지만 현재 석실서원 터는 정확한 위치나 건물 크기 그리고 배치에 관한 기본 자료마저 남아 있지 않고 세인의 관심에서 멀어진 채 방치되어 있다.

평구에서 총총히 작별 인사 나누면서

석실교 삼거리에 이르자 남양주시 덕소 팔당 '다산 문화제' 현수막이 보이고, 조금 더 걷자 과일 가게에 먹골 배가 산처럼 쌓여 있다. 이 지역에서 생산되는 과일 중에서 가장 유명한 것이 먹골 배인데 참새가 방앗간을 그냥 지나칠 수 없어 먹골 배를 배부르게 먹고 나서 다시 길을 나섰다.

지도를 보니 거의 14킬로미터를 왔다. 이곳을 지나면 점심 먹기가 마땅치 않을 것 같아 점심을 먹고 다시 길을 나섰다.

삼패동은 본래 양주군 금촌면 지역이며 역말은 삼패동에서 가장 큰 마을이다. 지형이 쇠꼬리처럼 생겼다는 평구는 역말 동쪽에 있는 마을로 쇠꼬리, 소코리 또는 평구라고 불렸으며 조선시대 찰방인 평구역(平邱驛)이 있었다.

찰방(察訪)은 조선시대 각 도의 역참(驛站)을 관리하던 종6품 외관직으로 원나라에서 유래했다고 한다. 세조 때 나라 안에 있는 모든 역승을 찰방으로 대체했고 중종에 이르러 역승이 완전히 폐지되고 찰방 체제로 바뀌었다. 찰방은 보통 역리(驛吏)를 포함한 역민(驛民) 관리와 역마 보급, 사신 접대 등을 총괄하는 역정(驛政)의 최고 책임자였다. 또한 탐학

한 수령을 감시하고 백성들의 질병을 살펴 민생 안전에도 크게 이바지했다고 한다.

찰방과 관련해 빼놓을 수 없는 인물이 《택리지》를 지은 이중환이다. 그가 김천 찰방으로 일할 당시 역모사건의 주범인 목호룡에게 역마를 빌려준 것이 화근이 되어 고초를 겪은 뒤 끝내 방랑 길을 나서게 된다.

조선 중기의 문신 신흠(申欽)은 이곳 평구역을 지나며 다음과 같은 시를 남겼다.

> 평구에서 총총히 작별 인사 나누면서
> 언제 또 만나느냐 아득하기만 하였네.
> 오늘날 마음 상해 흐르는 이 눈물을
> 목릉 서쪽 지는 햇살이 비추는구나.

삼패동은 평구역의 역마를 교대하는 삼패가 있던 곳이다. 이곳에서 역을 지키던 역졸들의 삶을 고려시대 문장가인 이규보(李奎報)는 "역졸은 손〔客〕을 보내고 맞는 일을 언제 그만둘 것이며, 사신들 내왕 잦아서 어느 때 쉴 것인가"라고 읊었다. 역졸들의 삶이 얼마나 힘들었는지 짐작할 만하다.

역말 동쪽인 궁 안 마을은 영조의 일곱째 딸인 화협옹주(和挾翁主)와 남편 신광수(申光綏)의 묘를 쓴 곳이다. 이곳 삼패동 42번지에는 조선 중기의 정치가로 대동법을 맨 처음 시행한 잠곡 김육(金堉)의 묘소가 있다. 청풍 김씨의 주역들인 김식, 김육, 김좌명, 김윤식 등 조선 역사에 한 획을 그은 사람들이 바로 이곳에 잠들어 있다.

한강물이 크게 소가 되었으니 덕소

삼패동을 지나 덕소를 조금 남겨두고 한강을 바라보니 남양주대교가 한 곳만 빼놓고 거의 잇닿아 있다. '언제쯤에 저 다리가 완공되어 자동차가 다닐 수 있을까?'라는 생각을 하며 발길을 옮기는 사이에 남양주시 덕소읍에 이르렀다.

덕소는 본래 남양주시 와공면 지역이었으나 현재는 서울 인근 한강변에 자리 잡고 있으며 아파트가 즐비하다. 덕소 남쪽에 있는 마을이 말무더미 또는 율계라고 부르는 뱅께이고 이곳에서 도곡리로 넘어가는 고개가 금대산고개이다. 도곡리에는 중종반정의 일등 공신인 박원종(朴元宗) 묘소와 그를 모신 세덕사(世德祠) 사당을 비롯한 순천 박씨 묘역이 있다.

덕소 남서쪽에는 안동 김씨 김번(金璠)의 묘가 있다. 안동이 본향인 김번은 과거 급제를 한 뒤 양주에 터를 잡고 살던 남양 홍씨를 아내로 맞이했다. 그가 묻힌 덕소는 본래 처가인 홍씨의 선산으로 김번의 부인 홍씨는 시백부 되는 학조대사(學祖大師)의 말을 듣고 이 자리에 남편의 무덤을 썼다고 한다. 이곳은 흔히 옥으로 된 술병에 술이 담긴 형국〔玉壺貯水形〕이라고 하여 더욱 유명해졌다. 앞서 이야기한 김상헌과 김상용이 그 후손이다.

덕소 일대에 조선 초기와 중기 그리고 후기까지 조선을 뒤흔들었던 박원종, 김육, 김상헌 등 유명한 인물의 묘소가 모여 있다. 이처럼 조선의 고관대작들이 이곳 남양주 덕소 부근에 삶터를 정하고, 죽은 뒤에도 머물고자 한 것은 《택리지》에도 언급되어 있듯 강이 흐르고 산천이 빼어난 길지였기 때문이 아니었을까.

뱅께 북쪽에 있는 새말은 을축년(1925)에 만든 마을이고, 새말 동쪽에 있는 장터거리 마을에서는 4일과 9일 장이 섰다. 옛 덕소 남쪽에 있는 시온 마을은 신앙촌(信仰村)이라고 부른다. 신앙촌은 원래 부천시 범박, 괴안동, 소사동 일부와 시흥군 소래읍 계수리를 중심으로 형성되었다고 한다.

1962년부터 박태선 장로교 신자들이 덕소에 모여들어 이룬 것이 제2 신앙촌이다. 1970년에 이곳 신앙촌을 부산시 기장으로 옮겼다. 그 이유는 이 종교 단체에서 여러 산업체 제품을 생산하려면 먼저 공장 부지가 있어야 했는데 덕소에는 그럴 만한 땅이 없었기 때문이라고 한다.

원래 박태선 장로가 만들었다고 하여 '박태선 장로교'로 불리다가 '한국천부교전도관부흥협회'로 이름을 바꾸었고, 이 종교 단체에서 생산하는 제품도 '시온'이라는 상표에서 1979년에 '삼광'으로 바꾸었다. 지금도 부산에서 그 맥을 잇고 있지만, 이곳 덕소는 너무 빨리 개발되는 바람에 옛 자취가 거의 남아 있지 않다.

수많은 아파트들이 숲을 이룬 덕소를 지나면 도곡리에 이른다. 원래 이곳에서 질그릇을 구웠다고 하여 도골 또는 도곡이라고 한다. 도곡 중심부에서 남쪽에 있는 경포 마을은 한강이 한눈에 들어와 경치가 아름답기로 소문난 곳이다.

바라보이는 한강의 저 물길을 거슬러 올라간 이가 있었으니 바로 비운의 임금 단종이었다. 동대문 밖 영리정에서 아내 송씨와 이별한 단종은 화양정에서 전별연을 베풀고 난 뒤 광나루에서 배를 타고 구리와 덕소를 지나 여주의 이포나루에서 배를 내려 영월로 간 것이다.

역사를 거슬러간 그날의 물길은 지금 어느 곳을 흐르고 있을까?

길을 나섰으니 돌아갈 길이 없다

상리에서 월문리 삼화로 넘어가는 고개는 가팔라서 오르기가 되다 하여 된고개라 불리며, 상리에서 월문리 평촌으로 넘어가는 고개는 아랫고개라고 한다.

덕소 취수장 부근을 지나니 빗줄기가 굵어졌다. 비옷과 우산을 챙겼으나 가을비라서 그런지 시간이 갈수록 춥다. 나그네에게 가장 난처한 일은 걷는 도중에 내리는 비일 것이다. 하지만 이미 길을 나섰으니 돌아갈 길은 없고 '앞으로'를 되뇌며 걸어갈 수밖에…….

도곡리에 있던 동막나루는 흔적도 없이 사라진 채 길은 팔당리에 이른다. 호수 둘레에 당집이 여덟 군데가 있었다고 해서 팔당이라는 이름이 붙었다고도 하고, 한강 가에 넓은 나루가 있어서 바다나루, 바대이, 바당이가 변하여 팔당이라 부르게 되었다고도 한다.

하팔당 마을에는 옛날 길손들이 쉬어가던 주막집이 있었다는데, 지금 그 자리에는 음식점이 들어서 지나가는 길손들을 유혹한다.

한강을 가로지른 팔당대교에 자동차들은 쉼 없이 지나가고, 비는 더욱 거세게 내리는데 우리가 도착해야 할 능내리는 멀기만 하다.

중앙선 기차역인 팔당역을 지나서 조개울 마을과 웃바대이라고 부르는 상팔당 마을에 접어든다. 중앙선 철로의 시멘트벽에는 수많은 연인들이 남기고 간 사랑의 징표가 새겨 있다. '천 년을 사랑하자' '느티나무처럼 사랑하자' 같은 언약들이 언제까지 이어질지 알 수는 없으나 그네들도 그리고 우리도 처음 마음 그대로 간직하기를 바랄 뿐이다.

빗줄기 사이로 팔당댐이 보인다. 한강의 본류 남한강과 북한강이 합류

서원부원군 한확의 묘와 다산 정약용 생가가 있는 능내리

하는 지점으로 1974년 5월에 준공한 인공 호수다. 팔당댐이 자리 잡은 남양주시 조안면 능내리는 본래 양주군 초부면 지역으로 서원부원군(西原府院君) 한확(韓確)의 묘가 있다 하여 능안 또는 능내로 불린다.

한확은 성종 때 정계를 주름잡았던 여걸 인수대비의 아버지이며 성종의 외할아버지다. 한확의 묘가 있는 막은데미는 비선골 서쪽에 있는 골짜기로 한확의 묘를 쓸 때 사성(莎城, 풍수지리에서 뫼자리의 뒤에 작은 맥이 혈의 가장자리를 에워싼 두둑)을 높게 했으나, 금 까마귀가 알을 품고 있는 형국으로 사성이 높아서 알이 곯는다고 하여 사성을 없앴다.

다산이 태어난 능내리

능내리의 봉안 마을은 상봉과 하봉을 합친 마을로 조선 후기 대학자인 다산(茶山) 정약용(丁若鏞)이 태어나고 말년을 보낸 곳이다.

현재는 경기도 남양주시 조안면 능내리 산 75-1번지이지만 다산이 살았던 때는 경기도 광주군 초부읍 마현리였다. 서재와 독서 그리고 침잠하기에 알맞고 좋다 하여 여유당이라고 불렀다는 다산의 생가는 1925년 여름에 홍수로 떠내려가 1975년에 새로 복원한 것이다.

옛 맛을 느낄 수 없는 다산의 집 뒤편에 '여유당(與猶堂)'이라 새긴 빗머리 돌을 지나 작은 언덕에 오르면 정약용과 아내인 숙부인 풍산 홍씨를 합장한 묘가 보인다. 소나무가 병풍처럼 둘러 있는 다산의 묘 앞에 서면 팔당호의 출렁이는 물결이 어른거린다.

오랜 유배 생활을 마치고 돌아온 다산의 삶은 쓸쓸하기만 했다. '남쪽 천리 밖에서 노닐었지만 어디 간들 이 좋은 언덕을 얻을 수 있을까?'라고 노래하지만 쓸쓸함은 감출 수가 없다.

강촌의 밤은 저물어 어두운데,
개 짖는 소리 성긴 울타리를 끼고 흘러라.
물이 차가워 별빛은 더욱 고요치 못하고
산이 멀어서 눈빛이 더욱 맑구나.
먹고 살 긴 대책은 전혀 없고
글 쓰는 방에는 짧은 등잔대 하나
남모를 근심으로 밤잠은 아니 오고
어찌하면 여생을 탈 없이 마칠까?

다산이 18년 만에 유배에서 풀려나 고향에 돌아왔을 때 알고 지내던

다산의 쓸쓸함이 유유히 흐르는 팔당호

사람들은 이미 이 세상 사람이 아니었다. 남겨진 재산 또한 별로 없었다. 회갑을 맞은 다산이 자신의 일생을 정리한 〈자찬묘지명〉에서 '육경사서로서 자신을 닦고 일표이서로서 천하 국가를 다스리니 본말을 갖춘 것이다'라고 자부하였지만 '알아주는 사람은 적고 꾸짖는 자가 많으니 만약 천명(天命)이 인정해주지 않는다면 횃불로 태워버려도 좋다'라며 자신의 삶과 사상이 수용되지 않는 현실을 안타까워했다.

그는 가난 속에서도 지조를 굽히지 않고 학문을 연마하면서 때로 청평산, 용문산 등지로 유람을 다니며 심신을 단련했으나 그를 기다린 것은 쓸쓸한 적막과 외로움뿐이었다.

"타향살이 7년 동안 문을 닫고 홀로 웅크리고 앉아 있노라니 머슴종과 밥 짓는 계집종조차도 말을 걸어주지 않더이다. 낮 동안 보이는 거라고는 구름과 파란 하늘뿐이오. 밤새도록 들리는 거라고는 벌레 울음소리나 댓잎 스치는 소리뿐이라오." "책을 안고 돌아온 지 3년이나 되었지만 함께 읽어줄 사람은 아무도 없습니다"라고 정약용은 친구에게 자신의 신세를 한탄하며 사무친 외로움을 토해냈다. "우리 집 대문 앞을 지나면서도 들어오지 않는 거야 이미 정해진 관례이니 원망하지 않으나 천하의 괴로움은 남은 기쁜데 나는 슬퍼함이며, 가장 한스러움이란 나는 그를 생각하지만 그는 나를 까맣게 잊고 있는 경우랍니다"라는 글에서 알 수 있듯 그 당시 내로라하던 사람들은 다산의 집을 애써 외면하고 시나갔다.

그는 외로움과 쓸쓸함 속에서《흠흠신서(欽欽新書)》30권과《아언각비(雅言覺非)》3권을 저술했다. 다산은 유배에서 풀려나 마재로 돌아온 지 17년 만인 1836년(헌종 2) 2월 22일에 75세로 세상을 떠났다.

능내리에서 하루를 끝내고 마현이라고도 불리는 마재에서 지역구인 고혜경 씨가 한턱내는 닭볶음탕을 먹고 양수리에 도착하여 여장을 풀고 나니 오후 7시 40분이었다.

오늘부터는 '배고픈 사람은 먹는 꿈만 꾼다'는 옛말처럼 밤마다 길을 걷는 꿈을 꿀지도 모르겠다. 관동대로의 첫날 여정이 끝나간다.

이틀째 마재에서 용문까지

1940년대에 관동대로의 노선과 거의 비슷한 중앙선이 서울에서 원주까지 이어지면서 관동대로 기능은 크게 축소되었다. 그런 까닭에 지금은 그 옛날 관동대로는 찾아보기 힘들다. 그 옆으로 6번 국도가 나고 열차들이 쉼 없이 달릴 뿐이다. 2007년 팔당역에 지하철이 개통되었고, 곧 양평에도 지하철이 연결될 것이라고 한다. 이러다가는 관동대로의 마지막 지점인 평해까지 지하철이 이어질 날도 그리 멀지 않은 듯싶다.

두 강줄기가 모이는 모서리

길을 나서면 언제나 깊은 잠을 못 잔다. 몇 차례 자다 깨다를 되풀이하다보면 어느새 아침이다. 창문을 열자 아직도 흐린 하늘, 일기예보에 따르면 오늘도 비가 더 내리다 갠다고 한다.

민경권 씨와 이수아 씨가 사온 김밥을 먹고 모텔 문을 나선 뒤에야 길 가운데에 빗물이 고인 걸 보고 밤사이 제법 많은 비가 왔다는 것을 알았다.

산과 들에 마치 흰 빨래처럼 구름이 내어 걸리고 흐르는 북한강을 보며 이곳이 양수리, 곧 두물머리임을 실감한다. 우리 일행은 고혜경 씨 차를 타고 두물머리로 갔다. 한강과 남한강이 만나는 두물머리〔兩水頭〕는 두 강줄기가 모이는 가장자리를 뜻한다. 일제강점기에 일본인이 조선에도 이런 명당이 있느냐며 감탄했다는 두물머리는 북한강과 남한강

매연은 보약이요 소음은 풀벌레 노랫소리이니

이 만나는 뜻깊은 곳이다.

1895년에 만든 '구한말 한반도 지형도'를 보면 평해로가 지나는 양수역 남쪽에 위치한 이수두리(二水頭里)에는 평해로를 따라 민가가 형성되어 있었다. 현재 양수역이 들어선 석장 마을은 한적한 농촌 모습 그대로였는데, 지금은 상전벽해라는 말 이외에는 다른 말이 떠오르지 않을 만큼 변했다.

두물머리 답사를 마친 뒤 다시 고혜경 씨 차를 타고 어제 일정을 마무리했던 마재에 도착하여 2007년 10월 4일 이틀째 여정을 힘차게 연다. 이기춘, 손현미, 이수아, 민경권 씨 그리고 나를 포함한 다섯 명이 길을 나서고, 고혜경 씨는 우리가 걸어갈 양평에 자동차를 두고 오기 위해 먼저 떠났다.

우리는 45번과 6번 국도인 양수대교에 들어선다.

지난 일 아득해 온통 꿈인데

이곳 양수리에서 남한강과 북한강이 만나 한강이 된다. 큰 물길 두 곳이 만난다 하여 두물머리, 두머리 등으로 불리는 양수리의 옛 이름은 병탄(幷灘)이었다. 《신증동국여지승람(新增東國輿地勝覽)》에는 "군 서쪽 45리 지점에 있다. 여강(麗江) 물과 용진(龍津) 물이 여기에서 합류하기 때문에 병탄이라고 한다"고 실려 있다. 고려 말 문신인 이색(李穡)은 이곳 병탄을 두고 "흐름을 따라 내려가니 뱃사공이 한가하도다. 험한 곳을 만나면 경각 사이에 놀라 외친다. 늦게 사장(沙場)에 닿으니 바람과 이슬이 찬데, 등잔불 하나가 깜박깜박하여 구름 산을 비친다"고 하였고, 고려 말 조선 초 문신인 권근(權近)은 다음과 같이 노래했다.

작은 배 일렁인다. 파란 물결에
조용히 건너니 한길 같구나.
지난 일 아득해 온통 꿈인데
부생(浮生) 어느 때나 한가하려나.
세상의 영화는 이름 때문이고
벼슬의 오르내림에 마음 조이네.
영천(潁川, 중국 고사에 나오는 물 이름)에 가서 귀를 씻지 못하니
밝은 강에 비치는 얼굴이 부끄럽다.

예로부터 강가나 냇가 또는 좁은 바닷목에서 배가 건너다니는 곳을 나루라고 한다. 공주의 옛 이름인 웅진(熊津)을 곰나루라고 한 데서 나루라

는 용례를 찾아볼 수 있다. 규모에 따라서 도(渡, 삼전도), 진(津, 정암진, 주문진), 포(浦, 다대포, 삼천포), 항(港, 부산)으로 나타낸다. 큰 강 하구나 바다 항구에는 포를 많이 썼다. 서울의 마포, 평안도의 진남포, 충남의 남포, 전라도의 줄포, 목포, 부산의 삼포, 강원도의 경포, 함경도의 광포가 이름난 포구였다. 진은 경상도의 삼랑진, 함경도의 어대진, 청진, 강원도의 안인진 등이 유명했다.

이름난 나루터 주변에는 화물과 승객 이동을 위해 도선장(渡船場), 계선장(繫船場), 주막, 여관, 상가 등이 들어섰다. 낙동강의 왜관, 삼랑진, 금강의 강경포, 한강변의 삼전도, 양화진, 목계, 영산강의 영산포, 예성강 동안에 위치한 벽란도가 이름난 나루터 마을이었다.

나루터에서 수많은 이별 장면이 연출되는데 정지상이 지은 〈송인(送人)〉은 천 년의 시공간을 넘어서 이보다 절절한 이별시는 없다는 평을 듣는다.

> 비 갠 긴 강둑에 풀빛이 푸른데
> 그대를 남포에서 보내며 슬픈 노래 부르네.
> 대동강 물은 그 언제 마르랴.
> 이별의 눈물 해마다 푸른 물결에 더하는 것을.

교량 건설과 철도 같은 교통수단이 발달하면서 나루는 그 이름만 남았다. 그 많던 주막과 객사가 즐비했던 서울의 나루들 주변에는 아파트와 고층 건물들이 그 자리를 대신하고 있다.

서거정이 극찬한 수종사

양수대교에서 바라다보이는 운길산 중턱에 서거정(徐居正)이 '동방 사찰 중 제일의 전망'이라고 극찬했던 수종사가 있다. 이 절은 봉선사의 말사로 창건 연대는 알 수 없으나 1439년(세종 21)에 세워진 정의옹주의 부도를 근거로 대부분 그 이전에 창건했을 것으로 추측된다. 수종사는 1458년에 세조의 명으로 크게 중창되었는데 그에 얽힌 이야기는 다음과 같다.

금강산을 순례하고 돌아오던 세조는 날이 저물어 이수두(지금의 양수리)에서 하룻밤을 묵었다. 그날 밤 어디선가 들려오는 종소리를 이상하게 생각한 세조는 날이 밝자 그 종소리를 따라 운길산으로 올라갔다. 종소리가 들리는 곳에는 바위굴이 있었고 그 굴 속에는 18나한이 앉아 있었다. 알고 보니 종소리는 그 굴 속에서 물 떨어지는 소리가 암벽을 울려 마치 종소리처럼 들렸던 것이다. 세조는 그곳에 절을 짓고 절 이름을 수종사라고 하였다.

이 절을 찾았던 서거정은 시 한 수를 남겼다.

가을이 오매 경치가 구슬퍼지기 쉬운데
묵은 밤비가 아침까지 계속하니 물이 언덕을 치네
하계(下界)에서는 연기와 티끌을 피할 곳이 없건만
상방(上方) 누각은 하늘과 가지런하네
흰 구름은 자욱한데 뉘게 줄거나
누런 잎이 휘날리니 길이 아득하네

내 동원(東院)에 가서 참선 이야기하려 하니

밝은 달밤에 괴이한 새 울게 하지 말아라

—〈양수리 수종사〉

멀리 떨어져 있는 운길산과 흐름을 멈춘 듯 잔잔하게 일렁이는 강물을 바라보며 용담대교를 30분 만에 건너갔다. 지난번 한강을 걸을 때 찌는 듯한 8월 뙤약볕에 고생한 탓도 있지만 그 길이(2,380미터)에 질린 터라 부리나케 걸었다.

이곳 용담리에 기두원(起頭院)이라는 원이 있었고 저 건너 파람소니 마을에는 중앙선 기차가 지나가는 양수역이 있다.

1940년대에 관동대로의 노선과 거의 비슷한 중앙선이 서울에서 원주까지 이어지면서 관동대로 기능은 크게 축소되었다. 그런 까닭에 지금은 그 옛날 관동대로는 찾아보기 힘들다. 그 옆으로 6번 국도가 나고 열차들이 쉼 없이 달릴 뿐이다. 2007년 팔당역에 지하철이 개통되었고, 곧 양평에도 지하철이 연결될 것이라고 한다. 이러다가는 관동대로의 마지막 지점인 평해까지 지하철이 이어질 날도 그리 멀지 않은 듯싶다.

우리가 지나는 양수리 부근에 용진나루가 있었고, 그 위쪽에 여울이 있어서 가물면 걸어서 건너다녔다고 한다. 양수리에서 와부읍 진중리로 건너가려면 두머리나루터를 이용해야 했다. 한강 한복판에는 그림 같은 족자섬이 있고 이곳에 푸른 나무숲으로 희끗희끗하게 보이는 백로 200여 쌍이 모여 산다고 한다. 원수골 남쪽에는 곡룡진 마을이 있고 곡룡진 동북쪽에는 용이 승천했다는 용늪이 있다.

한편 양수리에서 남한강과 만나는 북한강은 남한강에 대비되는 뜻으

양수리에서 바라본 관동대로 관동대로가 저 멀리 안개 속으로 휘어 들어간다. 누군가는 숨은 길을 볼 것이고 누군가는 보지 못할 것이다. 우리는 두 눈보다 두 다리를 믿는다. 걸어가보면 알게 될 것이다. 그곳에 길이 있는지 없는지를.

로 붙였다고 한다. 이제 남한강과 북한강이 만나 한강으로 태어난 저 강물은 팔당댐과 덕소를 지나 서울로 흘러갈 것이다. 흐름을 멈춘 듯 물살만 빛나는 한강을 바라보다가 운길산으로 눈길을 돌린다.

양수대교, 족자섬 너머로 보이는 산들은 흰 구름에 덮여 있다. '한가롭다 과속 말고, 단속 없다 음주 말고'라는 표지판과는 아랑곳없이 죽기살기로 달리는 자동차들은 도대체 어디를 향해 내달리는 것일까?

양수대교를 지나서 용담대교가 아닌 벼랑 쪽에 있는 길로 가기 위해 양평군 양서면 용담 1리 기두원 마을을 지나 신원리에 이른다.

월계, 호리원 또는 신원이라 부르는 이곳은 원래 양근군 서시면 지역으로 울계원이 있었던 곳이다. 신원리에는 가죽나무가 많다고 해서 가

죽나무골이라는 골짜기가 있고, 묘골 동쪽에는 옹기점이 있었다고 해서 동이접골, 묘골 북쪽에는 대장간이 있었다고 해서 풀무골이라고 한다. 동이접골에서 풀무골로 넘어가는 풀무골고개와 샘골에서 목왕리 동막으로 넘어가는 샘고개도 있다.

모든 길은 매연과 소음으로 넘쳐나고

국도를 따라가던 이수아 씨가 내게 말을 건넨다.

"선생님, 매연과 소음 때문에 걷기가 너무 힘들어요."

우리나라의 모든 길은 매연과 소음들로 가득하다. 많은 사람들이 살고 있는 아파트 역시 특별한 방음장치를 하지 않으면 온갖 소음에서 벗어나기 힘들다. 내가 살고 있는 아파트는 지은 지 20여 년이 되다보니, 방음이 제대로 되지 않아서 늘 소음이 끊이지 않는다. 그래서 라디오나 TV를 크게 켜놓거나 소음을 노래삼아 듣는 방법 외에는 달리 방도가 없다.

아침 이른 시간부터 어둠이 내린 저녁까지 "두부 왔어요" "귤이 한 상자 만 원이에요" "달고 맛있는 꿀사과가 왔어요" 하는 소리에 계절이 오가는 것을 느끼고, 아무 소리도 들리지 않는 날이면 '오늘이 도대체 무슨 날인데 이렇게 조용하지' 하고 궁금증이 생긴다. 소음이 사라지면 마음이 편안한 것이 아니라 오히려 궁금해지는 것을 보니 어느새 나도 모르게 소음을 사랑하게 된 것 같다.

어린 시절을 돌이켜보면 청소년기를 보낸 두 집 역시 길갓집이어서 하루 종일 사람들의 발자국 소리와 두런대는 소리들이 바로 창문 앞에서 들려왔다. 집에서도 그러할진대 하물며 길을 걸어갈 때야 오죽하겠는가? 길에서 들리는 온갖 소음도 소음이지만 보행자 옆을 지나가는 자동차 소리만큼 싫은 것도 없다.

이 땅을 걸으려면 참고 견디는 방법밖에 없는 것일까? 매연도 거부하지 말고 보약처럼 마시며 소음도 아름다운 음악이나 풀벌레의 노랫소리처럼 들으며 걸어가는 그런 지혜를 터득해야 한다. 그렇게 할 수 있을까? 길을 걷는 사람들의 가장 큰 고통이자 성찰의 힘이다.

나는 이수아 씨에게 "어차피 나그네는 길에서 하루 종일을 보내야 하잖아요. 매연도 보약이라고 여기지 않으면 걸어갈 수가 없어요. 몸에 좋은 보약이라고 생각하고 달게 받아들이세요"라고 말했다.

이 무슨 억지 춘향 같은 이야기인가? 하지만 달리 다른 길이 없지 않은가?

귀와 눈은 열고 마음은 비우고

나그네에게는 어떤 환경이든 달게 받아들이는 자세가 중요하다. 중국의 도적수(屠赤水)는 《명료자(冥寥子)》에서 참다운 여행을 두고 '여행이란 귀와 눈을 열고 혼을 활짝 펼치기 위하여 하는 것'이라고 하였고, 김성탄(金聖嘆, 명말 청초의 문예비평가)은 "가슴속 색다른 재주와 눈썹 밑에 기발한 눈이 필요하다"고 하였다. 마음을 다 비우고 떠날 수 있다면 얼마나 좋을까?

호리원이라고도 부르는 신원역에서 이혜리 씨가 합류하고 발길은 양서면 도곡리에 이른다. 양근군(현재 양평군) 서시면 지역은 질그릇을 구웠던 곳으로, 질울 또는 도곡이라고 이름 지은 도곡리 질울 마을에서 신원리 본점으로 넘어가는 바람굴고개가 있다.

도곡리 인근 논에는 허수아비들이 가을 풍경을 빚어낸다. 철로로 난 길을 따라가니 국수산 밑 양서면 국수리에 중앙선 기차역인 국수역이 있다. 국수역 남쪽에는 선정비가 있다 하여 비석거리라고 부르는 마을이 있으며, 국수리에서 가장 큰 마을인 정자골은 정자나무가 있어서 붙여진 이름이다. 국수역에서 철길을 따라가다가 넘어가는 고개가 양서면 복포리의 한티고개이다. 복개에서 굽여울로 넘어가는 한티고개 아래에 중앙선 열차가 지나는 복개굴을 따라가다 만나는 마을이 제탄이라고 부르는 굽여울이다. 한적한 남한강 길에 접어들자마자 양평군 옥천면 아신리에 이른다. 아오와 신대의 이름을 하나로 합친 아신리 기곡 마을은 터굴로도 부르며, 아세아신학대학교 근처인 아신굴에서 그리 멀지 않은 빙곡 마을에는 옛날 얼음을 저장하는 빙고가 있었다고 한다.

잔고개 남쪽에 있는 세우자리 마을을 지나 고읍교라고 부르는 큰 와검다리를 건너자 식당들이 줄지어 있다. 그곳에서 조금 이른 점심을 먹고 아산교를 지날 무렵 노무현 대통령과 김정일 국방위원장이 한강과 해주를 연결하는 사업을 추진한다는 소식을 듣는다. 한강 하구 개발보다 어서 빨리 남북관계가 진전되어 대동강과 두만강, 압록강과 청천강을 걷고 의주로를 걸어서 연행길을 걸으면 좋으련만…….

누 밖에는 긴 강이요 들 밖에는 산인데

중앙선 아신역을 지나자 '냉면의 고장 옥천'이라는 표지판이 보이고 어느새 양평군 양평읍 오빈리에 접어든다. 조선시대에 오빈역(娛賓驛)이 있었기에 오빈역, 역말 또는 오빈이라 불렀다. 조선 초기의 문신 권근은 이곳 풍경을 다음과 같이 읊었다.

> 누(樓) 밖에는 긴 강이요 들 밖에는 산인데
>
> 좋은 바람이 두 기둥 사이에 차 있도다
>
> 올라가면 비록 살과 뼈를 맑게 하지만
>
> 거기에서 땀 흘리는 농부들을 차마 볼 수 있겠는가

오빈리에는 강상면 병산리 작개로 건너가는 덕구실 나루터가 있고, 서라리산, 쇠슬다리, 여무고개, 미라산 등 옛 이름이 남아 있는 오빈리의 덕구실 북쪽에는 조선 인조 때 반란을 일으켰던 이괄(李适)의 부친 묘가 있다. 그 당시 풍수가는 묘자리가 용의 형국이라 시신을 거꾸로 묻으라 하였으나 상주가 이를 듣지 않고 똑바로 묻었다고 한다. 훗날 부친의 묘를 파보았더니 '시신의 반은 용이 되었는데 반은 썩어 있었다'는 전설이 남아 있다. 부친의 시신을 거꾸로 묻었다면 용이 되어 승천하였을 것이고, 그렇게 되면 이괄이 왕이 되었을까?

10월인데도 늦여름처럼 몹시 덥다. 이곳 팔당에서 양평읍에 이르는 길에는 대한민국 맛집이 모두 모여 있는 듯하다. 전주 콩나물 국밥, 전라도 밥상, 전주 한정식 등 상호를 보면 마치 전주에 와 있는 듯한 착각을 하게 된다. 그런데 신기하게도 모든 음식점들이 음식값을 다 써놓았다. 아무래도 손님들이 바가지를 쓰다보니 가게 주인들이 이 같은 방법을 생각했나보다.

드디어 양평군 양평읍에 들어섰다. 조선시대의 시인 이적(李迹)은 양평을 "왼쪽으로는 용문산에 의지하고 오른쪽으로는 호수를 베개 베었다"고 읊었다. 양근군과 지평현이 합쳐져 군이 된 것은 1914년 일제강점기에 행정구역이 통폐합되면서였다. 이름이 바뀐 지 100년도 채 안 되었는데 이러한 사실을 아는 사람이 얼마나 될까?

오빈에서 양근으로 여무고개를 넘어가면 양근나루에 이른다. '생태 행복도시, 물 맑은 양평, 희망의 양평'이라는 표지판 너머로 보이는 수많은 부동산 중개소들은 진정 사람이 살 만한 땅을 알고 있는 것일까?

양근나루는 서울로 가던 길목

양근나루의 한편에 충주에서 떠내려왔다는 전설을 지닌 충주산(忠州山)을 두고 고려시대의 문신 한수(韓脩)는 다음과 같은 시를 지었다.

> 해는 관음봉(觀音峰)에 비치는데 손은 양근관을 떠난다. 동으로 30리를 행하지 못하여 천경(千頃)이 편평하기가 책상과 같다. 맑은 강이 항상 오른쪽에 있는데, 멀고 가까운 것이 모두 구경할 만하다. 다시 10리쯤 가서 말을 쉬고 높은 언덕에 오르니, 외롭게 서 있는 강 가운데 산이 나의 호한(浩汗)한 시야를 가로막는다. 이 지방 사람이 앞에 나와 말하길, 저것이 본래 충주에 있던

양평군 용문면 삼성리 어느 길목에서 하루에도 몇 번 씩 지도를 꺼내어 본다. 지금 내가 밟고 있는 곳이 어디인지 어디로 내딛어야 하는지 재차 확인한다. 답사란 내 삶의 자리와 방향을 가늠해보는 훈련일 것이다.

산인데 내려오다가 여기에서 정착하였기에 충주산으로 부른다고 한다. 동행들은 진실한 말이 못된다고 하여 모두 껄껄 웃었다. 영은산(靈隱山)은 날아온 것인데 창오산(蒼梧山)이 짝이 되도다. 고요한 것은 산의 상리(常理)인데, 천상(天常)을 네 어찌 어지럽혔느뇨. 물어도 끝내 말하지 않으니, 바람을 임하여 홀로 길이 탄식하노라.

지금은 흔적도 없이 사라진 양평의 양근나루는 서울로 가던 길목이었다. 양평읍 양근리의 갈산 기슭에 위치한 양근나루는 1930년 무렵까지만 해도 강원도에서 서울로 들어가는 가장 큰 포구였다. 이곳은 남한강 수로와 홍천과 양양, 고성, 간성을 이어주는 관동대로의 분기로가 만나는 지점으로 한강 유역의 수륙 교통 및 상업의 요충지였다.

1938년 통계를 보면 경기도에서 100만 원이 넘는 거래액을 기록한 장시(場市)는 수원과 안성 그리고 이곳 양평뿐이었다. 칙미 포구로도 불리던 양근나루는 강원도 일대에서 나는 메밀, 콩, 수수, 감자, 옥수수 같은 밭작물들과 나무그릇, 꿀 등이 남한강을 거쳐 서울의 마포로 내려갔던 곳이다.

남한강은 그 무렵까지만 해도 수량이 넉넉해서 쌀 200가마 정도를 실은 배들이 오르내렸다. 이 배들은 서울로 내려갈 때에는 물 흐름에 따라

떠내려가듯이 빨리 갔지만 올라올 때에는 물살을 거슬러야 했으므로 시간이 좀 더 걸렸다. 바람만 잘 만나면 강원도에서 사흘 만에 양근 포구까지 내려갔지만, 멀지 않은 마포나루에서 이곳 양근나루까지 올라오는 데에만 사흘이 또 걸렸다.

강원도 산물들은 배로 마포나루까지 실려가기도 하고 반대로 마포나루를 떠난 배가 양근 포구에 닿아 서로 물건을 바꿔가기도 했다. 이렇다 보니 양평장은 날이 갈수록 번성해지면서 양평에는 배를 20~30척씩 가진 부자들도 있었다고 한다.

강원도의 재목도 이 강을 타고 양평군을 거쳐 서울로 내려갔다. 태백산에서 베어낸 나무들을 남한강 상류인 영월과 정선에서 뗏목으로 묶어 강물에 띄웠는데, 뗏목 사공들은 꼭 양근에서 하루나 이틀을 묵고는 다시 강물을 타고 서울로 내려갔다. 하지만 서울에서 양평군을 거쳐 강원도에 이르는 신작로가 닦이고 트럭이 다니기 시작한 1925년 무렵부터 양근 포구는 점차 한산해지더니 1930년대 중반에 이르러서는 포구의 기능을 완전히 잃고 말았다.

양평읍을 거쳐 공흥리에 이른다. 공산리와 홍청리를 병합한 공흥리에서 백안리 새수골로 가려면 돼지고개를 넘어야 하고, 공산리에서 보름골로 가려면 옥동미고개를 넘어야 한다. 공흥리에서 가장 큰 마을로 주막이 있었던 수청 거리 동쪽에는 북처럼 생긴 북바위가 있다. 공흥교를 지나서 공흥 삼거리에 이르고, 다시 백안 1리(흰골 마을)에 이른다. 백백동과 장안의 이름을 따서 지은 백안리에도 흙이 붉다는 붉은 언덕고개, 비호고개, 서낭당고개, 삼바굴고개, 도주울고개, 개자울고개, 가마울고개 같은 크고 작은 고개들이 많다.

고갯길을 천천히 올라 숨을 내쉬고 나니 다시 44번과 6번 국도를 만난다. 횡성, 홍천, 양문으로 길은 나뉘고, 신흥 육교를 지나 대흥리에 접어든다.

대곡과 신흥 이름이 하나가 된 대흥리 황골에서 벼랑고개를 넘어 봉성리로 향한다. 고개를 넘어가는 사이 하늘은 푸르고 푸른 하늘 너머 보이는 용문산이 멀지 않다.

양평을 벗어나 마침내 양평군 용문면에 접어들었다. 본래 지평군 상서면 지역으로 삼성리, 중성리, 월성리의 3성자를 따서 삼성이라 이름 지은 삼성리에 옛날 원집이 있었던 원골이 있고, 그 원골에서 양평읍 대흥리 황골로 넘어가는 백고개가 있다.

길은 흐르는 강과 같다

백고개는 그 옛날 도둑이 하도 많아서 백 사람이 모여야 넘을 수 있다고 하여 지어진 이름이다. 삼성리에서 가장 큰 마을은 벼랑이 있어서 비레(섭리)라고 부르며 거기에서 웃비레, 건너 비레라는 마을 이름이 생겨났다.

웃비레 북쪽에 거무내라고 부르는 흑천이 흐른다. 흑천은 신내 개울이라고도 불리는데 을축년(1925) 대홍수 때 평소에 깨끗하게 흐르던 물이 시커먼 먹물로 바뀌어 그때부터 흑천 또는 거무내라고 불렀다고 한다. 또 다른 설에 따르면 용문면 삼성리 마을 앞을 흐르는 냇물 바닥에 검은 바위가 깔려 있어 물이 검게 보인다 해서 흑천으로 불렀다고도 한다.

흑천(黑川)에 드리운 산 그림자

양평군 개군면 공세리에 있는 신내 마을에서 전국에 수도 없이 들어선 '양평 해장국'이 전래되었다. 여기저기 옮겨 다니던 장꾼과 소몰이꾼들이 먹었던 해장국이 널리 알려진 것은 불과 몇십 년밖에 안 되었다고 한다. 양평 해장국뿐만 아니라 포천 이동 막걸리나 안흥 찐빵 등처럼 마을 이름이 특산물 하나로 방방곡곡에 알려지는 것을 보면 '품질 좋은 술은 좁은 골목을 두려워하지 않는다'는 중국 속담이 자연스레 떠오른다.

흑천을 바라보며 문득 파스칼의 《팡세》에 나오는 강에 대한 한 구절을 생각한다. '강은 움직이며 흘러가는 길과 같다. 자기가 가고 싶어하는 곳으로 인도해주는 길이다.' 우리가 걸어가는 이 관동대로도 결국은 마음속에 숨어 있는 등대의 불빛을 하나씩 밝히는 여정인지도 모른다.

이곳에서 용문면 소재지가 멀지 않다. 중앙선 철로 왼쪽에서 오른쪽으로 흑천이 흐르고 멀리 숙소가 보인다.

정다운 사람과 이별할 적에

길을 걷다 보면 마지막 구간이 가장 힘들다. 먼저 간 사람들도 그렇지만 사진을 찍느라 뒤처진 고혜경 씨도 그런가보다. 아침에 용문면 소재지까지 차를 옮겨놓아 그나마 다행이지만 끝마치고 가는 것도 쉽지 않은 일이다. 저마다 최선을 다하기 때문에 달리 도와줄 길은 없고, 다만 "힘들지요, 얼마 안 남았으니 참고 걸어가세요"라고 위로할 뿐이다.

드디어 용문에 접어들었다. 다문교를 지나면 이틀째 여정을 마치고 손현미, 고혜경, 이혜리 씨는 서울로 돌아갈 것이다. 손현미 씨가 내는 저녁밥은 용문산이 바로 가까이 있어서 그런지 산채 맛이 여느 때와 다르다.

조선 전기의 문장가 김안국(金安國)은 용문산에서 나는 산채를 받고서 다음과 같은 시를 지었다.

> 산나물 향기롭고 연하긴 용문이 그만인데
> 그것으로 먼 데 손님 대접하면 후의(厚意) 있음을 알리라.
> 방장(方丈)의 고량진미를 어찌 부러워하리오.
> 한 바구니 속의 부귀영화도 저버리리.

너무 늦기 전에 돌아갈 사람은 돌아가야 한다. 그런데 헤어지는 마음이 왜 이렇게 쓸쓸한가. 문득 조선 전기의 문장가로 팔도의 감사가 되어 온 나라를 떠돌았던 함부림(咸傅霖)에 얽힌 일화가 떠오른다.

함부림이 정다운 사람과 이별할 적에 고개가 갈라지는 곳에서 연연한

정이 가던 길을 머뭇거리게 했다. 그때 마침 길가에 있던 돌을 보고 시 한 편을 지었다.

돌아! 너는 어느 때 돌이더냐,
우리는 이 세상 사람들이다.
너는 정다운 사람과 이별한 쓰라림도 알지 못하고
홀로 서서 그 몇 번이나 봄을 보냈더냐.

아무리 아쉬워도 가야 할 사람은 가고 네 사람만 남았다. 어쩌다 내가 이 길에 나섰고 오늘 저녁 낯선 용문 소재지에서 하룻밤을 묵으리라고 상상이나 했었던가. 모를 일이다. 산다는 것은 때로 이렇게 우연 같은 필연으로 낯선 곳에서 나도 모르는 나를 발견하고 허전함과 쓸쓸함에 잠드는 것인지도 모른다. '나는 아무래도 이 세상에서 보잘것없는 여행자에 지나지 않는 듯하다. 너희들이라고 과연 그 이상일까?' 문득 괴테의 《젊은 베르테르의 슬픔》에 나오는 구절에 가슴이 먹먹해진다.

지도를 펴보니 내일은 무슨 일이 있어도 문막까지 가야 하는데 길이 만만치 않을 듯싶다. 32킬로미터나 되는 길을 잘 갈 수 있을까? 하지만 걱정은 내일로 미루자. 그리고 과감하게 부딪치자.

여장을 풀고 잠자리에 든 시간이 10시쯤이었다. 내가 잠에 빠져드는 동안 민경권 씨는 발에 난 물집을 짜느라 정신이 없었다.

사흘째 용문에서 원주 문막까지

흥법사 북쪽에 조선시대의 창고가 있었던 창촌 마을이 있다. 김제남 신도비를 거쳐 내려오자 섬강이 보인다. 이제 다 왔다. 다리를 못 건널 테니 차를 불러 돌아가야겠다고 생각했는데, 자동차만 다니지 못할 뿐 다리가 거의 완성되어 있었다. 반가운 마음에 다리가 아파도 다리를 건너려는데 강 건너로 저무는 문막의 모습이 보인다. 이 나루에서 배를 타고 나그네들이 문막으로 건너갔으리라. 나루도 뱃사공도 사라진 섬강을 가로질러 다리를 건너는데 섬강도 우리 걸음만큼이나 느리게 흐른다.

꿈속에서 꿈을 꾸다

이리 뒤척 저리 뒤척 잠을 이루지 못하다가 오전 5시 17분에 일어났다. 민경권 씨는 아직 깊은 잠에 빠져 있는 듯싶어 조심스레 지도를 펴 본다. 턱걸이고개, 진양고개, 터걸이, 구둔치, 바득재, 서화고개, 교래산, 용문에서 문막까지 가는 길이 어떠할지, 언제쯤 도착할지 도무지 감을 잡을 수가 없다. 마치 이런 때를 겪은 뒤에 쓴 것 같은 헤르만 헤세의 〈관찰〉에서 묘사한 글이 가슴속을 파고든다.

> 여행을 떠나고 싶은 강렬한 욕망이란 대담한 생각을 품어 세상을 뒤집어엎고 모든 사물과 인간과 사건에서 답을 구하고 싶은 욕망과 다를 것도 더 나을 것도 없다. 그런 욕망은 계획이니 책 따위로 잠재워지지 않으며, 그보다 더 많은 것을 요구하고 더 많은 것을 대가로 지불한다. 마음을 바쳐

산속이 넓게 열렸으나 지세가 깊이 막혔고

야 한다.

그래, 어떤 일이든 의연하게 받아들이자. 그리고 무엇보다 몸과 마음을 다하자.

오늘은 갈 길이 멀기 때문에 아침 6시에 모였다. 다 함께 김밥을 먹으며 이수아 씨가 지난밤 꿈 이야기를 들려준다.

"어제 선생님이 내일 가는 길이 험난하다고 해서 그런지 집에 가는 꿈을 꾸었어요. 험한 고개 다 넘으면 돌아오려고 했는데, 오는 길에 깨고 말았어요."

얼마나 걱정이 되면 꿈에 도망칠 생각을 했을까 싶어 마음이 아팠다.

'꿈속에서 꿈을 꾸다〔夢中夢〕' '꿈도 꾸기 전에 해몽을 한다〔夢前解夢〕'는 말도 있지만 몸집은 작아도 당차게 잘 걷는 이수아 씨가 그 정도니 다른 사람들은 말해 무엇하랴.

아무것도 모르면 아무것도 의심하지 않는다는 말처럼 모르고 걸어가면 걱정이 없었을 것이다. 그런데 미리 본 지도 때문에 걱정을 늘어놓아 잠까지 설치게 한 것 같아서 너무나 미안했다. 가장 힘들어할 것 같아 내심 걱정했던 이기춘 씨는 오히려 힘든 내색 없이 잘 걷는다.

용문면 소재지인 다문리 벌땀 서쪽에 주막거리가 있었고, 주막거리 북쪽에는 옛 주막이 있어서 구주막거리라고 부른다. 벌말 북쪽에 지더기 마을은 세조가 어머니 소헌왕후를 위하여 용문사의 보전을 짓고 행차 때 진을 쳤던 곳이라고 한다. 벌땀 서쪽에 어수물 마을은 행차 때면 세조가 물을 마셨던 곳으로 물맛이 좋기로 이름났다.

산속이 넓게 열렸으나 지세가 깊이 막혔고

용문면에서 멀지 않은 용문산 뒤편에 그 옛날 미원현이라는 현이 있었다. 고려 공민왕 때에 국사였던 태고 보우(太古普愚)가 미원장(迷源莊)에서 생활하고 소설암에서 공부를 했다고 한다. 그런 연유로 미원장은 현으로 승격되었는데 이곳에 대해 이중환은 《택리지》에서 다음과 같이 말했다.

> 산속이 좀 넓게 열렸으나 지세가 깊이 막혔고, 공기 또한 한랭하고 사방의 산악들도 우아하지 못하며, 앞 시내가 바싹 막혀 낙토가 되지 못하는 곳이다.

위 글처럼 산은 높고 깊지만 농토가 부족한 곳이다. 그래서 10월이면

양문에서 지평으로 넘어가는 그루(그릇)고개

얼음이 얼고 11월에는 눈이 내리며 이듬해 4월에야 얼음이 녹는다는 말이 전해올 만큼 겨울이 가장 긴 지역이다.

김밥을 먹고 행여 밥 먹을 데가 없을까 싶어서 김밥을 사가지고 길을 떠난다. 옛길은 중앙선 철로가 지나는 곳이라서 길을 돌아가 흑천을 건너 용문면 마룡리의 그릇고개를 넘는다. 옹기점이 있던 곳으로 그릇고개라고도 부르지만 한자로는 문현(文峴)이라고 표기되어 있다. 표기대로라면 '글고개'라고 부르는 것이 마땅할 텐데, 그루고개 또는 그릇고개라고만 한다. 이 고개는 그리 높지 않아서 걷기가 수월하다. 오가는 이 없어 폐쇄된 약수터에는 물이 마르고, 고갯마루에서 아직 남은 대추 몇 알을 따먹었다.

고개를 넘어서서 바라보니 예전에 서너 차례 들른 지평면 송현리이다. 지평군 군내면 지역으로 송정과 신현의 이름을 따서 지은 송현리의 역말에 전곡역이 있었다. 송곡 또는 전곡이라고 부른 전곡역은 건양 원년인 1896년에 폐지되었다.

역말 근처에 중앙선 지평역이 있는데 역 구내에는 '무주 적상산 단풍관광열차'가 운행된다는 현수막이 걸려 있다. 잠시 쉬었다 걸으니 지평 소재지가 가깝다.

'비가 산 얼굴을 씻으니 발을 열고 바라보고, 바람이 꾀꼬리의 말을 전하니 꽃을 격하여 듣는다.' 옛날 어느 시인이 지평현을 지나다가 읊은 시에 남아 있는 지평은 조선시대에 현이었다. 지평현이 양근군과 병합되어 면이 되고, 그 이름마저 바뀌어 지제면에서 다시 지평면이라는 본래 이름을 찾은 것은 2006년 12월이었다. 오랜 세월 동안 딴 이름을 갖고 살다가 제 이름을 다시 찾은 감개를 무엇으로 표현하랴.

한가한 가운데 일이 많으니 산 구름이 웃는다

조선 중기의 문신으로 1613년(광해군 5)에 양근 군수를 지낸 정근(丁近)은 나라의 어지러움에 벼슬을 그만두고 고향으로 돌아갔다. 관직에 있을 때에는 몸을 돌보지 않으며 직무를 수행했고, 외직에 나가서는 자기 일보다 백성을 먼저 생각했다고 한다. 백성들은 이러한 그를 명관으로 존경하였고, 관료들도 청렴성을 높게 평가했다.

정근은 용문산을 두고서 "큰 뫼 뿌리가 하늘을 꿰뚫어 둥이를 엎은 것 같은데, 거주하는 백성들이 언덕을 끼고 있으니 물이 편평하게 나뉘었다. 창에 임한 붉은 잎사귀는 바람 앞에서 춤추고, 골짜기에서 울리는 드문 종소리는 달 아래에 들린다. 고요한 가운데 소리가 있으니 돌 시내가 어여쁘고, 한가한 가운데 일이 많으니 산 구름이 웃는다. 주인은 맑은 절개를 장차 누구에게 비교할꼬. 문득 영재(鈴齋)에 차군(此君) 없는 것을 한하노라"고 하였다.

우리가 걷고 있는 경기도 양평군 지평면 지평리는 조선시대에 지평현의 중심지였다. 1914년에 행정구역을 개편하면서 양근군과 지평현을 합해 영평군이 되었는데, 양평군에 떨린 면이 된 지평은 본래 고구려의 지현현이었다. 신라 경덕왕 때 지평현으로 바뀌었고, 조선 태종 13년에 현이 된 뒤 1896년에 경기도의 지평군이 되었다. 지평이라는 이름은 남한강의 지류 중 하나인 흑천이 흐르는 곳에 낮고 넓은 들판에서 연유한다. 조선시대에는 평구도에 속하는 전곡역과 백동역이 있어 원주를 거쳐 영남과 영동 지방으로 가는 교통의 중심지가 되었다.

지평현의 감옥이 있었던 곳은 지금의 지평초등학교이며, 지평면 월산리와 지평리에 걸쳐 있는 봉미산은 그 모양이 봉황새의 꼬리처럼 생겼다고 하여 붙은 이름이다.

남쪽 고개 구름은 북쪽 고개 구름과 잇닿아 있고

지평에도 재미있는 옛 이름들이 많다. 지평리에 큰 발자국이 찍힌 바위가 있는데, 전하는 바로는 어떤 장수가 밟은 것이라 해서 장군바위라고 부르고, 지평 동쪽에 있는 보습고지라는 마을은 그 지형이 보습처럼 생겨서 지은 이름이라고 한다.

지평읍 남쪽에 월하 마을을 지나 헛골 마을과 지평고개를 넘어서자 월산 저수지에 이른다. 다시 망미산 자락에 있는 망미교를 지나 망미리에서 가장 큰 마을인 바깥 섬부리 마을을 지난다. 섬부리는 원래 돌부처가 있어서 석불 또는 석불리라고 불렀는데 그 말이 변하여 섬부리라는 이름을 얻게 되었다고 한다.

지평을 지나던 조선 초기의 문신 이계수(李桂遂)는 "동쪽 시냇물은 서쪽 시냇물과 합하고, 남쪽 고개 구름은 북쪽 고개 구름과 연하였다"며 고개에서 고개로 이어진 이 지역을 노래했다. 그래서 그런지 양평과 지평에는 크고 작은 고개들이 많다. 중간 마을을 지나 진양고개를 넘으니 숨이 가쁘다. 앞으로도 얼마나 많은 고개를 넘어야 그리운 평해에 도착할 것인지…….

망미분교를 지나 고개를 넘자 무왕리에 이른다. 무촌과 초왕의 이름을 따서 지은 무왕리의 초왕골은 초목이 무성했다고 해서 붙은 이름으로 무왕리에서 가장 큰 마을이다.

까마귀 울음소리 들리는 한적한 길을 지나자 초왕골 북쪽에 있는 무성1리 초내(초천) 마을에 이른다. 초내에서 지평리와 양동면 고송리로 넘어가는 큰 고개를 모라치고개라고 한다.

무촌교를 지나면서 왼쪽을 바라보자 두 갈래 길이 나타난다. '두 갈래 길에서 헤매는 사람은 아무 데도 가지 못한다'는 말도 있지만 두 갈래 길에서 가끔 망설일 때가 있다. 그나마 두 갈래 길은 선택의 폭이 좁은 편이다. 세 갈래 네 갈래 길을 만나게 될 때 사람들은 어느 길을 택할 것인가 더 망설이게 된다. 길을 잘 선택하면 세상에서 말하는 행복한 길에 접어들고, 잘못 들어서면 세상에서 말하는 불행의 늪에 빠져 고난과 허

송세월을 보내게 된다.

"창조란 불행한 것들 사이로 자신의 길을 금 그어 나가는 것이다"라고 말한 프랑스 철학자 들뢰즈의 말을 따르기보다 대부분은 '우리는 남들이 닦아놓은 길'만 다닌다. 이유는 단 하나, 그게 편하니까.

무왕리를 벗어나자 지평면 일신리에 이른다. 노일과 신촌의 이름을 따서 지은 일신리 구둔에서 양평군 양동면 매월리로 가는 길이 어젯밤 내내 밤잠을 설치게 했던 길이다. 길이 과연 남아 있을까? 부딪쳐보자 하면서도 지도에서는 마땅한 길이 없었기 때문에 그저 불안하기만 하다. 이런 마음에서 헤어나지 못하는 것은 수없이 길 없는 길을 가면서 헤맨 탓이다. '한번 덫에 걸린 새는 모든 덤불을 두려워한다'는 서양 속담도 있지 않은가.

구둔재를 넘어가는 길

노일 북쪽에는 먹을 만들었다는 먹방이 있었고, 구둔 서쪽에는 금(琴)동이라고 부르는 거문골 마을이 있다. 거문골 동쪽에는 연못이 있었다고 해서 못저리라고도 부르는 지산 마을이 있다. 다행히 마을 어귀에서 이 마을 토박이인 황은석(74세) 옹을 만났다.

구둔재를 넘어 양동면으로 갈 수 있느냐고 묻자 "한 20여 년 전만 해도 그 고개를 넘어서 양동장에 갔어. 옛날에 어른들 말씀이 이곳에서 전쟁을 아홉 번이나 치러서 구둔이라고 했다지."

황노인의 말을 듣자 마음이 놓인다. 20여 년 전에 넘었던 고갯길이라

구둔리에서 만난 최수복 옹 옛길을 걷다보면 마을 어귀에 앉아 계신 어르신들을 자주 뵙게 된다. 이분들은 나고 자란 곳에서 삶의 마지막 순간을 맞게 될 것이다. 문득 내가 나고 자란 곳은 길이니 어느 푸근한 옛 길가에서 들꽃과 함께 마지막을 맞이하지 않을까 하는 생각을 해본다.

면 아무리 사람이 안 다녔어도 길은 남아 있을 것이다. 마음 다지며 바라본 구둔 마을 뒤편 산등성이, 저곳이 우리가 넘어야 할 구둔치일 것이다.

가을 햇살 아래 마을은 평화롭다. 다시 마을 어귀에 들어서자 나이 지긋한 노인이 앉아 계신다. 이 마을에서 오래 사셨느냐고 묻자 그분 역시 이 마을 토박이란다. 최수복 어르신은 97세라는 나이가 믿기지 않을 만큼 총기가 있고 말씀이 또렷하다.

"이 마을 뒤에서 매월리로 가는 고개가 구둔재여. 옛날에 소장수들이 소를 끌고 넘어갔어. 양평장, 용문장, 홍천장을 떠도는 장사꾼들도 몇 명씩 떼를 지어 넘어갔고, 우리도 매월리로 해서 양동장을 다녔지. 도적놈들이 많아서 사람들이 떼를 지어 넘었다더군."

우리나라 고개 밑에는 어딜 가나 도적들에게 피해당한 민중들의 절절한 이야기를 들을 수가 있는데 여기도 예외는 아니다.

'도둑놈도 핑계는 있다' '도둑도 의리가 있고 땅꾼에도 꼭지가 있다'는 말도 있지만 '도둑놈 재워주었더니 제삿밥 먹고 소까지 훔쳐간다' '도둑놈 재워주면 새벽에 쌀 섬지고 간다'는 말도 있지 않은가. 조선 중기의 이율곡이 지은 글을 보면 "10년 전에 갔을 때 100여 호가 살던 마을이 10여 집밖에 안 남았다"고 했다. 오죽했으면 낮에는 농사를 짓고 밤에는 도둑이 되었을까?

도적이 많고 고개가 가파르다보니 조선 후기에는 원래 관동대로였던 석실, 매월리 구둔재, 전양고개를 넘지 않았다. 그 대신 석실, 금왕리, 고송리, 용문면 광탄리, 다문리로 다니다보니 이 고개를 넘는 사람들이 뜸해졌다고 한다.

마을 뒤편에 있는 터널을 지나자, 집 한 채가 보이고 산으로 향한 길이 보인다. 묵정밭 가운데 밤나무 그늘 아래에서 지친 몸을 잠시 쉬는데 이게 웬 횡재인가! 굵은 밤들이 수북하게 떨어져 있는 것이 아닌가! 욕심도 욕심이지만 밤 줍는 재미가 쏠쏠하여 한참을 주웠더니 주머니가 불룩하다. 이래저래 나그네는 길에서도 쉴 틈이 없구나.

제대로 된 길만 만나도 행복하다

이제 길만 제대로 나 있으면 된다 싶은데 다행이다. 이 정도면 아주 훌륭한 옛길이다. 길옆으로 작은 시내가 흐르고 시냇물 소리가 명징하다.

그리고 풀벌레 소리가 깊어가는 가을을 알린다. 나뭇잎들이 한잎 두잎 떨어지고 산길에는 바람이 없다. 가파른 산길, 뒤따라오는 사람들이 저만치 멀다. 가파른 산길에 털썩 주저앉아서 떨어지는 나뭇잎을 바라본다. 나도 어느 날 저 나뭇잎처럼 아무 기척도 없이 이 세상에서 사라질 것이다. 1년에 이 길을 몇 사람이나 지나갔을까?

흐릿하게 이어지는 길이 갈수록 산 쪽으로만 뻗는다. 아무래도 이 길이 아닌가 싶어 방향을 바꾸어 산등선으로 오르기로 한다. 이기춘, 이수아 씨는 지칠 대로 지친 몸을 나무에 기대서 있고, 나도 참나무에 기대어 나무의 정기를 받아들인다.

세상을 살아가면서 이렇게 마음 놓고 기댈 대상이 있다면 삶이 얼마나 풍요롭고 아름다울까? 기대서 울고 싶고, 기대서 잠들고 싶은 사람 몇 사람만 있어도 세상은 정말로 살맛 날 것이다.

땀이 비 오듯 흐르는 이 산꼭대기에 시원한 냉커피나 음료수를 배달해 준다면 얼마나 행복할까. 부질없는 생각 사이로 보이는 붉은 열매를 보고 이수아 씨에게 물었다.

"이수아 씨? 첫 남성이 누구예요?"

이수아 씨는 빙그레 웃기만 했다.

지난여름 일이다. 환경부에서 주최하는 생태답사에 황경화 선생님과 우리땅걷기 일원으로 참석했었다. 문경새재에서 내가 잘 아는 꽃 하나를 발견했는데 이름이 생각나지 않아서 '이 꽃 이름이 뭐더라' 하고 혼잣말을 하자, 속리산국립공원에서 숲 해설을 하는 여자 분이 느닷없이 황경화 선생님에게 "선생님 첫 남성이 누구세요?" 하고 물었다. 당황한 황 선생님이 아무 말도 못하고 머뭇거리다가 뭐라고(어쩌면 실토하려고 했는지도 모른다) 대답하려는 순간 "이 꽃 이름이 바로 천남성(天南星)이에요."

그 말을 듣고서 얼마나 웃었는지 모른다. 첫 남성이 아닌 천남성은 산삼과 비슷한 꽈리 모양이기 때문에 산삼인 줄 먹고 종종 죽는 일도 있다고 한다. 그만큼 독하기 때문에 제대로 쓰기만 하면 약효가 좋다고 한다.

이수아 씨가 내게 한마디 한다.

"선생님이 예전에 그 얘기 해주셨잖아요?"

구둔재 정상 V자로 움푹 팬 옛길. 저 위에 얼마나 많은 사람들의 이야기가 켜켜이 쌓여 있을까. 우리도 살짝 한 걸음 보탠다.

"그랬던가?"

나도 이제 기억력이 예전 같지 않은 모양이다. 잊어버릴 줄 모르는 이 마음이 슬픔이라는 말처럼 잊어버린다는 것이 어쩌면 행복한 일인지도 모르겠다.

일행이 모여 오랜만에 한바탕 웃고 다시 길을 찾아 나선다. 아무래도 옛길이 이렇게 높을 리 없다 싶어 산등성이에서 아래쪽으로 한참을 내려오자 거짓말처럼 그윽하고도 아름다운 관동대로가 눈앞에 나타났다. 신기루 또는 무지개라는 말은 이럴 때 쓰는 표현이리라.

V자로 움푹 팬 길 위에 나뭇잎이 쌓여 있고, 그 너머로 보이는 하늘빛은 얼마나 푸르던지 "여기가 길입니다" 하고 외치자, "그래요" 하고 반가움 가득한 목소리가 되돌아온다. 소리는 얼마나 가슴을 설레게 하는가?

추위의 고통을 느껴본 사람만이 태양의 따스함을 고맙게 생각하듯이 옛길을 걷다보면 제대로 된 길만 만나도 행복하다.

재는 넘을수록 높고, 내는 건널수록 깊다

고개 하나를 넘고 나니 힘이 다 빠진 느낌이다. '재는 넘을수록 높고 내는 건널수록 깊다'는 옛말처럼 우리가 넘어야 할 고개는 얼마나 될까?

관동대로를 만났다는 기쁨에 가뿐하게 성큼성큼 내려오는 나를 따라오던 이기춘 씨가 그만 넘어지고 말았다.

"괜찮아요?" 하고 돌아보는 순간 내 눈에 들어와 박히는 쫙 벌어진 으름. 나는 으름덩굴에 매달려 으름을 따서 이기춘 씨와 일행들에게 맛을 보라고 권한다.

다들 처음 먹어보는 열매란다. 서양식 바나나라고도 하는 으름덩굴은 그 잎사귀며 꽃이며 열매가 나무랄 데 없어서 어떤 사람들은 정원수로 심기도 한다. 도시에서 사는 사람들 중에는 머루, 다래, 으름, 버찌, 오디와 같은 열매를 나이 오륙십이 넘어서 처음 맛본다는 사람들이 많다. 산에서 야생으로 자라는 더덕이나 도라지 그리고 향기 짙은 당귀며 산작약 등도 처음 보는 사람들이 많다.

하여간 '가을 산은 가난한 처갓집 가는 것보다 낫다'는 말을 실감한다.

그런데 신기하기도 하지. 그 짧은 순간에 쩍 벌어진 으름이 내 눈에 들어오다니 꼭 요술을 부린 것 같기도 하고 환영을 본 것 같기도 하다. 하지만 입안에 달착지근한 맛이 남아 있는 걸 보니 꿈은 아닌 모양이다.

찰나와 겁 사이로 시간은 멈춤 없이 흐르고 우리는 달착지근한 으름을 나누어 먹은 뒤 다시 길을 나선다.

산길을 벗어나자 이곳에도 어느새 전원주택들이 들어서 있다. 마을에 들어서니 비로소 시골다운 풍경이 보인다. 우리가 내려온 길이 맞는지 싶어 "여기가 어느 마을인가요?" 하고 묻자, 50대 후반으로 보이는 남자가 대뜸 "구둔리에서 재 넘어 옛길로 왔지요?"라고 묻는다. 그렇다고 했더니 "그 길이 바로 소장수 다니던 길이에요. 몇 년 전에는 도도로키라고 하던가, 일본인이 밤이 늦어 우리 집에서 자고 갔어요. 옛길을 찾는 사람들이 가끔씩 이 고개를 넘어요."

이름을 묻자 윤선명이라고 하면서 나이는 한사코 마흔아홉이라고만 한다. 아무래도 마흔아홉에 나이가 멈춘 모양이다. 못해도 쉰아홉은 되어 보인다.

양동면은 본래 지평군 지역으로 지평의 동쪽이라 상동면이라고 부르다가 1908년에 양평군에 편입되었다. 매월리에서 가장 큰 마을인 양평군 양동면 매월리 월은 마을은 달웅개라고도 부르는데, 매월리는 월은과 설매를 하나로 묶어 지은 이름이다. 황거러니, 텃골, 장재, 요곡, 서방골 등 크고 작은 마을들이 옹기종기 모여 있는 매월리에서 양동으로 나가는 길은 제법 아름답다. 매월천을 가로지른 무심교에서 바라본 중앙선 철교와 옛 다리가 이루어내는 풍경은 사뭇 그리움을 자아낸다.

작은 고개 하나를 넘자 양평군 양동면 석곡리다. 돌실, 석실, 석곡, 섭

실골, 물을댐으로 불리는 석곡리 목골에는 영조 때 판서 벼슬을 지낸 목곡(牧谷) 이기진(李箕鎭)이 살았다고 하며, 사이실 북서쪽에는 조현 마을이 있고, 웃목골에서 고래말로 넘어가는 목골고개가 있다.

택풍당 입구 표지석

걱정도 쓰라림도 먹은 뒤 이야기

석곡에 이르렀지만 석곡에는 식당이 없다. 배가 고프다. 배가 고플 때는 다른 어떤 것도 마음에 들어올 틈이 없다. 그래서 '걱정도 쓰라림도 먹은 뒤 이야기'라는 말이 생겨난 것이리라. 고픈 배를 움켜잡고 천천히 아주 천천히 양평군 양동면 소재지인 쌍학리에 이른다.

쌍학리는 쌍리와 학촌의 이름이 합쳐진 것이다. 이곳에도 웬 부동산 중개소가 그리 많은지 점심을 먹으며 땅값을 묻자 몇 년 전보다 값이 많이 올랐다고 한다.

쌍학리에서 가장 큰 마을인 학둔지 마을은 지형이 학처럼 생겨서 붙은 이름이고, 학둔지 남쪽에 있는 마을은 사창(社倉)이 있어서 창말이며, 창말 서북쪽에 있는 택풍당(澤風堂)은 인조 때 문장가인 이식(李植)이 살았던 곳이다.

이행(李荇)의 후손인 이식은 덕수 이씨로서 무맥(武脈)이 임진왜란의 영웅인 이순신으로 이어졌고, 문맥(文脈)은 이식으로 이어졌다. 그는 이곳을 주제로 시를 여러 편 썼는데, 한양에 대한 그리움과 찾는 이 없는 데서 오는 쓸쓸함과 외로움이 묻어 있다.

산허리에 석양빛도 스러지고
빈 개울에 조각달만 흐릿하게 비치는 때
까마귀 떼 울다가 저마다 둥지로 돌아가고
먹이 찾는 호랑이 벌써 울에 턱 괴었네.
책을 펴면 별의별 일 적혀 있다만
등불 아래 한 마디는 할 말 없구나.
덜컹거리는 덧문 소리 멋게 하노라.

—〈아곡에서〉

그는 이곳에서 수많은 제자를 가르쳤으며 남한강변 여섯 고을이 그의 영향을 받아서 유생(儒生) 행세를 했다고 한다. 그에 대한 다음과 같은 일화도 전해온다.

어느 한 노인이 만년에 아들을 낳았다고 한다. 이웃에 살고 있던 가난한 유생에게 작명을 부탁하여 금동(金童)이라고 지었다.

그러나 금동이가 일찍 죽고 둘째 아들인 은동(銀童)이마저 죽자 세 번째 아들을 낳아 이름을 부탁하면서 오래 살 이름을 지어달라고 했다. 그러자 유생은 '선생(先生)'이라는 이름을 지어주면서 "선생이 된 사람은 굶주려도 죽지 않고 얼어도 죽지 않기 때문에 잘 자랄 것이네"라고 답했다고 한다.

이식은 장유(張維)와 더불어 당대에 이름난 학자이자 고문(古文)의 대가로 평가받는다. 그는 '권위가 있는 문장을 본뜬다고 해서 고문이 될 수 있는 것은 아니며, 자신의 창의력이 있어야 좋은 글'이라고 보았다. 또한 '한문이 지닌 표현 능력을 최대한 살려 간결하면서도 품격이 높고, 꾸미지 않았는데도 우아한 흥취가 살아 있어야 고문다운 고문이 될 수 있다'고 보았다.

남공철(南公轍)은 이식의 문장을 두고 "택당의 문장은 고산심곡(高山深谷)의 기운이 맺혀서 종유석이 되고, 숲이 울창하게 우거져 새와 짐승의 우는 소리가 들리지 않는 것과 같다"고 격찬하였다. 중국 근대의 고문가(古文家)로 명망이 높은 엄기도(嚴幾道)는 택당의 문장을 비롯한 '여한구대가(麗韓九大家)'의 문장을 평하여 "귀국의 문장이 심히 기이한 기운이 있어 때로는 우리나라 현대 사람들보다 앞섰다"고 하였다.

그러나 그 또한 유학의 한계를 벗어나지 못하여 《택당집(澤堂集)》에서 "권생은 명산에 놀기를 좋아하고 방외(方外)의 교유(交遊)가 많으니, 나는 그 도가 허탕하여 의지할 곳이 없어 결국 이단(異端)의 술수로 흐를까 두려워한 까닭에 그 돌아감에 부쳐서 거듭하여 경계한다"고 밝혀놓았다.

쌍학리에는 박직장(朴直長)이라는 사람의 땅이었다는 곳들이라고 부르는 직장들이 있고, 고재기 마을 남쪽에는 활터가 있었던 활거리 마을이 있다.

양동면 삼산리 삼산

밤이 오면 쉴 곳이 있을 것인가

삼산교를 지나자 산 세 개가 나란히 있다고 해서 삼산이라는 이름을 얻은 양동면의 삼산리에 이른다. 삼산 남쪽에는 농막둔지라는 마을이 있고, 농막둔지 남쪽에는 하소라고 부르는 도소리 마을이 있다. 분토가 많이 나는 분터골 동남쪽에 있는 배내 마을은 배나무가 많아서 배내 또는 이천(梨川)내라고 부른다. 솔치 마을 남쪽 모롱이에 솔치모랭이 마을이 있고, 도소리와 배내에서 강원도 원성군 지정면 수청동으로 넘어가는 고개가 큰솔치고개라고 부르는 대송치(大松峙)이다.

솔치 마을은 궁벽한 산촌인데도 부동산과 민박집이 여러 곳 보인다. 여기서부터 소나무와 잣나무가 우거진 큰솔치고개다. 고개에 접어드니 숨이 가쁘다. 지금의 우리 마음을 가장 잘 표현한 잘리스티나 로제티의

〈언덕길〉이라는 시가 떠오른다.

이 길은 끝없이 언덕진 오름길일까?
그렇다, 머나먼 곳까지 험한 산길이다.
오늘 가야 할 길을 온종일 걸을 수 있을까?
벗이여, 아침부터 밤까지 걷게 마련이다.

밤이 오면 쉴 곳이 있을까?
어둡고 쓰라린 밤을 위해 집이 있다.
주위가 어두워도 쉴 집을 찾을 수 있을까?
보이지 않을 리가 없지 않은가?

밤이 오면 나 같은 나그네를 만날 수 있을까?
보이지 않을 리가 없지 않은가?
집이 보이면 문을 두드리거나 소리쳐 불러야 할까?
집주인은 나를 문 밖에 세워두지 않는다.

피곤에 지친 나는 마음의 평안을 얻게 될까?
괴로움에 대한 보상을 받는다.
나도 다른 사람도 쉴 곳이 있을까?
누구나 쉴 장소가 준비되어 있다.

정상에 오르자, 경기도 땅에서 강원도 원주시에 접어든다. 서울을 벗어나 경기도에 접어든 것이 그제인데 경기도에서 이제 강원도로 넘어온 것이다.

강원도 땅을 지나 대관령을 넘어 동해 바다를 바라보며 울진 평해로(관동대로)에 도착하려면 아직도 멀었다고 생각하니 다리가 무지근하다. 내가 이렇게 다리가 아픈데 다른 사람들은 오죽할까?

오랜 나날을 걷는다는 것은 인내심을 요구하기도 한다. 헤르만 헤세는 《유리알 유희》에서 "나그네는 작은 일로도 보람을 얻으니 나그네에겐 참고 견디는 것이 유일한 약이다"라고 했고, 조선의 나그네들은 "산은 오를수록 높고, 물은 건널수록 깊다. 산 넘어 산이고 가면 갈수록 깊은 산이라"고 읊으며 길을 걸었다.

지칠 대로 지친 이수아 씨와 이기춘 씨 그리고 민경권 씨는 아무 말 없이 한 발 한 발 앞만 보며 내딛고, 사진을 찍는다는 핑계로 뒤처진 나 역시 천천히 걸음을 옮길 뿐이다.

일반국도 88번, 뒤돌아보니 우리가 지나온 솔치 너머 양동면 일대 산들이 아스라하다. 이마에 땀방울이 맺히고, 온몸이 땀에 젖었다. 한 발 한 발 넘어가는 이 고개에 찾아든 바람이 선선하다. '안녕히 가십시오, 경기도 양평군입니다'라는 안내판 뒤에 '영원한 마음의 고향, 어서 오십시오. 강원도 원주시입니다'라는 안내판이 뒤를 잇는다. 여기서부터 강원도로구나.

문막다리로 해서 문막장 보러 다녔어

강원도 원주시 지정면은 본래 원주군 지향곡면이었다. 지정면 안창리 수청동은 수정골이라고도 부르는 마을로 옛날에 수정이 많이 났던 곳이다. 바람도 없는데 산 위 나뭇잎들이 쉴 새 없이 흔들리는 길을 따라 내려가자 이운동이다. 이운동에서 땅콩 밭에 나온 할머니는 지친 우리 모습이 안타까워 보였는지 땅콩 한 움큼을 쥐여 주며 한마디 하신다.

"이 산을 넘어가는 고개가 작달매기고개고, 산 너머가 바로 문막이여, 문막다리로 해서 문막장 보러 다녔어."

오늘은 관동대로 답사하면서 제일 많이 걷는 날이다. 이쯤에서 쉬어야 하는데, 마땅히 쉴 곳도 없을뿐더러 내일 일정을 위해서는 오늘 문막까지 가야만 한다.

솔원이라고 부르는 송원 마을을 지나니 서서히 어둠이 내린다. 스스로 나선 일인데도 나그네 마음은 애달프기만 하다. 외로운 나그네는 그림자가 동행한다고 하지 않던가. 삶이란 이렇게 어둠 내린 팍팍한 길을 걸어가는 것이 아닐까?

"어디를 그렇게 가세요? 태워다 드릴게요" 하고 트럭 한 대가 멎는다. 하지만 안 된다. "아닙니다. 저희는 옛길 관동대로를 걸어가야 합니다." "타도 되는데"라는 말을 남기고 트럭은 가버린다.

떠나는 트럭을 바라볼 때마다 '그냥 타고 가도 되는데, 아무도 본 사람도 없고 감독하는 사람도 없는데'라는 생각을 한다. 하지만 누구도 서운한 기색이 없다. 종착지인 안창리가 멀지 않다. 일행들 발걸음이 바빠지는 시간 속으로 어둠도 점점 더 밀려든다.

많이도 걸었다. 크고 작은 고개만 몇 개를 넘어왔던가. 그 고개를 아무 탈 없이 넘었고, 길도 확신할 수 없었는데 헤매지도 않고 걸어왔으니 장하다.

누가 시켜서 걸은 것도 아니고, 옛길이 우리를 오라고 한 것도 아니지만 사라져가고 잊혀가는 옛길들을 우리가 이미 보았기 때문에 이 길에 나선 것이리라. '눈에 보이지 않은 것은 마음이 간청하지 않는다'는 격언처럼 우리는 옛길의 아름다움을 직접 보고 느끼고자 했다.

섬강이 바라보이는 곳에 위치한 김제남 신도비 신도비란 왕이나 고관의 무덤 근처에 세워 죽은 이를 기리는 비석이다. 김제남은 선조의 계비인 인목대비의 아버지로, 광해군 때 외손자 영창대군의 역모사건에 휘말려 사약을 받고 죽었다. 인조반정 이후 복권되어 신도비가 세워졌다.

스스로 길 위를 나선 것이기에 다리가 아파도 불평할 수가 없다. 하지만 스스로 저 마음 깊은 곳까지 불평이 없다고 단언하지는 못하리라. 불평은 하늘이 준 정당한 목소리라는 말도 있지 않은가.

하지만 이렇게 자기 의지에 따라 걷겠다고 나선 사람들과 걷는 즐거움은 그 어떤 말로도 표현할 수 없으리라. 어둠 내리는 길은 한없이 슬프면서도 아름답다. 어둠이 거의 다 내린 시간에 도착한 안창리의 능촌은 조선시대에 안창역이 있어서 역말로 불리던 마을이다. 이곳 능촌에는 선조의 계비인 인목대비의 아버지 연흥부원군 김제남(金悌男)의 묘와 신도비가 있다.

관리들 욕을 했던 욕바위

원주시 지정면 안창리의 능촌에서 덕가산 서쪽으로 깎아지른 듯한 벼랑에 욕바위가 있다. 옛날에 강원 감사가 이곳을 지나는데, 어떤 사람이 이 바위 위에 올라서서 강원 감사 욕을 했다는 데서 욕바위라고 불린다. 또 다른 이야기로는 누구든지 이 바위에 와서 군수는 물론 그 누구의 욕을 해도 면책이 되었다고 한다. 뿐만 아니라 이곳을 지나가는 관원들의 불평 불만을 시책에 반영했다고도 한다.

욕바위 건너편에 있는 중다라니라는 바위는 세 갈래로 얼음이 어는데, 하나는 경기도, 또 하나는 강원도, 나머지 하나는 충청도라고 하며, 그 중 두껍게 어는 쪽에 풍년이 든다고 한다. 욕바위 건너편에 있는 선녀바위는 선녀들이 이 바위에 내려와 놀았다고 전해지며, 능촌에서 자그마한 잔등 너머에 있는 마을이 넘말이라고 부르는 월촌이다.

월촌에서 서쪽으로 난 길을 따라가면 원주시 지정면 안창리에 신라시대의 절로 폐사지가 된 흥법사 터가 나온다. 신라 말기에 진공대사(眞空大師)가 세운 흥법사(興法寺)는 고려시대 원주 영봉산에 있던 절로 '왕사 충담(忠湛)이 죽자 원주 영봉산 흥법사에 탑을 세우고 친히 비문을 지었다'고 전해진다.

조선 초기 문장가인 서거정은 임지로 떠나는 민정(閔貞)에게 보내는 글에서 홍법사를 두고 다음과 같은 글을 남겼다.

> 치악산에서 글 읽던 절, 젊을 때 노닐던 지난 일이 또렷이 생각나네. 법천사의 뜰아래에서는 탑에 시를 써놓았고, 홍법사의 대(臺) 앞에는 먹으로 비를 탁본하였지. 그때 행장은 나귀 한 마리에 실을 만한 것도 못 되더니, 지금은 돌아가는 길을 꿈이 먼저 아는구나. 머리가 희어지도록 다시 돌아가려는 흥(興)을 이루지 못하였으니, 그대를 보내는 마당에 멀리 나의 생각을 흔들어 놓는구려.

홍법사 북쪽에 조선시대의 창고가 있었던 창촌 마을이 있다. 김제남 신도비를 거쳐 내려오자 섬강이 보인다. 이제 다 왔다. 다리를 못 건널 테니 차를 불러 돌아가야겠다고 생각했는데, 자동차만 다니지 못할 뿐 다리가 거의 완성되어 있었다. 반가운 마음에 다리가 아파도 다리를 건너려는데 강 건너로 저무는 문막의 모습이 보인다. 이 나루에서 배를 타고 나그네들이 문막으로 건너갔으리라. 나루도 뱃사공도 사라진 섬강을 가로질러 다리를 건너는데 섬강도 우리 걸음만큼이나 느리게 흐른다.

달래강이 변하여 섬강이 되다

우리가 건너는 섬강은 강원도 횡성군 봉문산 서쪽 계곡에서 발원하여 원성군(현 원주시) 흥호리 동매 마을에서 남한강과 합류한다. 아름답고 유서 깊은 이 강의 원래 이름은 달강 또는 달래강이었다. 강원도 원성군 지정면 간현리 강변에 병암이라는 바위가 절벽에 있는데, 이 병암에서 상류 50미터 지점에 두꺼비가 기어오르는 듯한 커다란 바위가 있다. 이 바위가 바로 두꺼비바위이며, 이곳 냇물을 '두꺼비 섬(蟾)' 자를 써서 섬강이라 부르게 되었다고 한다.

바람은 살랑살랑 불고 어둠은 바람 속으로 내렸다. '공사 관계자 외 출입금지'라는 표지판을 못 본 척하고 건너자 문막읍 동화리 매사리 마을에 닿는다. 불 밝힌 집에 마을 사람들이 웅성거리고 있기에 물어보니 제1군수지원사령부 예하부대가 이 마을 부근으로 들어온다고 해서 마을 사람들이 다함께 시위를 하고 마무리 집회를 하는 중이었다. 마을 사람들이 막걸리 한 사발과 물김치를 건네는데 진수성찬이 따로 없다.

택시를 타고 문막 입체교차로 부근에 숙소를 잡고 음식점으로 들어갔다. 민경권 씨는 상이군인이나 다름없고, 이수아 씨는 발바닥에 불이 난 것 같다고 하고, 이기춘 씨는 발에 아무런 감각이 없다고 한다. 사흘을 아침부터 저녁까지 줄곧 걸었으니 아니 그러겠는가.

방을 잡고 나서 민경권 씨가 사뭇 비장한 어조로 내게 말한다.

"내일은 편의점에서 이 배낭부터 택배로 보내야겠어요. 그리고 여자들 생리대 있잖아요, 그걸 신발에 대면 발바닥에 물집도 안 생기고 안 아프대요, 그걸 대야겠어요. 선생님도 하실 생각이 있으시면 제가 사서 드릴게요."

나는 한번 끝까지 견뎌보겠다고 했다.

물집은 대부분 새 신발을 신거나 신발이 맞지 않을 때에 생긴다. 물론 신발도 중요하지만 더 중요한 것은 마음이고, 마음보다 중요한 것은 걷기에 알맞은 몸무게와 체형 그리고 얼마나 오랫동안 걷기를 해봤는지가 중요할 것이다.

"아무래도 안 되겠다"며 민경권 씨는 찜질방으로 갔고 나는 내일 걸어갈 원주에서 횡성의 새말에 이르는 지도를 보고 또 보았다.

나흘째 문막에서 횡성까지

태장1동을 지나서 고개를 넘으면 옛길이 나타나야 하는데 확실하지가 않아서 일행보다 빠른 걸음으로 가보니 마땅치가 않다. 화장장에 근무하는 사람에게 옛길을 묻자 다 사라져버렸단다. 그러면서 하는 말이 "뭐 할라고 걸어가요, 돈 주지 않으면 하지 말아요"라고 한다. 무엇을 하건 돈을 주어야, 아니 돈을 받아야 하는 머슴 근성을 가졌다면 누가 새로운 것을 창조하고 누가 새로운 길을 가겠는가?

잠이 보약이다

문막의 아침은 싸늘하다. 오늘은 고혜경 씨와 김선희 씨가 다시 합류하는 날이다. 어젯밤에 민경권 씨는 아침 일찍 배낭을 택배로 보내겠다고 하더니 밤사이 생각이 바뀌었는지 더 참아보겠다고 한다. 잠이 보약이라고 했듯이 편히 자고 나면 아무리 힘든 몸이라도 그런대로 견딜 만하니 이 무슨 조화인지…….

'사흘간 무사했던 것처럼 남은 날도 무사히 마칠 수 있도록 도와주소서.' 마음속으로 간절히 기원하고 길을 나선다.

원주시 문막읍은 본래 원주군 미내면 지역으로 섬강을 건너던 사람들을 위하여 막을 치고 물막이라 하였던 것이 변하여 문막이 되었다. 문막은 섬강 언저리에 너른 들판이 이루어져 예부터 '원주는 몰라도 문막은 안다'는 말처럼 땅이 넓고 기름져 쌀이 많이 나고 그 맛도 뛰어나다.

원주는 몰라도 문막은 안다

섬강변에 자리 잡은 문막읍 동화리는 동화산 밑에 있다고 하여 동화리라 하였고, 노루메 마을은 땅 생김새가 노루 모양이라고 해서 붙은 이름이다. 노루메 옆에는 장자 우물이라는 우물터가 남아 있는데 이곳에는 다음 이야기가 전한다.

한 부잣집에서 장자 우물을 쓰면서부터 손님들이 끊이지 않고 찾아오자 집주인은 마침 탁발을 하러 온 노승에게 손님이 오지 않는 방법을 물었다. 그러자 스님은 앞산 허리를 끊으면 손님이 오지 않을 것이라고 일러주었다. 그 말대로 앞산의 허리를 끊자 그날부터 손님만 찾아오지 않은 것이 아니라 아예 그 집이 망해버렸다고 한다.

우리가 가는 마라우 마을은 동진동 서쪽에 있는 마을로, 말바우 모퉁이가 된다.

경장교를 건넌다. 섬강에 합류하고자 힘껏 흘러가는 강물을 바라보며 쉬지 않고 흐르는 것이 세상 진리임을 깨닫는다. 경장교가 있는 지정면 간현리는 본래 원주군 지향곡면 지역으로 긴 고개 밑에 있어서 간재, 간현 또는 이리라고 하였다. 경장동은 노리고개 남쪽에 있는 마을로 손씨 성을 가진 효자가 살았던 곳이다. 간현교를 지나 원주와 양평으로 나뉘는 길옆 코스모스 사이로 죽은 지 얼마 되지 않은 고양이 한 마리가 널브러져 있다. 꽃이 피는 것도 죽는 것도 순간이다. 늘 그래왔듯 그 순간이 지나면 또 다른 일들이 생기며 지나간 것들은 희미해지고 만다.

조엄의 묘가 있는 작동

간현리 작동이라고 부르는 작둣골에 정조 때 이조판서를 지낸 조엄(趙曮)의 묘가 있다. 조엄은 이조판서를 지낸 상경(商絅)의 아들이다. 그는 1763년(영조 39)에 통신사의 일원으로 일본에 건너가 1년여 동안 지냈는데, 그때의 기록을 《해사일기(海槎日記)》라는 책으로 펴내 유명해졌다. '8월 3일. 날이 흐리다가 늦게 갰다. 평명(平明)에 조정을 하직하고 양재역(良才驛)에 닿았다'로 시작되는 이 기록은 부산과 대마도를 거쳐 일본으로 이어지며 공무 기록뿐 아니라 개인 이야기도 많이 들어 있다.

다음은 출발한 지 열흘째 되는 13일의 글이다.

> 13일(정유일) 맑은 안동에 머물렀다.
>
> …… 도내에 가까이 하던 기생이 셋 있었는데, 동래에 살던 기생은 이미 죽고 대구에 살던 이는 이미 다른 사람의 소용이 되었다. 이 고을에 오직 기생 하나 남아 있는데, 이틀 동안 머무르면서도 다시 가까이 하지 않은 것은 뜻

이 있어서다. 내가 재주 없는 사람이기에 외국에 사신 가는 명을 받고서 혹시라도 먼저 여색에 뜻을 둔다면 병을 조심해야 하는 경계를 범할 뿐만 아니라 장차 어떻게 마음을 맑게 하고 욕심을 적게 하여 사신 가는 일을 수응할 것인가? 이 때문에 재물과 여색, 두 가지 일에서 반드시 사사로운 뜻을 끊어버리고 직임에 전심하는 바탕으로 삼으려는 것인데 능히 이 경계를 지킬지는 알 수 없다.

경상 감사를 지낸 조엄이 여러 지방에 기생을 두었다는 것 외에 이 내용을 보면 당시 수령이나 방백들이 얼마나 풍류와 여색을 즐기며 살았는지도 미루어 짐작할 수 있다.

지금이야 일본으로 배 타고 가는 것이 그리 어렵지 않지만 그 당시 배로 먼 바다를 간다는 것이 쉽지는 않았던 모양이다.

"초경에 좋은 바람을 만나게 될 것이니, 행장을 꾸려 나가 달이 뜨기를 기다렸다가 닻을 올립시다" 하고 일본인이 말했으나 조엄은 우리나라 사공들의 말을 들어 배를 띄우지 않았다. 당초에 먼저 매와 말을 싣고 떠난 배가 바다 한가운데서 맴돌고 있다가 저녁 무렵에야 절영도로 되돌아왔다는 소식이 들려오자 다음과 같은 글을 남겼다.

만약 배를 띄웠더라면 매와 말을 실은 배처럼 반드시 바다 가운데서 맴돌았을 것이다. 이로써 말하면 왜사공의 말을 또한 전적으로 믿어서는 안 될 것이다.

아무리 중요한 임무를 수행하더라도 고향 그리워하는 마음은 다른 이들과 별반 다르지 않았는데, 다음해 3월 3일에 쓴 글을 보면 가슴이 뭉클하다.

> 3월 3일(갑인일) 오늘은 답청일이다. 언덕의 버들은 짙게 누르고 동산의 꽃은 마냥 붉다. 숲 속에서 두셋씩 짝지어 서로 호응한다. 고원(故園)의 봄빛이 생각건대 난만하리니, 고향을 그리는 심회는 이때에 더욱 간절하다. 삼방이 합력하여 찬과(饌果)를 마련한 다음, 일행을 회합하고 풍악을 벌여서 위로하였다.

사행 중에 뜻하지 않은 일을 만나기도 했다. 바로 도훈도(都訓導) 직책을 맡은 최천종(崔天宗)이 피살된 사건이었다. 속사정은 이러했다. 거울을 잃어버린 최천종이 쓰시마 번의 통역관 스즈키 덴조를 도둑으로 의심하고 말채찍으로 때리자 이에 격분한 역관이 최천종을 살해한 것이다.

한때 이 일로 조선과 일본의 관계가 심각했으나 조엄이 오사카성에 28일을 머무르면서 이 사건을 잘 마무리했다.

조엄은 범인이 잡히고 참형되는 것을 보고서야 돌아왔는데, 갑신년 4월 7일 기록에 당시 일본에 대한 감정을 그대로 드러낸 글이 실려 있다.

> 시신을 거두는 데에 필요한 옷과 이불을 비롯한 각 물품은 왜국 물품을 한 가지도 쓰지 말고, 반전(盤纏, 노자)에 남은 것과 원역(員役)들의 부조로 변통해 쓰게 하였다.

다음의 글은 사신의 임무를 마치고 돌아오던 길에 대구에서 쓴 것으로 평소 조엄의 마음가짐을 짐작할 수 있다.

> 갈 적 올 적에 쓴 순영의 돈이 모두 천(千)이란 수에 이르고 보니 공가(公家)의 재물을 낭비했다고도 할 수 있지만, 대체로 그 용처가 밝아 누구나 그 까닭을 환히 알 수 있다. 결코 털끝만 한 어둠이라도 있어서 남의 의심과 비방을 불러오지는 않았다.

그는 7월 8일에 도성으로 돌아왔고 다음과 같은 글로 《해사일기》를 맺는다.

> 날이 저물었을 때 경연을 파하고 횃불을 들고 집에 돌아왔다. 처자나 친척의 반가움을 어찌 일필로써 기록할 수 있으랴! 대저 남자가 태어나면 뽕나무 활에 쑥대 살을 메어 사방에 쏘는 것은 장차 뜻을 두려함인데, 이제 내가 사신의 책임을 지고 일본의 산천을 두루 보았으니 그 유람은 장하다 하겠다.

조엄은 사신의 임무를 마치고 돌아올 때 고구마 종자를 가지고 와서 동래(東萊)와 제주도에 재배토록 하여 처음으로 고구마 재배를 실현하였다.

한편 간현리에는 조선 선조 때 이조판서를 지낸 이개(李塏)의 신도비가 있다.

작동 마을을 지나자 다시 오르막길을 올라 가곡리에 이른다. 갈우리

왕후장상도 부럽지 않은 길 위의 만찬

또는 분삼리라고 부르던 가곡리에는 큰 자작나무가 있어서 자작촌이라고 부르는 마을이 있고, 자작촌 서쪽에 있는 평장골은 원주 원씨의 시조 평장사를 지낸 사람이 살던 곳이다. 지래울이라고 부르는 지촌은 약 350여 년 전에 지(智)씨가 들어와 마을을 이루었다고 한다.

동진 레미콘이 보이는 가곡리 삼거리 버스 정류장에서 장이근 씨를 비롯한 길벗들을 기다리는 샛길 건너 밭에서는 고구마를 캐는 손길이 부산하다. 가서 보니 고구마가 제법 굵다. 줄기를 잡아당기면 줄줄이 딸려 나오는 고구마를 캐본 사람들은 알 것이다. 그 수확의 기쁨 뒤엔 얼마나 많은 땀방울들이 스며들었는지……. 장이근 씨의 차를 타고 온 고혜경 씨, 김선희 씨가 김밥에 포도를 한 아름 싸 가지고 왔다.

누가 이들을 데리고 왔을까? 길일까? 사람일까? 여러 이유를 꼽을 수 있겠지만 무엇보다 '걷기'라는 설명할 수 없는 마법에 걸려 걷지 않으면 삶이 재미없어서 이곳까지 마다하지 않고 찾아왔을 것이다.

걷기에 흠뻑 빠진 사람들이 한적한 삼거리 버스 간이 정류장에서 먹는 아침밥은 그야말로 꿀맛이다. 그 맛은 먹어보지 않은 사람은 모를 것이다.

반가운 나그네는 오면 반갑다

옛말에 미운 나그네는 가면 반갑고, 반가운 나그네는 오면 반갑다는 말이 있듯 이렇게 먼 길을 찾아온 나그네들이 얼마나 반가운지, 그리고 같이 걷지도 못하고 보내는 나그네는 또 얼마나 섭섭한지……. 먼 길을 가는 우리를 보려고 한걸음에 달려온 장이근 씨를 길이 멀다는 핑계로 서둘러 보내야 하는 마음이 아쉽기만 하다.

천천히 오르는 고갯길 옆에 쩍쩍 벌어진 으름을 두고 갈 수가 없어 오늘 다시 온 일행들을 위해 숲 속을 헤치고 올라가 한 아름 따가지고 내려와 먹는다. 찻길 옆에 있어도 이것이 으름인지 모르거나 먹는 것인지 모르는 사람들도 있다.

몇 개를 따서 나누어 먹고 다시 길을 재촉한다. 안현이라고 부르는 질마재는 길마처럼 생긴 고개 이름이다. 42번 도로를 따라가면 원주에 이를 것이다. 영동고속도로와 도로 몇 개가 교차되는 곳을 지나자 다시 42번 국도에 이르고 원주시 호저면 만종리에 있는 만종교를 지난다. 중앙선이 지나는 만종리는 원래 원주군 지전동면 지역으로 '마을 앞에 있는 비로봉을 바라본다'는 뜻에서 망종(望鍾)이라 하던 것이 변하여 만종리가 되었다. 만종리 근처에는 쉬어서 가는 고개라는 뜻을 지닌 쉬고개가 있다. 서낭당이 있어서 이곳에서는 그 누구라도 쉬어가야 하는데, 어느 날 인근에 사는 원 장사라는 사람이 자기 힘을 과시하려고 쉬지 않고 지나쳐버렸다. 이를 지켜본 서낭 할미가 화가 잔뜩 나서 원 장사를 이 지방에서 쫓아냈다고 한다.

십리 밖에 서 있어도 오리나무

남오리 마을은 만종에서 남쪽으로 오리(五里)가 된다 해서 붙은 이름이다. 이수(里數)를 나타내는 오리하고는 또 다른 말이지만 우리 속담에 '십리 밖에 서 있어도 오리나무'라는 말이 있다. 그래서 〈엮음 수심가〉에는 다음과 같은 노랫말이 나오기도 한다.

"오리나무란 것은 십리 밖에 섰어도 오리나무요, 고향목이라 하는 것은 타관에 있어도 고향나무요, 숯섬이라 하는 것은 저무내 있다가도 숯섬이요, 북이라 하는 것은 동서남북 사방에 걸렸어도 북이오. 새 장구라 하는 것은 억만 년 묵었어도 새 장구로구나."

밧나물은 남오리 바깥쪽에 있다고 하여 밧남오리라고 하던 것이 밧나물이 되었다고 한다. 매봉재는 예전에 이 산에서 매를 놓아 꿩 사냥을 하던 곳이다. 배부릉산은 모양이 배가 부른 듯이 생겼다고 해서 지어진 이름이라는 설과 천지가 개벽을 하던 때 배가 넘어다녔다는 설이 있다.

철길을 건너 아스라이 이어지는 옛길을 지나 만종 터널 옆으로 난 서낭당고개를 넘자 원주시에 이른다. 관동대로와 남한강 그리고 섬강 수운을 바탕으로 강원 남부, 영서 지방의 산물이 모이는 곳이다. 원주에 대한 기록이 이중환의 《택리지》에는 다음과 같이 실려 있다.

> 영월의 서쪽에 있는 원주는 감사가 있는 곳이며, 한양과는 250리이다. 동쪽은 영(백두대간)과 산에 가깝고 서쪽은 지평현(砥平縣)의 경계에 닿았다. 산골짜기 사이사이에 고원분지가 펼쳐 있고, 명랑하고 수려하여 그렇게 험준하지는 않다. 영동과 영남 그리고 경기도에 끼어서 동해로 수운(輸運)하는

> 생선, 소금, 인삼과 관곽(棺槨)과 궁전에 소용되는 재목 따위가 모여들어 하나의 도회가 형성되었다.
>
> 두메가 가깝기 때문에 난리가 나면 숨어 피하기가 쉽고 서울과 가까워서 세상이 평안하면 벼슬길에 나가기가 쉽기 때문에 한양 사대부들이 여기에 살기를 좋아한다.

원주는 본래 고구려의 평원군(平原郡)이었다. 신라 문무왕은 북원소경(北原小京)을 두었고 고려 태조 23년에 지금의 이름으로 고쳤다고 한다. 원주시에는 1,000미터가 넘는 비로봉 · 삼봉 · 남대봉 등 높고 험준한 산지가 있고, 원주천이 가현동에서 흥양천과 합친 뒤 북서쪽으로 흘러 섬강으로 흘러든다.

들이 적어 부드럽고 근면하다

원주는 영서 지방과 영동 지방을 잇는 교통의 요충지이자 '사통팔달'의 도시로, 조선시대만 해도 한양에서 말 타고 오면 이틀 걸리던 곳이었다.

《후한서(後漢書)》〈동이전(東夷書)〉을 보면 "예맥 사람들은 끝내 서로 도적질하는 일이 없어 문을 거는 일이 없고, 아낙네는 정조를 지킨다"고 하였고, "들이 적어 부드럽고 근면하다. 예의를 서로 앞세우는 천고의 고장이다"라고 실려 있다. 또한 "예맥 사람들은 성품이 모두 어리석고 욕심이 적으며 산천을 소중히 여기고, 산천마다 경계를 짓고 이웃끼리

서로 간섭하지 못하도록 하였다. 일가끼리 혼인하지 않고 모든 일에 꺼리는 것이 많았다. 도둑질하는 사람이 없고 보병전을 잘했는데, 세 길이나 되는 창을 갖고 싸우기도 했다. …… 이곳 사람들은 범을 신으로 모시고 사당을 세워서 제사를 지냈다"고 한다.

위 기록을 보면 강원도나 경북 북부 지방의 마을마다 유난히 토속 종교의식을 치르는 서낭당이 많았음을 알 수 있다. 고성에서 울진으로 이어지는 동해안 포구에서는 아직도 풍어를 기원하는 서낭굿이 열리고, 산간 지방에서는 서낭굿을 해마다 연다.

조선시대 학자 성현(成俔)은 《허백당집(虛白堂集)》에서 원주 사람들의 풍속을 다음과 같이 적었다.

> 이곳 사람들이 아이를 낳으면 먼저 곡식을 주어서 재물의 귀중함을 가르치고, 그 곡식을 다른 이에게 빌려주어서 아이가 해마다 이자를 받게 하는 한편, 대단치 않은 물건이라고 할지라도 아끼기를 만금과 같이 한다. 새벽 일찍 일터에 나가 일을 하되 별로 쉬는 법이 없고 해가 져서 어두워야 집으로 돌아온다. 혼인을 할 적에도 서로 어울려 술 마시는 일이 드물고, 아무개는 그물을 만들어 고기나 잡으며 세월을 보내니 몹쓸 사람이라거나 아무개는 산에서 꿩 사냥이나 하면서 지내고 있으니 버린 사람이라고 하며 수군거린다. 일하며 검소한 생활을 하는 사람만을 용납하고, 헛된 짓을 하는 이는 마을 사람 축에 끼지도 못하게 한다. 그런 까닭으로 이곳에는 잘사는 사람이 많으며 가난한 사람이 드물다.

부지런하고 검소하므로 잘사는 사람들이 많은 원주였지만 나라가 어지럽던 19세기 중반 무렵에는 살기가 팍팍했다. 그런 연유로 1885년에 영서 지방의 중심 도시인 원주목에서 민란이 일어났다.

원주목민들은 관아로 몰려가 환곡의 폐단을 시정해줄 것을 요구하며 판관을 붙잡고 이서(吏胥)의 집에 불을 질렀다. 심지어 창고지기를 불에 태워 죽였다. 이러한 원주목민들에 대항하고자 이서들도 따로 무리를 지어 각 촌리의 양반가와 민가를 파괴하자, 조정에서는 춘천부사 김선근(金善根)을 안핵사로 파견하여 난을 수습하도록 하였다. 안핵사의 보고를 받은 조정에서는 양반집을 훼손 파괴하고 명을 어긴 읍속수교(邑屬首校) 장붕기(張鵬基)를 효수하여 원주목민들의 민란을 막으려 하였다. 난민과 함께 행동했던 김사륜(金思輪)을 비롯한 주모자들은 엄형에 처한 뒤 유배를 보냈고, 탈옥한 장붕기가 체포되고 효수되면서 원주민란은 막을 내렸다.

실로 동쪽 지방의 아름다운 고을이다

치악산을 일컬어 《동국여지승람》 '형승조'에서는 "동쪽에는 치악이 서리고, 서쪽에는 섬강이 달린다. 천년 고국이다" 하였으며, 조선 전기 문신인 윤자운(尹子雲)은 "천년 옛 나라에는 교목이 남아 있고, 10리 긴 강은 고을의 성을 둘렀다"고 읊었다. 서거정은 "치악산은 푸른 봉우리를 모아서 조령에 이었고, 섬강은 흰빛을 끌어서 여성(驪城)에 닿았네"라고 하였다. 원주의 진산은 치악산이다. 치악산에는 상원사와 의상대사가 아홉 마리의 용이 살던 못을 메우고 지었다는 구룡사가 있다.

서거정은 〈중신기(重新記)〉에 원주를 다음과 같이 기록하였다.

> 원주는 본래 고구려의 평원군이다. 신라에서 북원소경을 두었으며, 고려 초에 주를 두었다가 뒤에 낮추어 지주사로 하였고, 고종 46년에는 이곳 사람이 왕명에 반역하였다 하여 또 낮추어 일신현(一新縣)으로 하였다. 중간에 승격시켜 정원도호부(靖原都護府)로 하였다가 고쳐서 익흥(益興)으로 하였고, 공민왕조에 원주목으로 하였다. 예전에는 양광도에 속하였으나 지금은 강원도의 계수관(界首官, 한양에서 큰길로 각 도에 이르는 첫 고을)이다. 땅은 넓고 백성은 많으며, 산천의 아름다움과 토지의 비옥함과 물산의 풍부함이 여러 고을 중에서 가장 뛰어나다. 그 풍속은 부지런하고 검소하며 쓰는 것을 절약하여 재물을 저축하고 물화를 늘리니 홍수와 가뭄이 재해가 되지 못하고, 실로 동쪽 지방의 아름다운 고을이다.

조선 중기의 문신 홍귀달(洪貴達)이 "따뜻하고 경치 고운 국도에 사람들은 어지러이 오고, 눈 녹은 마을마다 봄물이 생겼네. 산 기운은 노을을 끼는 듯 그림 병풍 둘렀고, 경치는 물에 닿아 강가의 성을 옹호한다. 가볍고 날씬한 치마의 제비는 때로 능히 말을 하고, 아름다운 담 위의 꽃은 이름조차 알지 못하겠다. 가장 기쁜 일은 농가에서 살아가는 일이 풍족하여, 한 늙은이가 다시 비를 맞으며 밭을 가네"라고 시를 쓴 원주시 학성동은 본래 원주군 본부면 지역이다. 사직당 남서쪽에는 동지(同知) 벼슬을 한 사람이 살았다고 해서 동진골이고, 학성동과 평원동 경계에 있는 길은 조선시대에 강원 감영의 북문이 있어서 북문거리라고 한다.

예로부터 군도(軍都)여서 그런지 이 지역에는 군사놀이가 지금도 전해온다. 가위바위보를 하여 진 사람 둘을 뽑아 서로 손을 맞잡고 높이 쳐들어 문을 만든 뒤 나머지 사람들은 한 줄로 서서 문으로 들어갔다 나왔다 하는 놀이다. 이때 문을 만든 사람을 문지기, 문을 드나드는 사람을 군사라고 하는데 문지기와 군사 간에 다음과 같은 문답을 나눈다고 한다.

"어디 군사인가?"

"원주 군사일세."

"몇 천 명인가?"

"3,000명일세."

"몇 바퀴 돌았나."

"300바퀴 돌았네."

"무슨 칼을 찼나?"

"장도칼을 찼네."

"무슨 신을 신었나?"

"가죽신을 신었네."

"어디로 들어가는가?"

"동대문으로 들어가네."

조선시대 여제단이 있었던 여제단 터가 있는 학성동에 원주역이 있고, 원주역 뒤에 있는 정지 마을은 봉천의 물이 많아서 배가 드나들었다고 한다.

조선시대에 원주를 지나던 김시습(金時習)이 남긴 시 한 편을 감상해 보자.

봄바람에 석장(錫杖) 짚고 관동으로 향해 가다

노차에 원주 고을 연수(煙樹) 속에 들었더니
공관(公館)에 사람 드물고 거마도 적은데
장정(長亭)에 비 지나니 해당화가 붉어졌네.
십 년 동안 잘 다녀서 두 신짝이 닳았는데
만 리 넓은 천지 속에 전대가 텅 비었네.
시(詩) 생각과 객지의 정 모두 나를 흔드는데
하물며 산새가 꽃포기에 지저귐을 들음에랴.

김시습이 관동으로 가던 그 무렵, 원주 고을의 인구는 얼마나 되었을까? 《세종실록지리지》를 보면 그 당시 호수는 1,148호, 인구는 3,233명, 군정은 시위군 284명, 선군 82명이었다.

'원주시 현재 인구 2만 9,903명'이라고 쓰여 있는 전자 안내판을 바라본다. 갈수록 줄고 있는 다른 도시들과 달리 인구가 늘고 있는 걸 보니 옛 문헌대로 살기 좋은 곳인 듯싶다.

보부상들이 자주 드나들었던 원주

《택리지》를 지은 이중환은 이 지방을 두고 '산골짜기가 가까워서 난을 피하여 숨기가 쉽고 한양이 멀지 않아서 태평스러울 적에는 나아가기가 쉬운 곳'이라고 하였다. 그런 까닭에 이 지방에 특히 보부상들이 많이 드나들었다. 원주 땅을 거쳐 갔던 사람들 중에 장터에 목숨을 걸고 돌아다닌 보부상들의 애환은 얼마나 남아 있을까?

보부상은 본디 길이나 저잣거리가 고향이고, 그 길이 삶을 꾸리는 터전이었으며, 전통 사회에서 시장을 중심으로 물건을 생산하는 생산자와 물건을 소비하는 소비자를 이어주는 전문 상인이었다.

상인은 중국 역사에서 태평성대라고 일컫는 하(夏), 은(殷), 주(周)나라 중에서 은나라의 다른 이름인 상(商)나라에서 비롯되었다. 주나라에 망한 은나라 사람들은 장사를 해서 생계를 이어나갔는데, 은나라 사람들이 장사를 잘했으므로 그때부터 장사를 하는 사람을 상인, 물건을 사고 파는 직업을 상업, 그 물품을 상품이라고 하였다.

조선의 법전 《경국대전(經國大典)》을 보면 "상인은 앉아서 파는 좌고(坐賈)와 돌아다니면서 파는 행상(行商)으로 나뉜다. 좌고는 좌상(坐商)이라고도 부르며, 좌고와 행상을 합하여 상고(商賈)라고 한다"고 하였는데, 보부상은 보상(褓商, 봇짐장수)과 부상(負商, 등짐장수)을 통틀어 가리키는 말이다.

조선 후기의 실학자 최한기(崔漢綺)가 지은 《인정(人政)》 권 6 측인문(測人門) 6 '지위'에 실린 상(商)을 보자.

> 상인은 있고 없는 것을 힘써 교역해서 배나 육로로 운수(運輸)하여, 그 이익으로 생활의 밑천을 삼고 그가 낸 세금으로 나라 살림에 보탠다. 그들 처지나 업종에 따라 규모가 크고 작으며, 범위가 넓고 좁음이 판이하게 다르다. 100리 되는 시장에는 지고 다니면서 장사를 하고, 1,000리가 되는 거리는 수레와 말에 실어 교역하며, 1만 리 바닷길에는 배로 운반하여 부두에서 무역한다.
>
> 이렇게 잇달아 무역이 가까운 곳에서부터 먼 곳에 이르러 천하의 산물이 만

국에 통하게 된다. 교역에서는 이해가 상반되는 경우도 있지만, 견문으로 말하면 경험이 더욱 넓어진다.

상인을 헤아리는 방법은 크거나 작거나를 막론하고 모두 우리 살림에 보탬이 되고 또는 우리를 위해 봉사하느냐를 보는 것인데, 그들이 그 대가를 바라는 것은 사소한 은전 몇 푼의 이익이거늘 이것을 가지고 그들을 비천하게 여기는 것은 시세를 헤아리지 못하는 편견이요 좁은 도량이다. 다만 미워할 것은 그들이 쓸모없는 물건으로 사람을 속이거나 옳지 못한 일로 남을 해치는 것이다.

만일 세상에 경영하는 바가 없고, 또 사람과 관계가 없다면 그만이지만 한 가정의 살림을 꾸려나가는 사람은 그 시골 저자의 상인에게 의지해야 하며, 한 고을의 백성을 다스리는 사람은 그 성시(城市)의 상인을 조정해야 하며, 한 나라를 다스리는 사람은 국내 상인을 널리 통해야 하며, 천하를 태평하게 하려는 자는 천하의 상인과 접촉해야 한다. 그래서 그들의 것을 침탈하지 않고, 인정(人情)을 가로막지 않으면, 물정이 이로 말미암아 통하고 교화(敎化)가 이로 말미암아 바르게 된다.

천하를 돌아다니는 상인은 그의 역량과 배포가 좌판, 행상과 달라서 혹 천하의 선도(善道)를 지닌 자를 모으기도 하며, 병선(兵船)을 가지고 노략하는 자를 대동하기도 한다.

최한기는 상인들의 활약을 나라 재정에서부터 백성의 편리함에 이르기까지 매우 좋게 보았다. 상인들 중에서도 보부상의 보상과 부상이 물건을 파는 방식과 취급하는 물품으로 차이를 구분하였다. 상품을 보자기나 질빵에 싸들고 다니면서 지방 장시(場市)와 포구를 돌아다니며 물건을 파는 상인을 보상이라고 하였으며, 다른 말로는 '봇짐장수' 또는 '항어장수'라 하였다.

행상은 한곳에 머물지 않고 여러 장터를 돌아다니는 소상인을 지칭하는 말이기도 하지만, 혼자 또는 몇 사람이 하는 장사뿐만 아니라 집단으로 조직하여 장사를 하는 사람들까지 모두 포괄한다.

남이 갓 쓰고 장에 가니 투가리 쓰고 간다

'남이 갓 쓰고 장에 가니 투가리 쓰고 간다'는 속담처럼 대부분 시골 사람들은 장날에는 사거나 팔 물건이 없어도 장에 갔다. 오랜만에 정겨운 옛 친구를 만나 세상 돌아가는 이야기를 나누다보면 서로 가엾기도 하고 슬프기도 하고 화가 나기도 하지만 국밥 한 그릇과 막걸리 한 잔에 험악한 세상인심도 봄날 햇살처럼 사르르 녹아 없어지는 것이 장날 풍경이다.

긴긴 해가 지게 작대기만큼 남으면 벌려놓은 좌판을 거두어 짐을 꾸리는 장사꾼들의 손길이 바빠지고, 술 취한 몇몇이 여기저기서 고래고래 소리를 지르는 풍경이 심심치 않게 보인다. 그때가 시골 장터의 파장(罷場)이고 파장은 어느 철이든 바라보는 것조차 서글프다. 이러한 풍경을 생생하게 그려낸 신경림 시인의 〈파장〉 역시 쓸쓸하기 이를 데 없다.

못난 놈들은 서로 얼굴만 봐도 흥겹다
이발소 앞에 서서 참외를 깎고

목로에 앉아 막걸리를 들이키면
모두들 한결같이 친구 같은 얼굴들
호남의 가문 얘기 조합 빚 얘기
약장사 기타 소리에 발장단을 치다보면
왜 이렇게 자꾸만 서울이 그리워지나
어디를 들어가 섰다라도 벌일까
주머니를 털어 색시집에라도 갈까
학교 마당에들 모여 소주에 오징어를 찢다
어느새 긴 여름 해도 저물어
고무신 한 켤레 또는 조기 한 마리 들고
달이 환한 마찻길을 절뚝이는 파장

저마다 집으로 또는 다른 내일이 기다리고 있는 장터로 떠난 스산한 장터를 지키고 있는 것은 어슬렁거리는 몇 마리 개들과 찢어진 신문지 조각. 어둠은 금세 장터에 장막처럼 드리우고 언제 떠들썩거리기나 했냐는 듯 장터는 침묵 속으로 몸을 숨긴다. 오랜 세월 온 나라를 떠돌며 역사와 함께했던 보부상들의 시대는 지나고 지금은 세일즈맨이 그들의 맥을 잇는다.

〈장타령〉은 전국의 유명한 장터를 유사연상(類似聯想)하여 부르는 노래로, 김영기가 채록한 강원도 장타령이 유명하다.

춘천이라 샘밭장 / 길이 질어 못 보고 / 신발이 젖어 못 보고
영넘어라 영월장 / 홍천이라 구만리장 / 담배 많아 못 보고

길이 멀어 못 보고 / 어화 지화 김화장 / 이귀 저귀 양구장
놀기 좋아 못 보고 / 당귀 많아 못 보고 / 회회층층 회양장
한자 두자 삼척장 / 길이 험해 못 보고 / 배가 많아 못 보고
이 강 저 강 평강장 / 명유바꿔 원주장 / 강물 없어 못 보고
값이 싸서 못 보고 / 정들었다 정선장 / 횡성건설 횡성장
갈보 많아 못 보고 / 에누리 많아 못 보고 / 화목 많은 화천장
김 많은 강릉장 / 길이 막혀 못 보고 / 값이 싸서 못 보고
양식 팔아라 양양장 / 이통 저통 통천장 / 살이 많아 못 보고
알 것 많아 못 보고 / 즉금 왔다 인제장 / 엄성듬옷 고성장
일 바빠서 못 보고 / 심심해서 못 보고 / 울퉁불퉁 울진장
이천 저천 이천장 / 울화 나서 못 보고 / 개천 많아 못 보고
안창곱창 평창장 / 철덕철덕 철원장 / 술국 좋아 못 보았네

뭐 할라고 걸어가요

치악산으로 가는 5번 국도와 42번 국도가 교차하는 평원 네거리를 지나 중앙동에서 태장교를 건너 태장동에 이른다. 태봉(胎峯)이 있어서 태장(胎藏)이라 부르며, 현재 태장동(台庄洞)의 표기는 조선시대에 풍수지리에 근거해 바꿨다는 설과 일제강점기 때 바뀌었다는 설이 있는가 하면 이곳 세 개 부락이 삼태성(三台星) 모양으로 형성되었다고 하여 이같이 지칭하게 되었다고도 한다. 태장동의 가매기 마을은 강원 감영에 올 때 이곳에서부터 가마에서 내려 말을 갈아탔다는 곳으로, 태봉비는 조

선시대 1486년(성종 17)에 세운 것이다.

태장 1동을 지나서 고개를 넘으면 옛길이 나타나야 하는데 확실하지가 않아서 일행보다 빠른 걸음으로 가보니 마땅치가 않다. 화장장에 근무하는 사람에게 옛길을 묻자 다 사라져버렸단다. 그러면서 하는 말이 "뭐 할라고 걸어가요, 돈 주지 않으면 하지 말아요"라고 한다. 무엇을 하건 돈을 주어야, 아니 돈을 받아야 하는 머슴 근성을 가졌다면 누가 새로운 것을 창조하고 누가 새로운 길을 가겠는가?

하지만 '돈이 없으면 적막강산이요, 돈이 있으면 금수강산이다' '돈 있으면 귀신도 부린다' '돈만 있으면 염라대왕의 문서도 고친다'는 말이 있지 않은가? 이러다가 돈을 모시고 돈을 벌게 해주십사 기원하는 '돈교'라도 만들어지는 게 아닌가 싶다.

천천히 옛길을 닮은 길로 내려가자 포클레인 몇 대가 늘어서 있는 길이 나타난다. 길을 다니다보니 별난 길을 다 만난다고 생각하던 차에 이 길이 바로 21세기 관동대로라는 생각에 이른다. 우곡소류지 부근에서 점심을 먹고 길을 나서는데 저수지를 병풍 삼은 수수밭이 한 폭의 그림 같다.

'슬슬 동풍 재 너머 바람에 홍 감사 댕기가 펄펄 날린다. 주재소가 멀어서 화투치기 좋고요, 임의 품이 넓어서 잠자리가 좋아요'라는 〈원주아리랑〉 가사를 생각하며 원주의 신영 저수지를 지나니 고갯길이 뻗어 있다. 50번과 5번 도로가 교차하면서 길은 평창 치악산으로 나뉘고, 고개를 넘어 내려가자 안흥 25킬로미터 지점, 원주시 소초면 흥양리 솔문안(송문동)이다.

소초면은 흥양리에 있는 쇠새바우(소새바위)에서 그 이름을 따왔는데,

모양이 쇠새(물총새)처럼 생겼다고 한다. 이곳 흥양리에도 무너미고개가 있는데, 예전에 물이 이 고개까지 차올랐다고 해서 무너미고개라고 한다.

초구리 서쪽에 있는 피미라고 부르는 직산동은 마을 앞에 조그마한 동산이 있는데, 전란 때 노적가리로 가장하여 적병을 물리쳤다는 이야기가 전한다. 목포의 유달산에만 노적봉이 있는 줄 알았는데, 여기 원주에도 전란이 일어나 싸움터가 된 것을 보면 반만년 우리 역사가 얼마나 무시무시하고 스산했는지를 알 수 있다.

그 밖에도 우리 고유의 옛 지명들도 전시에나 쓰는 살벌한 이름들이 많다. 시탄동(矢灘洞)으로 부르는 피미 서쪽에 있는 살여울은 개울물이 화살처럼 흐른다 하여 지어진 이름이고, 피미 서쪽에 있는 유사(裕沙) 마을은 처음에는 유사(流沙)였는데 이름이 좋지 않다 하여 바꾸었다고 한다.

치악산에 얽힌 전설

흥양 삼거리를 지나자 멀리 치악산(雉岳山)이 보인다. 가을 단풍이 아름다워 적악산(赤岳山)으로도 불리는데 치악산이라는 이름을 얻게 된 데는 다음과 같은 이야기가 있다.

옛날 치악산 기슭에 열심히 학문을 닦는 선비가 있었다. 어느 날 집을 나서서 산길을 지나는데 큰 구렁이 한 마리가 새끼를 품고 있는 꿩을 집어삼키려 했다. 선비는 손에 쥐고 있던 지팡이로 구렁이를 쳐죽이고 어미 꿩과 새끼를 구했다. 비록 살생은 했어도 더 많은 생명을 구했으니 마음의 짐을 조금이나마 덜 수 있었다.

고을에 가서 일을 보고 난 뒤 돌아오는 길에 갑자기 안개가 자욱해지더니 사방을 분간할 수가 없었다. 이때 눈앞에 보이는 불빛을 따라가니 집 한 채가 있었다. 문을 두드리자 아름다운 여인이 나왔다. 지나가는 선비인데 날이 저물어 그러니 하루저녁 묵을 수 있겠느냐고 묻자, 선비를 방 안에 들게 한 뒤 여인이 말하기를 "저는 오늘 남편을 잃었습니다. 남녀가 유별하오니 선비께서는 아랫목에서 주무시고 저는 윗목에서 바느질이나 하겠습니다"라고 하였다.

잠을 청하려고 눈을 감았는데 이상한 냄새가 나서 가만히 눈을 떠보니 여인이 바늘에 실을 꿰려고 실 끝에 침을 묻히는데 혀가 두 갈래가 아닌가!

아무래도 꺼림칙해 선비가 문을 박차고 나가려 하자 여인이 막아서면서 "나는 당신이 죽인 구렁이의 아내요. 원수를 갚고자 여기에 왔소. 만일 자정 안에 산속 깊은 곳에 있는 폐사에서 종이 세 번 울리면 죽은 남편이 하늘로 승천할 것이니 그때에는 당신을 살려주겠지만 그렇지 않으면 당신은 죽을 것이오"라고 말했다.

그러나 선비가 무슨 재간으로 그 높은 산에 있는 폐사의 종을 울릴 수 있겠는가? 이젠 죽었구나 하고 생각하는 순간, 쿵! 하는 종소리가 울려 퍼졌다. 이어서 두 번, 세 번 울리는 것이 아닌가. 그 소리를 들은 암구렁이는 기뻐하며 모두 부처님의 높으신 공덕이니 다시는 원한을 품지 않겠다는 말을 남기고는 커다란 뱀이 되어 어디론가 사라졌다. 정신을 차리고 보니 그가 하룻밤을 보낸 곳은 집이 아니라 숲 속 자갈밭이었다.

먼동이 트기가 무섭게 선비가 단숨에 산사에 이르르니 종루 아래에 꿩과 새끼들이 피투성이가 된 채 죽어 있었다. 선비 때문에 목숨을 건진 꿩들이 선비의 목숨을 구하고자 온몸을 다해 종을 쳤던 것이다. 그때부터 꿩이 죽음으로 은혜를 값은 산이라 하여 치악산으로 고쳤다고 한다.

고려 말 정치가 문란해지자 치악산에 은거하여 제자들을 가르치고 시를 지으며 일생을 보낸 원천석(元天錫)의 흔적이 남아 있다. 그는 이곳에서 부모를 봉양하고 농사를 지으며 이색 등과 교유하며 지냈다. 원천석은 일찍이 태종(太宗) 이방원(李芳遠)의 스승으로 태종이 왕위에 오르자 스승에게 벼슬을 내리고자 직접 그를 찾아왔다고 한다. 하지만 원천석은 그를 만나기 꺼려 산속 깊이 숨어버렸다. 이후에도 여러 차례 벼슬을 내렸으나 나아가지 않았다. 그 뒤 나라에서 이방원이 머물다간 언덕에 태종대(太宗臺) 비석과 비각을 지어 원천석의 절개를 후세에 기리도록 했다.

> 흥망이 유수하니 만월대도 추초(秋草)로다.
> 오백년 왕업이 목적(牧笛)에 부쳤으니,
> 석양에 지나는 객이 눈물겨워하노라.
>
> —《운곡시사(耘谷詩史)》 중에서

위 회고가를 보면, 그가 끝내 출사하지 않고 숨어 지낸 것은 고려 왕조에 대한 충의심 때문이었음을 알 수 있다. 만년에 《야사(野史)》 6권을 저술한 뒤 자손들에게 "이 책을 가묘에 감추어두고 잘 지키도록 하라"는 유언을 남겼으나 증손 대에 이르러 국사에 위반되는 점이 많아 화를 두려워한 후손들이 불태워버렸다.

원천석이 남긴 작품으로는 역사 속으로 사라진 고려를 회상하며 쓴 《회고가》가 있고, 이후 그는 원주의 칠봉서원(七峯書院)에 제향되었다.

치악산을 바라보며 자리 잡은 소초면 수암리와 흥양리, 학곡리에 걸쳐 있는 봉화산은 삼봉(三峯)이라고도 부르며 조선시대에 봉수대가 있던 곳이다.

게으른 놈이 책장 센다

치악산에서 흘러내린 흥양천을 건너자 황골에 이른다. 입석대 계곡 6킬로미터, 정선 91킬로미터라고 쓰인 표지판이 보인다. 입석골은 황골 동남쪽에 있는 골짜기로 입석대(立石臺)와 입석암(立石庵)이 있는 곳이다.

점심을 먹고 나서부터 문제였다. 배는 아직 꺼지지 않고 조금 쉬면서 졸기도 해야 하는데, 가야 할 길이 멀다보니 얼마쯤 왔는지 자꾸 지도만 보게 된다. 우리 속담에 '게으른 년이 삼 가래 세고, 게으른 놈이 책장 센다'는 말이 있다. 게으른 여자가 삼〔麻〕을 찢어 베를 놓다가 얼마나 했나 헤아려보고, 게으른 사람이 책을 읽다가 얼마나 읽었나 헤아려본다는 말이다. 아직 얼마 걷지도 않고서 얼마나 걸었나, 얼마나 남았나 자꾸 지도를 보는 것은 이미 지친 탓이리라.

흥양리에서 원증동으로 넘어가는 유현(柳峴)이라고 부르는 버들고개를 넘자 수동과 암곡의 이름을 따서 지은 소초면 수암리 원증동이다. 원증(元增)이라는 부자가 살았다는 원증동에서 상도곡으로 가는 고개는 큰 참나무가 서 있어서 참나무고개라고 부르고, 원증동 남쪽에 있는 회촌(檜村)은 전나무가 많아서 붙인 이름이다.

옹기점이 있던 독골 위쪽의 웃독골 마을을 거쳐 소나무를 심어서 정자를 만들었다는 식송 마을을 지나는데 고구마를 캐는 사람들이 어디로 걸어가느냐고 묻는다. 이기춘 씨가 "대관령 넘어 울진 평해까지 갑니다" 하자 조금 놀란 듯 "거기까지 걸어갈 수 있어요?" 하고 되묻는다.

이 바쁜 세상에 돈을 버는 것도 아니고, 내 돈 쓰며 걸어가는 사람들을 누가 이해하겠는가? 그네들은 '그대가 밤길을 가보지 않고서 길거리에 밤길 걷는 사람을 어떻게 알 수 있겠는가?'라는 속담을 들어봤다면 길 걷는 사람들을 조금이나마 헤아렸을 것이다.

웃독골 북쪽에 있는 마을로 양지가 바르다는 신양 2리를 지나서 평장리에 접어드니 치악산이 한눈에 들어온다.

조선시대 평장역이 있었던 평장리 두둑에서 내곡으로 가는 고개인 말치고개는 옛날에 강릉으로 다니는 큰길이었다고 한다. 두둑말에서 도도리로 가려면 도도리고개를 넘어가야 하고, 두둑에서 수암리로 가려면 못둔지고개를 넘어간다. 평장리 동쪽에 있는 참산내기라는 산은 치악산 줄기가 되는데, 찬 샘이 있고 두둑말 뒤에 있는 산은 그 모양이 달을 닮았다.

평장리에서 원주 평창으로 가는 고개인 부채고개 들목인 부채고개 마을을 지나면 곡촌이라고 부르는 골말인데 이곳에서 42번 국도까지는 오르막길이다. 영동고속도로가 들어선 뒤 옛길이 사라지고 새로 만들어진 관동대로는 이곳에서 강릉까지 97킬로미터이고, 오늘의 종착지인 우천까지는 6킬로미터밖에 안 남았다.

달을 보고 그해의 농사를 점치다

교항리에서 횡성으로 가는 길목에 있는 소초면 둔둔리에 조선 초기의 문신이며 생육신의 한 사람인 원호(元昊)가 살았다. 그는 단종 초에 수양대군이 권력을 휘두르자 고향인 원주에 내려가 은거하다가 1457년(세조 3)에 단종이 죽자 영월(寧越)에서 3년상을 치렀다고 한다.

이익은 《성호사설(星湖僿說)》〈인사문(人事門)〉에서 원호에 대해 다음과 같이 평했다.

> 내가 일찍이 김시습, 남효온 등은 뜻을 굽히지 않고 자취를 드러내어 숨기지 않았으니 중용이 될 수 없고, 오직 경은(耕隱) 이맹전(李孟專)은 기회를 살펴 눈멀고 귀먹었다고 청탁하고 물러갔으며, 직학사(直學士) 원호는 움막에 거처하면서 단종(端宗)을 위하여 복제를 입었으니, 참으로 거룩한 일이라고 생각하였다.

원호는 원주시 소초면 둔둔리에 살면서 제자인 권탑과 함께 달을 보고 그해 농사를 점치는 월계도를 만들었다. 원호와 제자가 40년에 걸쳐 심혈을 기울여 만든 월계도는 둔둔리의 덕고산 주봉에서 짚신봉까지 2킬로미터쯤 되는 산등성이를 너비 60센티미터, 길이 40센티미터의 종이에 그려놓고 이를 육십갑자로 나누어놓은 것이다. 이를 이용해 정월 대보름달의 위치에 따라서 그해 농사의 풍년과 흉년을 점쳤다. 갑자지간에서 달이 떠오르면 콩 농사가 잘 되고, 을축지간에서 달이 뜨면 가뭄이 들고, 병신지간에서 달이 뜨면 장마가 진다고 한다.

요즈음에도 이 지방에서는 월계도에 맞추어 그해에 심을 곡식 종류를 정하거나 씨 뿌릴 날짜를 정하는 사람들이 더러 있다고 한다. 월계도를 따라서 농사를 지은 사람들이 말하기를 1969년에는 월계도가 가리킨 대로 콩 농사가 흉년이었다고 한다.

손자인 숙강(叔康)이 사관이 되어 직필(直筆)로 화를 당하자, 원호는 자신의 저술과 상소하는 글을 모두 불태워버리고 아들들에게는 다시는 글을 읽어 세상의 명리를 구하지 말라고 경계하였다. 이 때문에 집안에는 전해오는 기록이나 행적이 없다.

그는 앉을 때는 반드시 동쪽을 바라보고 앉고, 누울 때에는 반드시 동쪽으로 머리를 두었다. 그 이유는 단종의 장릉(莊陵)이 자신이 거처하는 집의 동쪽에 있었기 때문이다. 그는 한평생 단종을 그리다가 죽었다. 원주의 칠봉서원에 배향되었다.

바람이 없어서 그런지 마치 한여름처럼 땀이 비 오듯 한다. 오르막 고개를 넘어서자 다리목이라는 교항리에 이른다. 크지는 않지만 시원하게 그늘을 드리운 느티나무 아래 큰 바위에 '원주 교항리 석조 불두'가 얹혀 있다. 강원도 문화재자료 제124호인 이 불두는 도로 공사 중 이곳으로 옮겨왔다고 한다.

마고할미 전설이 깃든 들언지 바우

텃골 북쪽에는 밤나무가 많다고 해서 이름 붙은 밤나무 정이 마을이 있고 밤나무 정이 동쪽에는 옹기점이 있어서 독점 마을이라고 한다. 모

가파른 고개를 올라가 만난 교항리 석조 불두 임진왜란 때 왜병을 물리치기 위해 만들었다고 전해오지만 토속적인 얼굴과 머리만 따로 자연석 위에 올려놓은 양식으로 보아 고려 전기에 만들어진 것으로 추정된다.

래가 많다는 사전 마을 북쪽에서 횡성군 우천면 정암리로 넘어가는 모래재가 있다. 안담 마을 앞에 있는 '들언지 바우'는 바위 위에 또 하나의 바위가 얹혀 있는데, 옛날 마고할미가 동쪽 하늘을 받치러 가다가 이 바위에서 쉬면서 개암을 깨어 먹고, 그 바위를 그대로 얹어놓았다는 전설이 깃든 바위다. 마고할미는 전설에 나오는 신선 할미로 새 발톱처럼 긴 손톱을 가지고 있다고 한다.

덕고산 밑에 있는 다리목 북서쪽 골짜기의 마을 이름은 공산이라고 하며, 대동에서 발원하여 풍천으로 흘러들어가는 내를 화랑포(花浪浦)라고 부른다. 다리목에서 교항리 동쪽의 학곡리로 넘어가는 고개를 고개 셋이 나란히 있다고 해서 삼형제고개라고 부른다.

영동고속도로와 42번 국도가 나란히 달리는 언덕에 '소원 성취. 영산기도'라고 쓰인 신당이 보이고, 길가에 또 다른 점집들이 보인다. 이 산속 깊은 곳까지 점집들이 들어선 걸 보니 세상사 고달픈 사람들의 발길은 끊이지 않나보다.

큰 논배미가 있는 백배미 마을을 지나 독점 동쪽 골짜기에 있는 이리실(일리실) 마을에서 잠시 쉰다. 10월 초순인데도 건재함을 자랑하는 모기들이 떼를 지어 달려와 생각지도 않은 헌혈을 한다.

다시 길은 오르막이다. 치악산 구룡사가 일마 남지 않았다. '영월읍에는 덮개 ― 덕포리(德浦里) ― 가 있어도 춥기만 하고요. 평창 땅에는 약수 ― 약수리(藥水里) ― 가 있어도 사람만 죽는다'는 민요 가락을 읊조리며 걸어가는 원주시 소초면 학곡리는 원래 팔리라고 했는데, 1914년에 행정구역이 통폐합되면서 학곡리로 바뀌었다.

잣나무 거리 왼쪽에는 학곡 저수지가 유원지처럼 개발되었다. 학곡리에는 산이 많다보니 고개가 많기도 하다. 학곡리에서 동남쪽 영월군 수주면으로 가는 고개가 매화산 서쪽 줄기를 타고 가는 수루내미재이고, 학곡리에서 횡성군 우천면 한다리로 넘어가는 고개가 천지봉고개이다. 구룡골에서 원주로 넘어가는 고개는 고든재고개이고, 새재 서쪽에 있는 길재는 새재에서 평장리로 넘어가는 고개인데 매우 길며 서낭당이 있다고 한다.

구룡사(龜龍寺)는 치악산 비로봉 북쪽 구룡소에 있는 절로 신라의 승려 의상(義湘)이 668년(문무왕 8)에 창건했을 때에는 구룡사(九龍寺)였다고 한다. 창건 이후 도선(道詵) · 자초(自超) · 휴정(休靜) 등이 거쳐가면서 영서 지방의 으뜸가는 절이 되었다. 조선 중기 이후 절 어귀에 있는 거북 모양의 바위 때문에 절 이름을 '아홉구(九)' 자에서 '거북구(龜)' 자로 고쳐 썼다고 한다.

절 어귀에 '황장금표(黃腸禁標)'는 조선시대에 이 일대에서 무단 벌목을 금한다는 방으로 전국에서 유일한 역사 자료로 남아 있다. 현존 당우는 대웅전(大雄殿)·보광루(普光樓)·삼성각(三聖閣)·심검당(尋劍堂)·설선당(說禪堂) 등이 있는데, 수차례 대웅전을 중수했는데도 그 안에 닫집은 옛 모습 그대로 보존되어 강원도 유형문화재 제24호로 지정되었다.

치악산 삼거리 마을을 지났으니 평창까지는 44킬로미터. '어서 오십시오. 한우의 고장 횡성군'이라고 쓰인 표지판 옆에는 '더덕의 고장 환영합니다'라는 표지판이 나란히 있다.

엎어지면 코 닿을 거리만 남았다

안흥 12킬로미터, 이제 우리가 가야 할 곳까지는 3킬로미터가 남았다. 길을 걷다가 조금 남으면 '엎어지면 코 닿을 거리'라고 말한다. 그래, 아직도 엎어지면 코가 안 닿으니 더 갈 수밖에……. 바람은 이제 시원하게 불어오고 추수 직전인 벼 이삭들은 저녁노을에 평화로이 빛난다.

우리의 발길이 머물 횡성은 고구려 때 횡천현(橫川縣)이었으나 조선 태종 14년 때 지금 이름으로 바뀌었다. 《택리지》에는 "북쪽에 자리 잡은 횡성현은 두메 속에 터가 활짝 열려서 환하게 밝고 넓으며 물은 푸르고 산이 평평하여 형용하기 어려운 별스런 맑은 기운이 있다. 지역 내에는 또한 여러 대를 살아온 사대부가 많다"고 기록되어 있다.

강원도 지방에서 널리 쓰이는 속담 가운데 '횡성 가서 잘난 체하지 말라'는 말이 있다. 이 말은 횡성 사람들이 영리하다는 뜻도 있지만, 이곳 사람들의 지역 의식이 강하여 타지방 사람들에게 배타적이라는 의미가 더 크다. 일제강점기 때 일본 사람들 사이에서는 '횡성 가면 죽는다'는 말도 있었다는데, 실제로 일본 사람들이 군 단위 모든 지역마다 상권을 주름잡았을 때도 횡성만큼은 발을 못 붙였다고 한다.

횡성 사람들이 쓰는 말 가운데 "횡성 사람은 서울 사람을 못 속여 먹으면 잠을 못 잔다"는 말이 있다. 그만큼 지역 의식이 유달리 강한 횡성 사람들은 3·1운동 때에 경상북도 밀양군과 함께 가장 치열하게 만세운동을 벌이기도 했다. 일본 기록을 보면 5,000여 명이 만세운동에 동참했다고 한다.

예로부터 횡성에는 '횡성 깍쟁이' 이야기가 전해온다. 횡성 사람과 개성 사람이 누가 더 깍쟁이인지 내기를 하였다. 두 사람은 각자 창호지와 양초를 가지고 외딴 집에서 하룻밤을 지냈다. 횡성 사람은 문에 창호지를 발라 바람을 막고, 개성 사람은 촛불을 켜 방 안을 밝혔다. 날이 밝자 횡성 사람은 물을 묻혀 창호지를 떼어 가고, 개성 사람은 초가 다 타버려서 가지고 갈 것이 없으니 횡성 깍쟁이가 이겼다는 이야기다.

강원도 횡성군 우천면 백달리는 큰 산 밑에 있어 박달, 한다리 또는 백교리라고도 부른다. 백달리의 안담 마을은 역골 안쪽에 자리 잡은 마을로 조선시대에 평릉도(平陵道)에 딸렸던 오원역(烏原驛)이 있었다. 원주로 가는 신작로 옆 거리담 마을은 주막들이 있어서 주막거리라고 불렸다. 거리담, 안담, 역골 마을을 지나 영동고속도로 아래를 지난다. 횡성 14킬로미터, 안흥 11킬로미터라고 쓰인 표지판을 지나자 새말 삼거리다. 이상훈 씨가 서해의 굴과 안주를 가지고 응원하러 온다는 곳이다.

용인에서 박수자 씨가 오는 중이고, 한국은행에 다니는 김선희 씨가 한국은행을 저당 잡혀서라도 횡성 한우를 사겠다고 하니 몸은 피곤해도 마음은 넉넉하다.

땅 생김새가 소의 목처럼 생겼다고 하여 쇠목 또는 우항이라고 부르는 우천면 소재지에 늦은 저녁 바람이 불었다. 우항리의 모롱이가 있는 모란 마을은 모내, 우내라고 부르는데 이 마을 이름을 따서 우천면이라는 이름을 지었다고 한다. 새말 입체교차로가 있는 우항리의 숲안 마을 앞에는 쇠새바위가 있는데, 이 바위에는 다음과 같은 전설이 전해온다.

예전에 이 마을에 부자가 살았는데 날마다 손님들이 찾아와서 귀찮게 하자 이를 못마땅하게 여긴 부인이 때마침 탁발을 하러 온 스님에게 어떻게 하면 손님들이 오지 않겠느냐며 그 방법을 물었다. 스님은 저 바위를 깨뜨려버리면 손님이 찾아오지 않을 것이라고 말했다.

그 부인이 스님 말대로 바위를 깨뜨리니 바위에서 붉은 피가 흐르더니 그날부터 손님 발길이 끊기고 그 집도 금세 망하고 말았다.

우리나라 곳곳에서 전해 내려오는 인색한 부자 설화 중 하나인데 특히 강원도에 많이 전해온다. 이 지역이 그만큼 살기가 힘겨웠기 때문에 가난하고 힘없는 사람들이 부자들과 힘 있는 자들에게 경각심을 일깨우고자 지어낸 설화가 아닐까 싶다.

이상훈 씨 덕분에 저녁 7시쯤 콘도에 들어갔다. 서해에서 갓 잡은 가리비와 소라 등 갖가지 해물과 등심, 치마살 등 맛 좋은 횡성 한우를 배불리 먹고 이야기를 나누다가 저녁 11시쯤 잠자리에 들었다.

아침마다 김밥을 먹거나 해장국이 고작이었는데 내일은 미리 끓여둔 조갯국에 밥을 먹는다고 한다. '나그네가 이렇게 잘 먹고 걸으면 가다가 발병이나 나지 않을까' 하고 생각하다보니 중국의 고서《오월춘추(吳越春秋)》중 한 구절이 떠올랐다. '높이 날고 싶어하는 인간이라는 존재는 늘 맛있는 음식을 먹는 것, 곧 이익과 욕심을 좇기 때문에 몸을 망친다.'

닷새째 횡성에서 문재 정상까지

횡성군에 딸린 조그마한 안흥이 널리 알려진 것은 안흥 찐빵 때문이다. 안흥 찐빵이 사람들 입에 오르내리고 방송이나 언론에 소개되면서 어딜 가나 안흥 찐빵 간판이 보인다. 이곳 안흥에서는 서로 원조를 내세우는 집들이 전국으로 찐방을 배달하는 진풍경이 벌어진다. 찐빵 철은 아니지만 안흥에서 찐빵을 안 먹고 가면 서운할 것 같아 찐빵 한 상자를 사서 나누어 먹고 길을 나섰다. '안흥 찐빵 대축제'를 앞두고 있어서 그런지 평창강에 섶다리와 징검다리가 놓여 있다. 어린아이처럼 설레는 마음으로 이 다리 저 다리를 건너보고 다시 길 위에 나선다.

어딜 가나 돈타령

아침에 어젯밤 끓여둔 조갯국에 명태포를 넣어 밥을 말아 먹는다. 밤새 깊은 잠을 못 잤는데도 아침밥을 먹고 나면 기운이 펄펄 나는 것은 무슨 까닭일까?

이상훈 씨 가는 길에 함께 가겠다던 민경권 씨는 어젯밤에 생각을 바꿨는지 오늘 마무리를 하고 같이 가겠다고 한다. 이렇게 고마울 수가……. 덜 마른 양말을 배낭에 매는 품새가 마치 싸움터에 나가는 전사 같다.

다시 길 위에 나선 시간이 아침 7시 20분. 오늘은 원주에서 서울로 가는 기차표를 예약해놓은 터라 늦어도 1시까지는 일정을 마쳐야 한다.

우천면 오원리는 원래 횡성군 우천면 지역으로, 쇠목 앞에 있는 들은 조선시대에 오원역이 있던 곳이지만 지금은 사라지고 없다. 오원리의

돈 되지 않으면 걷지 마소

개미재는 오원 동쪽 양짓말로 넘어가는 고개로 그 지형이 개미처럼 생겼다고 해서 붙은 이름이다. 오원리에서 안흥면으로 넘어가는 전재는 회치(檜峙)라고 부르는데 전나무가 많아 이 같은 이름이 붙었다. 음짓말이라는 마을을 지나자 도로는 온통 공사 중이다. 오원 저수지를 지나서 가는 옛길이 《대동지지》에도 표시되어 있는데, 저수지가 들어서고 공사 중이라서 찾을 길이 없다. 자동차가 다니는 길을 따라가자니 재미도 없을뿐더러 한없이 돌아가니 따라갈 수도 없고 하여간 가다 못 가면 돌아올지라도 내 방식대로 가보기로 했다.

허우적대며 수풀 속을 헤집고 올라가자 잘 지은 집이 나타난다. 아무래도 서울 부자가 지어놓은 별장인지 제법 세련되었다. 이리저리 둘러보고 있는데, "누구요" 하는 마땅치 않은 목소리에 고개를 들자 '사유재산이므로 출입을 금합니다'라는 현수막이 걸려 있다.

나이 지긋한 노인이 나타나서 "어디 가는 사람들이오?" 하고 묻기에

전재 전상으로 가는 길목 길은 달라도 걷는 이의 마음은 한결같아야 한다. 고생길을 운명으로 받아들이고 그저 한 걸음 내딛는 것이다.

"여차여차해서 울진 평해까지 걸어가고 있습니다" 하자 "돈 되지 않으면 걷지 마소" 하는 게 아닌가?

어딜 가나 돈타령이다. 나만 이런 생각이 드는 것일까? 남들보다 돈 버는 일에 별 관심을 두지 않아서 그런지 돈타령으로밖에 들리지 않으니……. 하기야 돈이 없으면 아무것도 할 수 없는 세상이 된 지 오래다.

전재 중턱에 자리 잡은 웃거리 마을길에 접어드니 옛길의 마력에 흠뻑 빠져든다. 이런 길이 없다면 무슨 재미로 사라져가는 옛길을 긷겠는가? 마을을 벗어나니 길은 더욱 호젓하다. 졸졸 흐르는 냇물 소리를 들으며 다리 아래에 짐을 부려놓고 누워서 망연히 하늘을 본다. 다리 위에서 날씬이 님은 아픈 발목을 어루만지고, 고혜경 씨는 '길의 마법'에 걸려 아름다운 길을 사진 찍느라 정신이 없다.

여기는 전재 정상입니다

옛길도 잠시, 작은 오솔길이 열리고 멀리서 중장비 소리가 들리더니 길이 사라진다. 새로 낸 길을 따라 오르자 42번 국도와 만나고 조금 오르자 전재 정상이다. '여기는 전재 정상입니다', 해발 540미터 전재 정상에서 바라본 산들은 아름답다. 횡성군 우천면과 안흥면의 경계인 전재에 햇살이 가득하다. 전재 정상에 오르니 서북쪽이 틔어서 늘 바람이 불어 바람부리산이라고도 부르는 풍차산(風車山)이 보인다.

아름다운 산등성이를 나 혼자 바라보고 있으려니 일행들이 더욱더 걱정되었다. 산길에서는 누가 맨 앞에 서느냐가 중요하다. 길이 있을 것이라고 앞서간 민경권 씨를 뒤따라간 일행들이 아직 고갯마루에 도착하지 않은 것이다.

'산 좋고 물 맑은 찐빵의 고장 안흥'이라는 표지판을 바라보는 사이 일행들이 도착하여 안흥 쪽으로 내려가니 길가에 핀 코스모스가 무척 아름답다.

정선 8킬로미터, 안흥 3킬로미터. 우리가 걷고 있는 횡성군 안흥면 안흥리의 여심동은 원주시 소초면과 영월군 수주면 그리고 횡성군 안흥면에 걸쳐 있는 매화산 아래에 자리 잡은 마을이다. 매화산 아래에는 지형이 단지처럼 생겼다는 단지골이 있고, 초현이라고 부르는 새재는 관말 동남쪽에 있는 마을이다. 매화교를 지나자 전나무 길이 이어지고 길옆에 폐교가 되어버린 초등학교가 있다.

신흥교를 지나자 횡성, 평창, 강림으로 가는 세 갈림길이 있는 거리평 마을이 나온다. 신천교를 지나 다시 42번 국도로 길은 이어지고, 안흥 소재지가 있는 관말이 얼마 남지 않았다.

안흥에서 찐빵을 안 먹고 갈 수 있나

안흥면은 원래 횡성군 정곡면 지역으로 조선시대에는 안흥역(安興驛)이 있던 곳이고 관말, 역촌, 장터라고도 부르는 안흥리는 장이 섰던 곳이다.

관말 북서쪽에 있는 실미는 마분리 말무덤이라고 부르는데, 조선시대에 실미원(實味院)이 있었고 용마의 큰 무덤이 있었다고 한다.

안흥 곳곳에서 볼 수 있는 원조 안흥 찐빵 간판과 물어물어 찾아낸 몽실몽실한 원조 안흥 찐빵

횡성군에 딸린 조그마한 안흥이 널리 알려진 것은 안흥 찐빵 때문이다. 안흥 찐빵이 사람들 입에 오르내리고 방송이나 언론에 소개되면서 어딜 가나 안흥 찐빵 간판이 보인다. 이곳 안흥에서는 서로 원조를 내세우는 집들이 전국으로 찐빵을 배달하는 진풍경이 벌어진다.

찐빵 철은 아니지만 안흥에서 찐빵을 안 먹고 가면 서운할 것 같아 찐빵 한 상자를 사서 나누어 먹고 길을 나섰다. '안흥 찐빵 대축제'를 앞두고 있어서 그런지 평창강에 섶다리와 징검다리가 놓여 있다. 어린아이처럼 설레는 마음으로 이 다리 저 다리를 건너보고 다시 길 위에 나선다.

웃거리라고 부르는 안흥 4리에 있는 안흥초등학교를 지나 방지 둔교를 건너면 상안리에 이른다. 안흥 위쪽은 웃안흥이라고 부르다가 상안리로 이름이 바뀌었고, 상안리 서북쪽에 있는 관터 마을은 옛날 역이 있던 곳이라고 한다.

안흥 찐빵 축제를 위해 만들어놓은 섶다리와 징검다리

얼마나 많은 사람들이 이 관동대로를 지나갔을까? 또 얼마나 많은 사연들을 이 길 위에 수놓았을까? 귀양살이를 가는 사람, 과거를 보러 가는 사람, 벼슬길을 가는 사람 그리고 수많은 장사꾼들이 이 길을 갔을 것이다. 그들의 땀방울이 이어져 이 길에서 뒤따라오는 길손들에게 이정표를 제시해줄 법도 한데, 길은 늘 새로운 것이라서 어디 하나 그 흔적을 찾을 수가 없다.

상안리 동북쪽에는 송곳산이라고 부르는 푯대봉(해발 861미터)이 있는데, 세부 측량 때 측량 표준기를 꽂았다는 산이다. 관터 마을을 지나며 바라본 산봉우리에 걸린 흰 구름이 정말 멋지다.

'삿갓봉 산촌민박'이라고 쓰인 표지판 너머 보이는 삿갓봉(해발 1,029미터)은 크고도 웅장하다. 이제 얼마 남지 않았다. 박수자 씨는 그새 지쳤는지 발걸음이 무겁고 자꾸 뒤처진다. 가마골 순두부라고 쓰인 음식점을 지나자 폐교를 활용한 담력체험장이 보인다. 가서 보니 온갖 귀신들이 안방과 부엌 그리고 마루에까지 걸려 있고 서 있다. 밤에 꿈에 나타날까 두려운 귀신들이 이렇게 대낮에 사람이 살지 않는 집에서 산 사람을 맞고 있다니……. 이렇게 마루 위에 앉아 있다가 '귀신 같지 않은 게 사람 잡는다'는 속담처럼 귀신에게 잡혀갈지도 모르겠다. '귀신도 사귀면 친해진다'는 말이나 '귀신도 사귈 탓이다'라는 말처럼 귀신과 친해져 나도 귀신이 될지도 모르지 않는가? 그러고 보니 내가 잠시 '귀신 씻나락 까먹는 생각'만 하고 있었던 모양이다.

그 사이 일행들은 나를 두고 멀리 가버렸다. 다시 일행을 쫓아서 문재골 어귀에 도착하니 낮 12시 40분이다. 이 고개를 넘으면 1구간 150킬로미터가 모두 끝난다. 하지만 지친 몸과 마음으로 넘기에는 고개가 너무 높다. 잠시 쉬었다 가기로 하고 길가에 앉아 저마다 앉은 모양새를 보니 파김치처럼 축 늘어졌다. 자크 프레베르가 읊은 '절망이 나무 벤치 위에 앉아 있다'가 아니라 '길가에 피곤이 앉아 있다'라는 말이 떠오른다.

오래 머무를 수 없어 천천히 넘자 하면서도 곧 끝난다는 설렘 때문인지 일행들 발길이 바쁘기만 하다.

그리운 송이버섯 향기

문재 쪽으로 휘돌아가는 길 위쪽에 소나무 숲이 우거져 있다. 저 정도 숲이면 송이버섯이 있을 듯하다. 송이버섯 수확 철은 지났지만 송이버섯을 떠올리는 순간 입안 가득 버섯 향이 퍼지면서 문득 어린 시절이 떠오른다.

아버지는 평생 동안 돈 버는 일에는 재주가 없으셨지만 유난히 잘하셨던 일이 한 가지 있었다. 어느 산 어느 골짜기에는 어떤 나물이 자라고 어느 산꼭대기에는 어떤 버섯이 많은지 모르는 것이 없었다. 심지어 어느 늪에 팔뚝만 한 뱀장어가 살고 있다는 것까지 알고 계신 아버님은 가끔씩 청산가리를 풀어서 뱀장어를 잡아오시곤 하였다. 특히 가을이면 송이를 한가득 따가지고 와서 한 두릅씩 엮으셨다.

어느 나물 어느 과일도 그 맛을 흉내 낼 수 없는 그 독특한 향기와 맛을 자랑하는 송이는 20~60년 된 소나무 숲이 우거진 땅에서 자란다.

버섯 중에서 으뜸은 송이버섯이고, 둘째가 표고버섯이며, 셋째가 능이버섯이라는 말이 있다. 그래서 '부정한 사람이 발을 들여놓은 산에는 송이가 자라지 않는다'는 말도 있지 않은가. 우리나라 문헌에서 송이가 맨 처음 기록된 것은 고려 때 문장가인 이인로(李仁老)의 시이다.

> 어젯밤 식지가 동하더니 오늘 아침
> 기이한 것을 맛보도다
> 본디 배루에서 나는 것과 질이 다르니 복령의 향기가 있도다

《동국여지승람》에는 여러 지역에서 송이를 특산물로 내세우고, 《동의보감(東醫寶鑑)》에서는 "송이는 맛이 매우 향미하고, 송기(松氣)가 있다. 산중 오래된 소나무 밑에서 나는 버섯 가운데서 으뜸가는 것이다"고 수록하여 송이버섯이 우수한 식품임을 설명해놓았다. 《증보산림경제(增補山林經濟)》에서는 "꿩 고기와 함께 국을 끓이거나 꿰어서 유장을 발라 반

숙으로 구워 먹으면 채중선품(菜中仙品)이다"라고 하였다.

이렇듯 우리나라에서는 송이를 진귀하게 여기며 먹었으나 중국에서는 송이버섯을 잘 먹지 않았다는 내용이 청나라 연행 기행문인 《심전고(心田稿)》에 실려 있다. 《심전고》는 조선 후기에 박사호(朴思浩)가 동지사(冬至使) 홍기섭(洪起燮)의 수행원으로 1828년(순조 28) 10월 청나라에 갔다가 이듬해 4월에 돌아와 그동안에 보고 들은 바를 기록한 책이다. 이 책에는 중국 사람이 "당신네 나라에는 송이버섯이 있다는 말을 들었는데 맛이 어떻습니까?"라고 물었다는 기록이 있다.

한번 송이가 자라면 해마다 그 언저리에서 송이가 나기 때문에 송이밭은 남에게 절대로 알려주지 않는다고 한다. 그래서 자기 딸에게도 가르쳐주지 않는다고 하는데 딸은 커서 시집을 가면 남의 식구가 된다고 여기기 때문이다. 송이가 나는 8월 하순부터 9월 하순까지는 시집간 딸들의 친정 나들이가 잦다고 한다. 그 딸도 시집가기 전에 자기가 알고 있는 송이 밭을 친정 식구들에게 알려주지 않았다가 송이 철이 되면 몰래 송이를 따가려고 하기 때문이란다.

골짜기가 좁아 사람 살 곳 적은데

오늘날도 저렇게 나무가 울창한데 조선시대에는 얼마나 우거졌을까? 조선시대 문장가인 매월당 김시습이 관동 지방으로 가던 길에 지은 시 한 편이 그 옛날 모습을 떠오르게 한다.

더운 날씨에 숨이 턱까지 차오르자 나타난 문재 터널

삼월이라 관동으로 가는 길에
새가 울고 초목도 빽빽하여라.
좋은 꽃은 절벽에 드리워 있고,
추한 돌은 펀펀한 언덕에 누워 있구나.
골짜기가 좁아 사람 살 곳 적은데,
산 깊으니 짐승만 날치더라.
도원(桃源)은 어디가 그곳이더냐?
홀로 서서 시내 흐름 바라보노라.

조금만 더 가면 문재 터널이다. 터널을 지나갈 사람들과 터널 위 문재 정상으로 갈 특공대를 나누었더니 대학 산악부 출신인 김선희 씨와 내가 특공대로 뽑혔다. 특공대가 있다면 적도 있어야 하는 법. 《예기(禮記)》에 나오는 '보아도 보이지 않는다〔視而不見〕'는 말처럼 지금의 적은 바로 자신일 것이다.

힘겹게 오르는 산길, 길도 없는 산길을 악전고투 끝에 올라서자 문재 정상에 800미터라고 쓰인 나무 팻말이 눈에 띈다. 마침내 첫 구간 종착지인 문재 정상에 섰다.

김선희 씨는 "정말 멋진 길이에요. 다음 답사는 이곳에서 출발하면 어떨까요?" 하며 여전히 기운이 넘친다.

평창 23킬로미터, 방림 17킬로미터라고 쓰인 옛 표지판이 지금도 남아 있다. 그 아래로 임도가 이어지고 그 길을 따라 한참 갔으나 다른 곳이 나와 다시 왔던 길을 되돌아와 내려가자 일행들은 모두 시체처럼 누

첫 구간 마지막 걸음을 대신한 트럭

워 있었다.

이기춘 씨와 고혜경 씨의 기지로 방림에 산다는 이상봉 씨 트럭에 실려 원주까지 갔다. 박수자 씨가 한턱 낸 아구탕과 볼때기탕으로 점심을 푸짐하게 먹고 원주역에 도착했다.

닷새를 걷고 난 우리는 잠시 일상으로 돌아간다. 누군가 나를 만나면 언제나처럼 그동안 어디에 갔다 왔느냐고 물을 것이다. 그러면 나는 "글쎄요, 여기 내가 서 있는 곳도 길이고, 며칠 전 내가 걸었던 곳도 길이니 언제나 길 위에 있겠죠"라고 말할 것이다.

원주역에서 청량리행 기차에 몸을 싣고 귀로에 오른 것은 오후 5시 50분이었다.

두번째 구간

엿새째 평창에서 대화장까지

이레째 진부에서 횡계까지

여드레째 대관령에서 강릉까지

아흐레째 정동진에서 망상 해수욕장까지

두번째 구간 평창에서 강릉까지

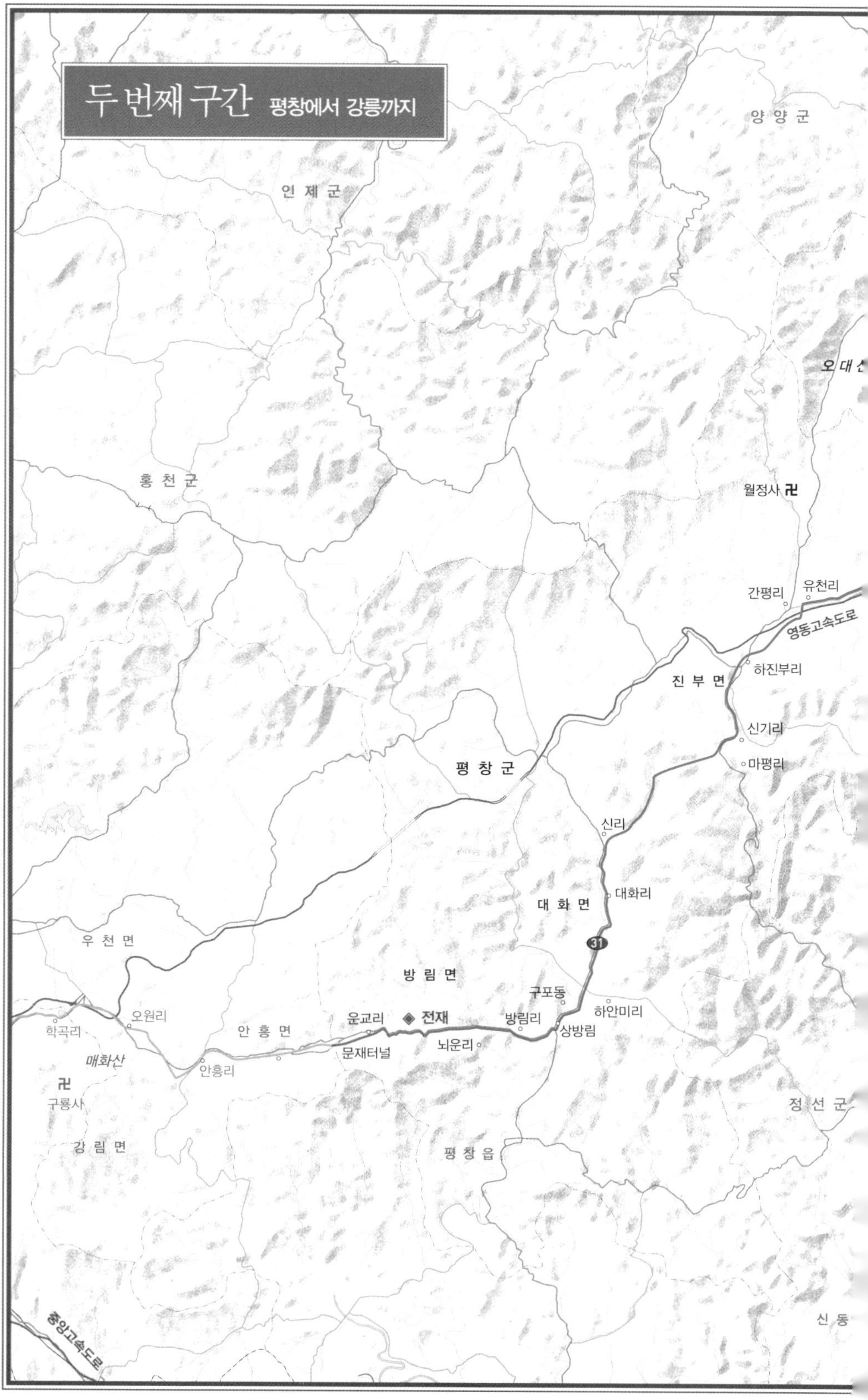

북
북서
북동
서
동
남서
남동
남
군진읍
청량동
월호평동
보광리
노암동
안인리
성산면
상시동리
부동
구산리
모전리
오봉리
우고개
가시머리
정동진리
동해고속도로
명계동
강릉시
강동면
옥계해수욕장
낙풍리
도직리
망상해수욕장
망상동
옥계면
대진동
어달동
묵호동
천곡동
동해시
북평동
교동
오분동
사직동
상맹방리
광태리
동막리
궁촌리
초곡리
삼척시
근덕면
용화리
장호리
도계읍
사기촌

엿새째 평창에서 대화장까지

고개라고 부르는 재를 전라도 지방에서는 대개 째라고 하는데 운교리 부근에서도 째라고 부르는 모양이다. 운교 남쪽에서 영월군 주천으로 넘어가는 고개는 높이가 1,150미터나 되는데 고갯마루에 서낭당이 있어서 당째 또는 당치(堂峙)라고 부른다. 이씨가 수백 년을 살았다는 텃골에서 평창으로 가는 재는 높이가 826미터인데, 서낭당이 있어서 원당째 또는 원당치(元堂峙)라고 부른다.

할 말은 조금 남겨두라

새벽 3시 손지선 씨, 조인경 씨와 함께 인천공항으로 가는 리무진을 탔다. 첫 구간은 전주에서 혼자 올라갔는데 두 사람의 도반이 더 늘어나니 외롭지 않다. 전주에서 서울 63빌딩까지 3시간 반 걸려 도착하여 다시 지하철에 실려 동서울터미널이 있는 강변역에 도착하니 7시 30분이었다.

우리를 태우고 갈 12인승 자동차에는 김자혁, 이기춘, 이수아, 손현미, 고혜경, 이혜리, 조수경 씨가 먼저 와 기다리고 있었다. 내일 안명숙 씨까지 합류하면 여자 아홉에 남자는 김자혁 씨와 나뿐이다. 속담에 '여자는 제 고을 장날을 몰라야 팔자가 좋다'는 말은 여자는 바깥일 모르고 살림이나 하고 사는 것이 행복하다는 소리인데, 세상이 변하다보니 답사에는 여자가 대부분이고 남자는 가뭄에 콩 나듯 찾아보기 힘들다.

좋은 경치 기묘하여 그려내기 어렵네

우리를 태운 자동차는 중부고속도로를 지나 여주 휴게소에서 잠시 쉬고 새말 입체 교차로에서 다시 42번 국도를 달려 문재 터널을 벗어났다. 오전 9시 10분 답사길에 오른다. 김선희 씨는 첫 번째 구간에서 걷지 못한 호젓한 산길이 못내 아쉬운지 몇 번씩이나 "선생님 저 길을 꼭 걷고 싶었는데, 걸을 수 없어요?" 하고 묻는다. 하지만 오늘 일정을 맞출 수 없다는 걸 뻔히 알면서 그 길로 갈 수는 없지 않은가. 누군가 '할 말은 조금 남겨두라'고 했듯이 아쉬움을 남긴 채 지나친다.

우리가 걷는 이곳은 강원도 평창군 방림면 운교리이다. 본래 강릉군 대화면 지역으로 구름다리가 있어서 구름다리 또는 운교(雲橋)라고 하였다. 조선시대에 운교역(雲橋驛)이 있었는데 보안도(保安道)에 딸려서 강릉 방림과 횡성, 안흥으로 통했다.

《택리지》를 지은 이중환은 이 지역을 지났던 기억을 다음과 같이 적고 있다.

한강에서 동쪽으로 용진을 건너 양근, 지평을 지나고 갈현(경기도 양평군 청운면 갈운리에서 횡성군 서원면 유현리 풍수원으로 가는 도덕고개)을 넘으면 강원도 경계이다. 또 동쪽으로 하룻길을 가면 강릉부 서쪽 경계인 운교역(雲橋驛, 지금의 평창군 방림면 운교리)이다. 옛날 선친께서 계미년에 강릉 원이 되어 가셨는데 그때 내 나이 열넷이었고 가마를 따라갔다. 운교에서부터 서쪽 대관령에 이르도록 그 사이는 평지이거나 영이거나 길은 빽빽한 숲 속으로만 지나갔다. 무릇 나흘 동안 길을 가면서 하늘과 해를 볼 수 없었다.

그런데 수십 년 전부터 산과 들이 모두 개간되어서 농사터가 되고, 마을이 서로 잇닿아 산에는 한 치 굵기의 나무도 없다. 이를 미루어보면 딴 고을도 이와 같음을 알 수 있는 바, 착한 임금 밑에 인구가 점점 번성함을 알겠으나 산천은 손해가 많다.

이중환의 말처럼 당시에도 산에 나무가 울창하기를 바라는 마음과 세상 삶의 번잡함이 서로 맞지 않았음을 알 수 있다. '꽃은 남녘에서 북녘으로 올라가고 단풍은 북녘에서 남녘으로 내려온다'는 말이 있고, '봄물은 산 밑에서부터 들고 단풍은 산 정상에서부터 든다'는 말이 있듯이 지금 백덕산 자락의 가을 산들은 단풍이 절정이다.

답사라는 것이 단순히 어디에서 어디를 가는 것만이 전부는 아니다. 가는 도중에 만나는 경치와 사람 그리고 그때그때 마음이 어떠했는가에 따라 답사의 느낌 또한 다르다. 그중에서도 아름다운 경치는 빼놓을 수 없는 요소다. 그 아름다운 산수를 보는 방법에 대해 박종은 〈칠보산 유람기(遊七寶山記)〉에서 다음과 같이 이야기했다.

고랭지 배추밭과 가을 하늘의 아름다운 조화.

한 모퉁이를 돌면 다시 한 모퉁이가 있고, 한 굽이를 지나면 또 한 굽이가 나온다. 곳곳마다 앉아서 쳐다보고 굽어보며 풍경을 아끼는 것이었다. 동행한 김 영감이 시를 지으라고 하자, "대개 산수를 구경함에 있어서 눈으로 좋아하는 자도 있으며, 마음으로 즐기는 자도 있으며, 정서(情緖)로 느끼는 자도 있는데, 눈으로 좋아하는 것이 마음으로 좋아하는 것만 못하고 마음으로 즐기는 것이 정서로 느끼는 것만 못합니다. 내 지금 나의 정서를 표현할 말마저 잊었거니 하물며 시를 지을 수 있겠습니까?"라고 대답하였더니 김 영감은 "그대의 이 산 유람이야말로 비로소 참된 경지에 들어갔음을 알겠습니다" 하기에 "나는 산수를 알았지만 김 영감은 나를 알았으니, 어찌 서로 즐겁지 않겠습니까?" 하고 나는 웃었다.

가을 산이 능히 병객을 치료한다

답사는 아름다운 산수 구경에 그치지 않는다. 명나라 사람 정선(鄭瑄)은 《작비암일찬(昨非庵日纂)》에서 "가을 산이 능히 병객(病客)을 치료한다"고 했으니 마음과 몸이 아프면 산자수명한 산천으로 나가는 것이 몸과 마음을 살리는 길이 될 것이다.

문재 아래로 난 길을 따라가다보니 가을 단풍이 한창이다. 나무들마다 스스로 아름다움을 자랑하고자 갖가지 빛깔로 곱게 꾸미고 우리를 맞이하는 것 같다.

고개라고 부르는 재를 전라도 지방에서는 대개 째라고 하는데 운교리 부근에서도 째라고 부르는 모양이다. 운교 남쪽에서 영월군 주천으로 넘어가는 고개는 높이가 1,150미터나 되는데 고갯마루에 서낭당이 있어서 당째 또는 당치(堂峙)라고 부른다. 이씨가 수백 년을 살았다는 텃골에서 평창으로 가는 재는 높이가 826미터인데, 서낭당이 있어서 원당째 또는 원당치(元堂峙)라고 부른다.

영월 75킬로미터 방림 13킬로미터. 문재를 내려온 지 얼마 되지도 않았는데 다시 고개를 넘는다. 운교리에서 방림으로 넘어가는 여우재〔狐峙〕는 옛날에 여우가 많았다고 해서 지은 이름이다.

이름과 달리 여우재를 넘어가는 길은 매우 아름답다. 이런 곳에 살면 얼마나 좋을까? 그러나 복잡하고 빠른 것에 길들어버린 현대인들은 사흘 정도 쉬었다 가는 것이라면 몰라도 오래도록 뿌리내리고 살기는 쉽지 않을 것이다. 현대인들만 그러한 것이 아니고 옛날 사람들도 이러한 궁벽한 곳에 살고자 하는 사람은 없었던 듯싶다. 이산해(李山海)가 지은

〈서촌기(西村記)〉를 보자.

평창군 방림면 운교리 하늘도 길도 가을빛으로 가득하다.

천지의 너른 품 안에 산은 겹겹이고 물은 굽이굽이니 그중에 이름나고 빼어난 경관이 어느 곳인들 없으랴마는 어느 한 사람 티끌세상의 속박을 떨치고서 초연히 은거한 사람이 있다는 말을 듣지 못한 것은 어째서인가.

이는 세상 사람들이 취몽(醉夢) 속에 혼곤하고 명리(名利)의 길에 골몰하여, 겨우 하나의 자급(資級)이라도 얻으면 기뻐하고, 잃으면 슬퍼하느라 형벌에 저촉되어도 뉘우치지 않고 늙어 죽음에 이르러도 깨닫지 못하기 때문이다. 그리하여 더 아름답고 빼어난 산수를 적막한 곳에 버려두어 산짐승과 학은 주인이 없고 구름과 안개는 속절없이 늙어가게 만들고 마니, 이 어찌 슬픈 일이 아니겠는가?

그래, 세상의 부귀영화는 뜬구름이라 여기고 어느 한 곳에 머물지 말고 부지런히 세상을 떠돌자. '아름다운 산천은 한가한 사람의 것이다'는 말을 가슴속 깊이 새기고 떠돌자.

먹골을 지나는데 까마귀 우짖는 소리가 들린다. 어느새 방림리와 운교리의 경계에 있는 사그내라고 부르는 사천 마을에 닿는다.

사천 주유소에서 방림까지 5킬로미터, 해발 400미터가 넘는 곳이다. 아랫 방림이라고 부르는 하방림 마을을 지나는데 마을 사람이 도리깨로 들깨를 털고 있다. 그 앞을 지나치자 코끝을 스치는 들깨 향기, 깨 맛을 보지 않고도 깨가 쏟아진다는 표현을 알 듯하다.

뇌운 계곡으로 들어가는 길이 150미터 지점에 있다. 뇌운리는 강원도 평창군 평창읍에 있는 리(里)이며, 대부분 지역이 완만한 산지로 이루어진 산촌 마을이다. 평창강이 마을 가운데로 굽이쳐 흘러 강 주변에는 평지가 발달해 있다. 이곳 거문간이 마을은 앞에 강이 흐르고 높은 뒷산이 햇빛을 가리어 그늘져 검게 보인다 하여 붙은 이름이다. 고든골은 뇌운의 서쪽에서 떨어진 곧은 골짜기에 있는 마을이라는 뜻이다. 굴아우는 마을로 들어가는 어귀가 굉장히 좁아서 마치 굴속으로 들어가는 것 같다 하여 붙은 이름이라고 한다.

옛 역이 깊은 산속에 자리하여

방림리(芳林里)는 역원이 있었던 곳으로 조선시대에 방림역은 보안도에 딸린 역으로 강릉 대화와 운교역으로 통했다. 관동대로를 지나던 수많은 길손들이 이곳 방림역을 두고 글을 남겼다.

> 옛 역이 깊은 산속에 자리하여
> 쓸쓸하게 초정(草亭)이 곁에 있구나.
> 냉이 꽃은 보리밭 두둑에 피고
> 잔디 풀은 이끼 뜰을 둘러쌌구나.
> 연한 녹색 맑은 물결 깨끗하기도 한데

청색 쌓이니 여러 모기 어둡구나.
운수(雲水)의 깊은 굴을 찾기 위함에
좋은 경치 기묘하여 그려내기 어렵네.

— 김시습, 〈방림역(芳林驛)에서〉

김시습이 떠나고 오랜 세월이 흐른 뒤 이곳을 지나간 허균(許筠)도 다음과 같은 시를 남겼다.

산협(山峽)에 드니 봄이 상기 남아라.
시냇가에 풀이 정히 꽃답군그래
안장 풀고 고역에 몸을 던지어
침상 빌려 베개에 기대었다오
괴이한 새는 그윽한 가락이 많고
높은 숲은 늦은 향기 지녔네 그려
괴로운 인생 어느 때나 쉬게 될 건고
두 귀밑에 흐르는 세월 아까워

—〈방림(芳林)〉

방림면에는 특이한 제사 풍습이 전해온다. 풍수지리에 따르면 방림면 남쪽에 있는 화채봉이라는 산 때문에 불이 자주 일어난다고 하여 해마다 봄이면 화채봉 봉우리에 식초를 담은 병을 묻고서 제사를 지낸다. 화채봉이 품고 있는 불씨를 식초가 식혀준다는 믿음에서 생긴 것이다.

상방림과 하방림 사이에 있는 중방림 마을에 접어든다. 언제나 그렇지만 때를 놓치니 점심 먹을 데가 없다. 상방림 마을에서 점심을 먹으려 했으나 가는 날이 장날이라고 가게 문이 닫혔다. 건너편을 보아도 마땅한 음식점은 보이지 않는다. 이러다 점심은 건너뛰고 저녁을 먹을지도 모르겠다.

방림교를 지나자 아랫삼거리 마을이다. 방림면, 대화면, 평창 쪽으로 가는 세 갈래 길이 있다고 하여 붙은 이름이다. 아랫삼거리에서 평창군으로 가는 재는 배나무가 많아서 뱃재 또는 이현, 이치라고 부른다.

배가 고픈데도 길가에 슈퍼는커녕 따 먹을 과일도 없다. 지도를 보니 식당이 있을 만한 곳은 보이지 않는다. 배가 고프면 화나기 마련이고 배가 차야 예절도 지키는 것인데 이러다 일행들이 시위라도 하는 건 아닌지 모르겠다. 다들 배고픔에 지쳐 저마다 멀찌감치 떨어져서 걷는다. 이제부터 식사 때를 꼭 지켜야겠다고 마음먹지만 길 떠난 나그네 일정을 누가 알 수 있으랴.

검은 구름이 밀려와 하늘을 덮을 무렵, 부엉바위라고 부르는 모퉁이를 돌아가자 다행히 매운탕집이 보인다. 점심을 먹고 나오자 오후 2시가 넘은 시각, 조금 늦었다는 생각에 마음이 급하다.

구포, 구포동이라고 부르는 마을에는 땅 생김새가 거북이 머리와 같고, 거북이가 진흙으로 들어가는 금구몰니형(金龜沒泥形) 명당이 있다고 한다. 다리 건너 동쪽에 자리 잡은 마을에는 구름 속에 반달이 떠 있는 운중반월형(雲中半月形) 명당이 있다고 한다.

구포교를 지나자 평창군 대화면이다.

옛길 위에 펼쳐진 가을하늘

나그네 가는 길이 많이 높아서

평창군 대화면 하안미리(下安味里)에서 월두동을 지나자 금당계곡 500미터, 진부 38킬로미터를 알려주는 표지판이 보인다.

하반정길을 지나 상반정길에 접어든다. 살랑살랑 부는 바람에 내 마음도 덩달아 깊은 가을이 된다. 장평이 얼마 남지 않았다.

안미리에 정씨 효열비가 있다. '이 비는 조선시대 박진명의 부인 정씨가 시부모를 극진하게 모신 그 효열을 기리기 위해 1925년 2월 25일에 세웠다'고 쓰여 있는데, 바로 근처에 순조 때 사람인 위홍연 효자각이 있다. 대화 5리에 접어들자 최한성 효자각이 눈에 띈다. 조선 영조 때 무과에 급제한 최한성은 공조참판까지 지냈는데 어머니에 대한 효성이 지극하여 효자비를 세웠다고 한다. 이 근처에 유달리 효자 효녀가 많았던 것은 무슨 까닭일까?

마침내 대화면 소재지에 이른다. 역원이 있었던 곳으로 조선시대에 보안도에 딸린 대화역(大和驛)은 강릉 진부와 방림으로 통했다. 이곳을 지나던 김시습이 시 한 편을 지었다.

나그네 가는 길이 많이 높아서
푸른 봉이 수심으로 사람 죽이네
가로놓은 다리의 큰길가에 버들은 깊고
옛길엔 들꽃들이 피어 있구나.
주석병을 일천 산속에 지니니
강호(江湖)에 외톨이 신세라오.

방림의 정씨 효열비 정씨는 시부모의 묘소 근처에 누군가가 시체를 암매장한 것을 보고, 이 시체를 파내어 관가에 고발하여 시부모의 묘소를 보존했다고 한다. 이 일이 알려져 정려(旌閭)가 세워졌다.

흰 구름에 한가하게 지내는 모습
일찍이 옛적의 뇌진(雷陳)이라오.

뒷날 이곳을 지나던 우담(愚潭) 정시한은 다음과 같은 글을 남겼다.

아침 일찍 절(월정사)을 떠나 문 밖에서 스님들과 작별했다. 계곡을 따라 30여 리를 가서 진보역에 닿아 밥을 해먹은 다음 말을 풀었고, 수리(首吏)가 건어(乾魚) 등짐을 지고 갔다. 십여 리를 가서 청심대에 올랐다. 다시 시내를 건너고 모로령(毛老嶺)을 넘어 대화역에 도착했다. 마을 사람의 집에서 묵었다.

지금이야 음식점이나 모텔 또는 콘도에서 숙박을 하며 도보답사를 하지만 그 당시에는 이런 편의 시설이 거의 없거나 많이 부족했을 것이다. 사대부들은 절을 이용하거나 역 또는 원을 이용해 숙식을 해결하는 경우가 많았다고 한다. 가던 길 멈추고 밥을 해먹기가 얼마나 거추장스러웠을까? 하지만 나그네로 나섰으니 다 감수할 수밖에 없는 것이 조선시대 나그네의 길이었을 것이다.

이원수와 주모가 만난 대화 주막

이곳 대화의 한 주막에 율곡 이이의 출생에 얽힌 이야기가 전해온다. 이야기는 이이의 부친 이원수(李元秀)가 수운판관이라는 벼슬살이를 하던 조선 중종 25년(1530)으로 거슬러 올라간다.

사임당 신씨와 결혼하고 나서 관직을 얻고자 처가인 강릉에서 과거를 보러 서울을 오르내렸으나 오고가는 것이 쉽지 않았다. 이에 신사임당은 과거를 보러 가는 길 중간쯤인 평창군 봉평면 백옥포리(白玉浦里)에 거처를 정하고, 이곳에서 함께 생활하며 남편 뒷바라지를 했다.

이원수가 인천에서 수운판관을 지내던 무렵 신사임당을 비롯해 식구들은 산수가 아름다운 이곳 봉평의 판관대에 머물고 있었다. 오랜만에 휴가를 얻은 이원수는 가족들이 살고 있는 봉평으로 가는 중이었다. 그가 여장을 푼 주막의 주모는 전날 밤 용 한 마리가 품 안으로 들어오는 기이한 꿈을 꾸었다. 뛰어난 인물을 낳을 예사롭지 않은 꿈이라는 것을 직감한 주모는 누군지 알 수 없는 그 사람만을 기다리고 있었다. 그때

한 나그네가 주막에 들어왔는데 그가 바로 이원수였다. 일이 잘 되려고 그랬는지 그날 주막에는 손님이 이원수뿐이었다. 주모가 이원수를 바라보니 얼굴빛이 다른 사람들과 달랐다. 주모는 어떻게 해서든 이원수와 하룻밤 보내려고 했으나 뜻을 이루지 못하였다.

이 무렵 강릉 친정집에 머물던 신사임당도 용꿈을 꾸었다. 언니가 가지 못하게 말렸으나 신사임당은 이를 뿌리치고 140리 길을 걸어 집으로 돌아왔다. 주모의 청을 거절한 이원수도 그날 밤 집에 도착하여 부부간에 회포를 풀었는데, 이날 신사임당이 율곡을 잉태한 것이다.

이원수가 다시 인천으로 돌아가는 길에 주모가 떠올라 주막집을 찾아갔다. 이제 주모의 청을 들어주겠다고 하자 주모는 이를 거절하면서 "손님을 그날 하룻밤 모시고자 했던 것은 신(神)이 점지한 영특한 아들을 얻으려고 한 것인데 지금은 아닙니다. 이번 길에 손님은 귀한 아들을 얻으셨을 것입니다. 귀한 인물을 얻었지만 후환이 있으니 조심하셔야 합니다" 하고 말하였다.

깜짝 놀란 이원수가 "그 화를 막을 방도가 있는가?" 하고 묻자, 주모는 밤나무 1,000그루를 심으면 괜찮을 것이라고 일러주었다. 이원수는 주모가 일러준대로 밤나무 1,000그루를 심었더니 아무 일 없이 몇 해가 흘렀다.

어느 날 험상궂게 생긴 스님이 찾아와 시주를 청하면서 아이를 보자고 하자 이원수는 불현듯 주모가 했던 말이 떠올라 거절했다. 그러자 스님은 밤나무 1,000그루를 시주하면 아이를 데려가지 않겠다고 말하는 것이 아닌가? 이원수는 뒷산에 심어놓은 밤나무를 흔쾌히 모두 시주했다. 그러나 썩은 밤나무가 있어서 한 그루가 모자랐다. 깜짝 놀란 이원수가 사시나무 떨듯 떨고 있는데, 숲 속에서 나무 한 그루가 "나도 밤나무다"라고 소리를 쳤다. 그 소리를 들은 스님은 호랑이로 변해서 도망쳤다. 그때부터 '나도밤나무'라는 재미있는 나무 이름이 생겼다고 한다.

율곡의 어머니 사임당 신씨

율곡 이이와 신사임당만큼 널리 알려진 인물도 드물다. 두 사람은 어머니와 아들로서가 아니라 현모양처이자 화가이며 덕망 높고 어진 어머니의 본보기로서, 당대 빼어난 학자이며 정치가로서 그 울림이 크다.

이이와 신사임당에 대해 《연려실기술(練藜室記述)》에는 다음과 같이 실려 있다.

> 공의 어머니는 신명화(申命和)의 아내 이씨 연(璉)의 작은 딸로 공은 북평(北坪) 이씨의 집에서 났는데 날 때에 하늘에 서광이 비쳤다. 모부인의 성품이 정정(貞靜) 강방(剛方)하고 문장에 능했으며, 또 그림도 해득하였으며 규문(閨門) 법도가 심히 엄했고, 옛 부인들의 일을 몸소 본받아 행하였으니 공의 학문은 태교에서 얻은 것이었다.

강원도 북평에서 태어난 사임당은 외할아버지로부터 《소학(小學)》 같은 행실을 다듬는 글을 배웠다. 일곱 살 무렵에는 세종 때 이름난 화가인 안견의 그림을 본떠 그렸고 그림과 글씨가 빼어나 일찍부터 강릉은 물론 서울에까지 알려졌는데, 특히 포도 그림을 잘 그렸다. 율곡이 지은 〈사임당행장(師任堂行裝)〉에 다음과 같이 기록되어 있다. '돌아가신 어머님께서 포도를 얼마

나 잘 그리셨던지 세상에 비길 만한 사람이 없었다.'

신사임당은 19세에 서울 덕수 이씨 집안의 이원수에게 시집을 갔는데 이 혼사에 얽힌 이야기는 다음과 같이 전해온다.

사임당의 아버지는 사위가 될 이원수에게 "내가 여러 딸을 두었지만 둘째 딸만큼은 내 곁에 두고 싶으니 그리하겠다는 약조를 하게"라고 말했다. 이에 이원수는 장인의 말을 따르겠다고 했다. 그러나 결혼하고 몇 달 뒤에 사임당의 친정아버지가 세상을 떠났다. 하지만 사임당은 계속 강릉 집에서 친정어머니를 모시고 살다가 3년상을 마치고서야 서울로 올라가 시댁에 인사를 올렸다.

신사임당은 시댁의 선조들이 살았던 파주의 율곡 마을에서도 살았고, 평창군 봉평면의 백옥포리에서도 살았지만 친정어머니가 계신 강릉 땅을 자주 오갔다.

사임당은 어머니에게 효성이 지극하였는데, 그때 지은 시가 〈어머님 그리워(思親)〉이다.

산 첩첩 내 고향 천리연마는
자나깨나 꿈속에도 돌아가고파
한송정가에 외로이 뜬 달
경포대 앞에는 한 줄기 바람
갈매기는 모래 위로 흩어졌다 모이고
고깃배들은 바다 위로 오고 가리니
언제나 강릉길 다시 밟아

색동옷 입고 앉아 바느질할꼬

신사임당은 시와 문장에도 뛰어나 많은 작품을 남겼을 것으로 추정되지만 〈대관령을 넘으며 친정을 바라본다(踰大關嶺 望親庭)〉 〈어머님 그리워〉라는 시 두 편과 율곡이 지은 〈사임당행장〉에 적힌 시구 일부가 전할 뿐이다.

조선 중기의 대학자 율곡 이이

어머니 사임당의 예술가다운 기질과 학문의 기질을 타고난 율곡 이이는 중종 때인 1536년 강릉 외가의 별채인 오죽헌(烏竹軒)에서 태어났다.

세 살 때부터 말과 글을 익힌 율곡에게 어느 날 외할머니가 석류를 손에 들고서 물었다.

"이것이 무엇과 같으냐?"

그 물음에 율곡은 옛 시를 읊어 대답하였다.

"석류 껍질 속에 붉은 구슬이 부서져 있어요."

다섯 딸을 두고서 사임당이 결혼하던 해 남편을 여읜 외할머니는 어린 율곡을 끔찍이 사랑했다.

율곡은 13세에 우수한 성적으로 진사(進士)에 뽑힐 만큼 문장이 뛰어나고 명성이 자자했으나 과거시험이 목적이 아닌 오로지 학문에만 뜻을 두었기에 그러한 명성을 도리어 못마땅하게 여겼다.

율곡의 일생에는 파란곡절이 많았다. 그중에서도 그가 가장 존경하고 믿고 의지했던 어머니 사임당의 죽음은 가장 큰 시련이었다. 현모이며 스승이었던 사임당을 잃은 이이는 16세부터 18세까지 파주 동문리 자운산 기슭에서 3년 동안 묘막 생활을 하면서 몸소 제찬을 받들고 심지어 그릇 씻는 일까지도 종들에게 맡기지 않았다고 한다.

슬픔을 달랠 길이 없어 더욱 학문에 열중한 율곡은 이때부터 심각한 회의와 고민에 빠졌다. 물어보아도 풀리지 않는 명제를 두고 헤매던 율곡은 어느 날 모든 물음을 잠시 잊고자 봉은사(奉恩寺)에 갔다. 그 당시 선종(禪宗)의 총본산이던 봉은사에는 수많은 불교 서적들이 있었다. 그곳에서 불교 서적을 읽던 율곡은 이론을 따져서 깨달음을 얻는 것이 아니라 그 즉시 인생의 실상을 깨닫는 방법, 즉 돈오(頓悟)를 알게 되어 불가에 들어가기로 결심하였다.

《연려실기술》에 실린 기록은 이와는 조금 다르지만 불가에 들어가게 된 계기와 다시 유학에 전념하게 된 동기가 다음과 같이 실려 있다.

> 10여 세에 문장이 이미 성취되어 이름이 높았다. 부친이 애첩에게 혹하여 공이 부친의 사랑을 받지 못하게 되자 집을 떠나 사방을 두루 돌아다니며 선호(禪號)를 의암(義庵)이라 하였고, 승려들이 존경하여 생불(生佛)이라 하며 죽두자(竹兜子)로 메고 다녔다. 하루는 홀연히 생각하기를 "불가에서 그 제자들에게 생각을 더하고 덜하지 말라고 가르치는 것은 무슨 뜻인가. 그 가르치는 바의 본의를 찾아보면 불가의 학문을 다만 마음을 굳게 잡고 정신을 모아 허명한 경지에 나아가게 하는 데 불과하다" 하고 마침내 그 학문을 모두 버리고 유학에 전심하였다.

율곡이 청년기에 겪은 정신적 시련은 오히려 새로운 출발점이 되었다. 속세로 돌아온 율곡은 오죽헌에서 앞으로 걸어갈 인생의 목표를 뚜렷이 하고 스스로 경계한다는 '자경문(自警文)'을 지었다. 이는 성인이 되겠다는 목표로 '뜻이 서 있지 않고는 원하는 생을 살 수가 없고 어떤 일도 성공할 수 없다'는 굳은 다짐의 표현이었다.

강릉에서 한양으로 돌아온 율곡은 별시(別試, 나라에 경사가 있을 때 임시로 보는 과거)에서 '천도책(天道策)'이라는 글로 장원급제하여 명성을 얻었다. 그 뒤에도 율곡은 여러 번 과거에 장원했는데 관직에 나가기까지 아홉 번 과거에서 모두 장원급제하여 '구도장원공(九度壯元公)'이라 불리기도 했다.

그가 살았던 16세기는 변혁의 시대였다. 동서분당이 시작되었고 나라는 어지럽기가 이루 말할 수 없었다. 율곡은 특히 임금에게 간쟁(諫諍)을 하는 사간원에서 많은 일을 했다. 죽기 1년 전에는 '십만양병설'을 주장했고 '시무6조(時務六條)'를 임금께 올려 군정개혁을 건의하기도 하였다.

율곡은 1584년(선조 17) 49세에 세상을 떠났다. 율곡이 죽자 사대부들은 조정에서 조상(弔喪)하고 처사(處士)들은 집에서 조상하였다. 농촌의 늙은이들도 모두 슬픔에 겨워 눈물을 흘리면서 "살아 있는 백성들이 복이 없어서 이 어른이 돌아가셨다"고 했다고 한다.

율곡의 부음을 들은 선조 임금의 울음소리가 대궐 밖까지 들렸다고 하며 《연려실기술》에는 "발인하는 날 횃불을 들고 뒤따르는 사람이 수십 리에 뻗쳐 거리를 메우고 동리마다 슬피 우는 소리가 들판을 진동하였다"고 기록되어 있다.

사계(沙溪) 김장생이 쓴 〈율곡 행장〉에는 다음과 같은 글이 실려 있다.

> 선생은 남이 잘하는 것을 듣고 한 번도 숨긴 적이 없었고, 남이 잘못하는 것을 보고 소문내려 하지 않았으며, 사람을 대우하는 데 마음을 열어놓고 정성을 보여서 숨겨두는 것이 없었다. 어떤 사람은 "그는 남을 너무 쉽사리 허용한다"고 비평하였으나 선생은 웃으면서 말하기를 "저 사람이 먼저 정성스러운 마음으로 왔는데 내가 어떻게 정성스러운 마음으로 대우하지 않을 수 있겠는가" 하였다.

율곡은 정치를 중요하게 생각했고, 정치에서 가장 먼저 해야 할 일은 알맞은 자리에 인재를 등용하는 것이라고 보았다. 그리하여 인재를 등용하는 데 평소 행실이 착하더라도 명예를 바라고 벼슬을 얻으려는 생각이 있다면 동기가 순수하지 못하니 이런 사람을 등용하면 후환이 생긴다고 하였다. 그리고 사람을 쓸 때에는 남들이 다 좋은 사람이라고 해도 반드시 쓸 것이 아니며, 또 남들이 다 나쁘다고 해도 반드시 버릴 것이 아니라고 했다. 다른 이의 의견과 자신의 생각이 같을 때 선택하면 되는 것이다.

율곡의 말처럼 군자인 듯 행세하는 소인들 대부분은 벼슬을 얻지 못했을 때에는 얻기를 근심하고 이미 얻었을 때에는 그것을 잃어버릴까 근심한다. 벼슬을 잃을까 전전긍긍하면 못할 짓이 없다. 그래서 세상은 늘 시끄럽다.

대화리 서쪽에 있는 아홉사리고개

1907년 10월 하대화에서 고종 퇴위를 반대하는 의병들이 봉기했다. 의병들은 하대화와 하일리에서 집결하여 상대화로 진격했으나 남산으로 쫓겨가던 일본군의 반격으로 평창 의병 40여 명이 붙잡혀 총살당하고 말았다. 그해 대화에서는 천도교인들이 만세운동을 모의했으나 실패로 끝났다. 1919년 3·1운동이 일어나자 천도교인들과 유림들이 대화 장날과 평창 장날인 4월 4일과 5일에 거사를 계획하던 중 하일리에서 정보가 새어나가 실행하지 못했다.

대화리 서쪽에 있는 아홉사리고개는 대화리에서 평창군 봉평면 유포리로 넘어가는 고개로, 아홉 굽이가 될 만큼 고개가 아주 높다고 한다. 대화리에서 왼쪽에 있는 중예동은 암자가 있던 곳으로 예전에는 승니동(僧尼洞)으로 불렸다. 웃대화에서 덧개수 마을로 건너가는 다리 터를 관다리 터라고 부르는데, 약 120여 년 전에 관가에서 놓은 다리라고 한다.

이곳 대화는 이웃한 봉평과 제천 그리고 평창과 함께 그 유명한 이효석의 소설 〈메밀꽃 필 무렵〉의 배경이 된 곳이다.

소설에서 허 생원과 조 선달이 달 밝은 밤을 새워 걸어 도착했던 대화장은 중대화에 있다. 예전에는 하대화에 있었으나 약 60여 년 전에 이곳으로 옮겨왔다고 한다.

1960, 1970년대에는 5일장만 열리면 인근에 사는 사람들이나 먼 데서 오는 장사꾼들이 모두 모여 난장판이나 다름없었을 대화장은 언제 그랬느냐는 듯 한적하기만 하다.

〈메밀꽃 필 무렵〉에서 허 생원이 머물던 곳이라는 고대동 마을을 지나자 대화면 신리에 접어든다. 약 350여 년 전에 노씨와 안씨가 들어와 새로 마을을 만들었다는 신리에 있는 아미동의 한 숙소에서 하루를 마친다.

저녁밥을 먹고 숙소로 들어가자 김자혁 씨는 방도 따뜻하고 물도 따뜻해서 마치 호텔 같다며 흐뭇해한다. 그러는 사이에 서울에서 원주 교통방송으로 자리를 옮긴 신현식 프로듀서가 복숭아를 가지고 왔다.

함께 '영남대로'를 걸었던 신 프로듀서는 얼마 전에 대관령 아랫동네까지 혼자서 걸었다. 신 프로듀서는 횡계에서 대관령 국사성황당까지가 조금 어려울 뿐 그 다음은 별로 어렵지 않을 거라며 용기를 북돋운다.

타관 도방(道傍)에서는 구면이 내 식구라는 말도 있듯이 낯선 곳에서 그리운 마음을 안고 찾아온 사람을 만난다는 것은 얼마나 큰 기쁨인지……. 하지만 하루 여정에 다들 지치고 내일 길도 만만치 않은 터라 서둘러 보내고 바라본 하늘에는 구름이 자욱하다.

이레째 진부에서 횡계까지

비바람 부는 길을 나서자 사뭇 처량하다. 하지만 갈 수밖에 다른 도리가 없다. '여름비는 잠비고 가을비는 떡비'라는 속담이 있다. 찬비를 맞으며 일은 할 수 없고 거두어들인 곡식은 넉넉하니 집 안에서 떡이나 해먹고 지낸다는 이야기인데, 마치 겨울비같이 을씨년스럽게 내리는 비를 맞으며 가는 나그네에게 복 있을진저.
진부 진별 1길, 하진부 동쪽에 있는 영정께 마을을 지나며 이문세의 〈가로수 그늘 아래 서면〉 노래를 처량하게 부른다. 가로수는 누가 뭐래도 낙엽지고 비 내리는 가을 풍경이 제격이다.

길이 끝나는 산에 구름은 잔뜩 끼어 있고

아침을 먹으러 한마음 식당에 들어가자 몸이 조금 불편해 보이는 주인 아저씨(정정수 씨, 66세)가 한마디 한다.

"요즘 이 앞으로 난 길을 사람들이 많이 지나가요. 며칠 전에도 아가씨 둘이 땅끝에서 여기까지 23일이 걸렸다며 하루저녁 자고 갔어요. 나이 먹은 사람들은 조금이라도 돈을 덜 쓰려고 하는데 젊은 사람들은 그렇지 않나 봐요? 어떤 때는 수십 명이 가기도 하는데 올해는 여남은 팀이 지나갔어요. 그런데 선생님들은 어느 쪽으로 가세요?"

우리는 관동대로를 가기 때문에 모릿재를 넘어가야 한다고 하자, 그 사람들은 모릿재(옛 이름은 모로현이다)를 넘지 않고 대부분 장평 쪽으로 간다고 한다.

김자혁 씨가 혼자 걷는 사람도 있느냐고 묻자 주인아저씨로부터 다음

가을비는 지루한 장마처럼 내리지 않는다

과 같은 답변이 돌아왔다.

"혼자 걷는 사람도 많아요. 해남 땅끝 마을에서 여기까지 오는 동안 젊은 사람들은 300만 원 썼다는 사람도 있고, 적게는 80만 원을 썼다는 사람도 있어요. 이곳을 거쳐 가는 사람들은 대부분 통일전망대까지 간다고 하대요."

어느 곳에서 시작하든 그리고 어디까지 가든 무슨 상관이 있겠는가? 길은 여러 갈래이고 누구나 다닐 수 있는 우리 땅 우리 길이 아니겠는가.

벌써 7시 50분이니 좀 늦었다. 오늘은 안명숙 씨가 아침 차로 오고, 저녁에는 박수자 씨가 딸을 데리고 온다고 한다. 장평 입체교차로와 장성 · 진부로 길이 나뉜다. 산 위로 구름이 피어오르고 흐르는 시냇물 소리, 문득 손이 시리다. 오늘 저녁부터 내일 모레까지 대관령 부근에 눈이 내린다는 기상 예보가 떠올랐다.

신리교를 지나 신리 5리 고토곡 마을을 지난다. 길이 끝나는 산에 구름

평창 모릿재 단풍길을 지나니 진부로 이어지는 모릿재 터널이 나타난다. 길벗들과 터널 끝의 밝게 빛나는 점을 향해 한 걸음 한 걸음 내딛는다.

이 잔뜩 끼어 있어서 신선이 사는 곳 같다. 어쩌면 그 길을 지나갈 우리도 신선이 될지 모르겠다.

신리에서 진부면으로 넘어가는 모릿재에서 가을산은 정신을 쏙 빼놓을 만큼 황홀하다.

가파른 고개를 넘어가는 길에 당귀 밭을 만나 잎을 따서 일행들에게 건네준다. 향기로운 이 당귀 맛, 그런데 이럴 수가! 진부에서 기다리기로 한 안명숙 씨가 그새를 못 참고 택시를 타고 온 것이 아닌가. 이렇게 먼 곳을 새벽부터 버스를 타고 또 다시 택시를 타고 오는 그 마음이 얼마나 고맙던지…….

모릿재 꼭대기에 오른다. 세상의 삶도 이러했으면 얼마나 좋으랴. 힘든 세월을 보내고 수많은 오르막 고갯길을 넘어간 뒤에 '오르막길 끝'이라는 안내판이 나타난다면 얼마나 좋을까? 그리고 날아갈 듯 혹은 춤을 추며 걸어도 괜찮을 아름다운 내리막길이라면 발걸음은 얼마나 가뿐할까?

그러나 금세 그 힘들었던 시절을 그리워할지도 모른다. "어젯밤에 오늘 걸을 생각을 하니 가슴이 막 설레었어요. 그래서 내가 '자연을, 가을을 사랑해'라고 혼잣말을 했어요." 안명숙 씨의 말을 듣자 문득 소동파가 생각났다.

그는 봄날에 피어난 배꽃을 보고 동란이화(東欄梨花)라는 시를 지었다. "아아! 동쪽 난간에 선 한 그루 눈꽃이여! 인생에 이런 청명함을 볼 날이 그 얼마이리."

그래 소식의 시 구절처럼 '가을의 절정 며칠도 역시 봄날 며칠처럼 아름답고 설레는 시절이 있구나' 하는 생각이 든다.

모릿재 터널을 지나자 진부면이다. 비가 내릴 듯하면서 내리지 않자 이수아 씨가 한마디 한다.

"선생님이 길을 나서면 원래 비를 내린다고 했다가도 '저 사람은 아무리 비가 와도 가던 길을 멈추지 않을 것이니 그냥 비를 내리지 말자.' 그런 것 같아요."

"설마 나 때문에 비가 오지 않겠어요? 오늘은 올 것 같아요" 하고 내리막길을 내려가자 진부면 마평리 재밑 마을에 이른다.

본래 강릉군 진부면 지역으로 조선시대에 나라의 말을 먹였다 하여 말드루 또는 마평이라고 부른 마평리는 인락원, 곡건리, 장자터, 자우실을 병합하여 마평리가 되었다.

그런데 문제가 생겼다. 손현미 씨가 당귀 잎을 먹고 탈이 난 것이다. 다행히 그녀를 진부로 가는 차로 떠나보내고 나서야 한시름 놓는다. 하

오(대)천변을 물들인 단풍

지만 늘 열정이 넘치고 보고만 있어도 듬직한 누이 같은 손현미 씨의 자리가 비어 있으니 왠지 허전하다.

이별의 장소, 누정

진부면 마평리 인락원 동쪽에 청심바위와 그 옆 청심대 정자에 쓸쓸한 바람이 분다. 큰 바위가 절벽을 이루고, 그 밑에는 맑은 오대천이 휘돌아가는 그곳에 강릉 기생 청심(淸心)에 대한 애달픈 사랑 이야기가 전한다.

강릉 부사였던 박양수는 강릉에 있는 동안 기생 청심과 정을 나누었다. 임기를 마치고 조정의 내직으로 영전하여 한양 길에 오르자, 박양수를 잊지 못한 청심은 대관령을 넘어 오대천까지 배웅을 나왔다. 부사 일행이 잠시 바위에 앉아 경관을 둘러보며 쉬는 동안 청심이 절벽 아래로 몸을 던졌다고 한다. 그 뒤 그 절개와 넋을 위로하고자 이 지역 사람들이 1928년 이곳에 작은 정자를 짓고 기생의 이름을 따서 청심대라 부르게 되었다.

얼마나 사랑했으면 이별의 아픔을 견디지 못하고 자기 목숨을 버렸을까? 문득 허균이 병오년 5월에 이 여인에게 보냈던 편지가 떠오른다.

> 연주(延州)의 나그네가 대정강(大定江)에 이르러 배 위에서 넋을 잃고 바라보며 말을 못하고 눈물이 눈자위에 가득하므로 나는 차마 보지 못하였네. 배가 떠나려 하자 옷소매로 얼굴을 가리고 이별하는데, 이 무렵 강산은 갑

자기 무색해졌으니, 만약 자네가 곁에 있었더라면 반드시 한숨을 쉬었을 것이네.

얼마나 가슴 아린 이별인가? '배가 떠나는 그 순간에 강산이 무색해졌다'는 표현 하나만으로도 이별의 아픔이 고스란히 느껴진다.

이렇게 가슴 에이는 이별은 대개 경치 좋은 정자나 강가에서 이루어지는 경우가 많다. 이곳 역시 정자는 그리 크지 않으나 불타오를 듯 붉게 물든 단풍과 그 빛을 머금은 강물, 같은 빛깔로 물든 바위가 영락없는 한 폭의 산수화다.

답사를 다닐 때마다 마음의 휴식과 풍류를 떠오르게 하는 누정(樓亭)은 누각(樓閣)과 정자(亭子)를 함께 일컫는 명칭으로 사방을 바라볼 수 있도록 마룻바닥을 지면에서 한층 높게 지은 다락식 집이다. 이규보가 지은 〈사륜정기(四輪亭記)〉에서는 "사방이 확 트이고 텅 비고 높다랗게 만든 것이 정자"라고 하였다.

우리나라를 대표하는 3대 누각은 진주의 촉석루(矗石樓)와 밀양의 영남루(嶺南樓) 그리고 평양의 부벽루(浮碧樓)이다. 그 외에 서울 경복궁에 있는 경회루(慶會樓)를 비롯해 안동의 영호루(嶺湖樓), 남원의 광한루(廣寒樓), 삼척의 죽서루(竹西樓) 등이 이름난 누각이다. 누각과 달리 정자는 그 규모가 작으며 풍류를 즐기고자 경치가 빼어난 높은 곳에 짓는다.

정자는 대부분 흐르는 계곡의 큰 암반을 주추로 삼아 가을이나 봄날에 암반의 움푹 팬 구멍을 씻어내고 막걸리 한 말을 먼저 붓고, 그 다음 진달래나 노란 감국 또는 꽃 중에서도 기품 있고 고상하다고 정평이 난 구절초를 띄우면 그 자체로 아름다운 예술이다.

그러한 꽃놀이를 할 수 있는 이름난 정자로 화림동 계곡 일대의 정자와 봉화 닭실 마을의 석천정사(石泉精舍)가 있다. 태인의 피향정(披香亭)은 연꽃이 아름다우며, 소나무 숲이 아름다운 담양의 식영정(息影亭)은 그 푸른 광주호가 한눈에 들어오므로 시원하기 이를 데 없다.

이렇듯 누정은 가족이 함께 사는 집과 달리 경치 좋은 자연을 배경으로 남성 위주의 풍류를 곁들인 휴식 공간이다.

정자는 사람이 모이고 머무르는 곳

특히 우리나라 누정은 지형이 높은 곳에서 사방이 모두 보이도록 막힘없이 탁 트여 아름다운 경관을 볼 수 있는 곳에 지었다. 《동문선(東文選)》에 실린 이규보의 〈사륜정기〉에는 누정에 대해 다음과 같이 기록해 놓았다.

> 여름에 손님과 함께 동산에다 자리를 깔고 누워 자기도 하고 혹은 앉아서 술잔을 돌리기도 하고 바둑도 두고 거문고도 타며 뜻에 맞는 대로 하다가 날이 저물면 파하니, 이것이 한가한 자의 즐거움이다. 그러나 햇볕을 피하여 그늘을 찾아 옮기느라 여러 번 그 자리를 바꾸게 되므로 그때마다 거문고, 책, 베개, 대자리, 술병, 바둑판이 사람에 따라 이리저리 옮겨지므로 잘못하면 떨어뜨리는 수가 있다.

이규보는 그 정자에 바퀴를 달아 이리저리 옮겨 다니고자 했는데, 그가 짓고자 했던 정자의 모습을 다음과 같이 묘사했다.

> 바퀴를 넷으로 하고 그 위에 정자를 짓되, 정자의 사방이 6척이고 들보가 둘, 기둥이 넷이며, 대나무로 서까래를 하고 대자리를 그 위에 덮는데 그것은 가벼움을 취한 것이다. 동서가 각각 난간 하나씩이요, 남북이 또한 같다. 정자가 사방이 6척이니 그 간수를 총계하면 모두가 36척이다. …… 거문고를 탈 적에는 무릎에 놓는 것이 반은 된다. 2평방 척에다가는 술동이, 술병, 소반그릇 등을 놓아두는데, 동쪽이 모두 12평방 척이다. 두 사람이 서쪽에 앉는데도 또한 이와 같이 하고, 나머지 4평방 정간은 비워 두어서 잠깐씩 왕래하는 자는 반드시 이 길로 다니게 한다. 서쪽은 모두 12평방척이다.
>
> 한 사람은 북쪽 4평방 정간에 앉고 주인은 남쪽에 앉는데 또한 이와 같다. 중간 4평방 정간에는 바둑판 하나를 놓으니 남쪽과 북쪽 중간이 모두 12평방척이다. 서쪽의 한 사람이 조금 앞으로 나와 동쪽의 한 사람과 바둑을 두면, 주인은 술잔을 가지고 한 잔씩 돌려가며 서로 마신다. 안주와 과일 접시는 각각 앉은 틈에다 적당하게 놓는다.

이규보는 정자의 기능을 손님 접대도 하고 학문을 겸한 풍류를 즐기는 곳으로 보았다. 그는 정자에는 여섯 명이 있으면 좋다고 하고 그 여섯 사람의 기능을 다음과 같이 규정했다.

"이른바 여섯 사람이란 거문고를 타는 사람, 노래를 부르는 사람, 시에 능한 스님 한 사람, 바둑을 두는 두 사람, 그리고 주인까지 여섯 명이다."

하지만 중국 송나라《영조법식(營造法式)》 문헌에는 '정(亭)은 백성이 안정을 취하는 바이니 정에는 누가 있다. 정은 사람이 모이고 머무르는 곳'이라는 기록이 보이고, 《후한서(後漢書)》〈백관서(百官書)〉에서는 '여행길에 숙식 시설이 있고 백성의 시비를 가리는 곳'이 정이라고 하였다.

진부면 신기리 마을을 지난다. 진부 5킬로미터, 양양 62킬로미터 표지판을 지나자 이목정리(梨木亭里)이다. 배나무 정자가 있어서 배나무정이라고 불리는 마을을 지나면서 한두 방울씩 내리던 비가 금세 굵어진다. '가을비는 지루한 장마처럼 내리지 않는다' '가을비는 영감 구레나룻 밑에서도 피한다'는 말처럼 조금 내리다가 그칠까? 비옷을 꺼내 입고 걸어가는데 플라타너스 나뭇잎이 바람에 떨어진다. 진부 3킬로미터라고 적힌 표지판이 보인다.

내 속은 온통 따뜻해

금세 날이 어두워지고 바람을 실은 비가 내린다. 이 비가 언제 그칠지 몰라 발길을 재촉한다. 진부에 이르니 손현미 씨가 우리를 기다리고 있다. 산채백반으로 유명한 식당에 들어가 따뜻한 방 안에서 몸을 녹인다.

우리가 쉬고 있는 동안에도 비는 계속 내렸다. 잠시 몸을 녹이는 사이 평창과 진부 지역의 특산물인 산채백반이 나왔다. 참게 장을 두고 밥도둑이라고 하듯 남쪽에서는 맛보기 힘든 곰취 장아찌가 입맛을 돋운다. 몇십 년 전까지만 해도 먹고사는 일이 참 힘들었는데, 이런 맛있는 음식을 이렇게 많이 먹어도 될까?

점심을 먹고 따뜻한 아랫목에서 빗속으로 나오자 한기가 느껴진다. 문득 '나는 냉담하지 않아. 내 속은 온통 따뜻해'라는 시 구절이 생각난다. 그래, 이렇게 추울 때 누군가 "어서 와! 내 품 안에" 하고 따뜻하게 맞아준다면 얼마나 좋을까?

비바람 부는 날 관동대로 걷기의 추억을 남겨준 진부면은 본래 강릉군 지역으로, 진부역이 있어서 지은 이름이었다가 지금은 평창군에 속해 있다. 고구려 때 욱오현(郁烏縣)으로 불린 평창은 신라 때 백오현(白烏縣)으로 고쳤다가 고려 때 지금의 이름으로 바뀌었다.

평창과 관련하여 정탁(鄭琢)은 "산을 베개하고 골짜기에 깃들인 백성의 집들이 있는데, 옛 고을은 수리(數里)에 걸쳐 쓸쓸한 모습이로구나. 세월이 오래니 이미 자취는 기와집을 봉하였고, 비가 개니 아지랑이의 푸름은 뜰에 가득하게 서린다"고 하였고, 정도전(鄭道傳)은 "중원의 서기는 지금 어느 곳에 있는가. 옛 고을 쓸쓸한 옛 산의 모퉁이로다. 문 앞의 땅은 좁아서 수레 두 채를 용납할 만하고, 하늘이 낮아 재 위는 겨우 석 자의 높이로구나"라고 노래했다.

평창군 진부면에는 오대산이 있고 유서 깊은 고찰인 월정사와 상원사가 있다. 오랜 역사를 간직한 월정사(月精寺)는 한국전쟁 때 깡그리 불타 버리고 역사의 흔적이라고는 찾아볼 수가 없다.

월정사라는 이름의 연원은 한국불교연구원에서 펴낸 《월정사》에서 다음과 같이 설명해놓았다.

> 사승(寺僧)의 말에 의하면 오대산 동대에 해당하는 만월산 아래 세운 수정암이 훗날 월정사가 되었을 것이다. 월정사의 '月'과 만월산의 '月'을 연관

시킨 이러한 견해는 주목할 만하다. 그러나《동국여지승람》'강릉불우(佛宇)' 조에는 월정사와 수정암이 별개의 사찰로 기록되어 있어 사승의 이 같은 이야기에 문제가 없는 것은 아니다. 그렇다고 이 월정사 사명(寺名)의 유래를 밝힐 수 있는 자료가 있는 것도 아니다. 아무래도 사승의 얘기대로 만월산의 '월(月)'과 수정암의 '정(精)'을 관련지어 보는 것은 흥미로운 일이라고 생각된다.

적멸보궁이 있는 상원사

오대산의 중심 줄기인 비로봉 아래 용머리에 해당하는 적멸보궁 터는 조선 영조 때 어사 박문수가 명당이라 감탄해 마지않은 곳이다. 팔도를 관찰하다 오대산에 올라온 박문수는 이곳을 보고 "승도들이 좋은 기와집에서 일도 않고 남의 공양만 편히 받아먹고 사는 이유를 이제야 알겠다"고 했다고 한다. 세상에 둘도 없는 명당자리에 조상을 모셨으니 후손이 잘되지 않을 수 없다는 이야기였는데 승도들의 조상 묘는 적멸보궁을 말하는 것이었다.

가을 햇살이 나무숲 사이를 헤집고 들어오는 산길을 따라 적멸보궁에서 내려오면 상원사 청량선원에 이른다. 이곳 상원사에 단종애사에서 악역을 맡았던 세조에 얽힌 이야기가 전해온다.

예로부터 '오대산에 가서 밥을 먹지 못하면 사흘을 앓는다'고 했는데, 이 말은 옛날 강원도 강릉 사람들이 월정사에 가서 밥을 못 먹으면 한이 된다는 데서 유래한 것이다. 우리 역시 월정사를 바로 눈앞에 두고도 갈 길이 멀어 발길을 돌렸으니 한으로 남을 만하겠다.

진부면 소재지인 하진부리는 오대천가에 긴 벌판이 있던 곳으로 진벌, 아랫진부, 하진부라고 불렸다. 조선시대에 보안도에 딸린 역으로 횡계와 대화로 통하던 진부역(珍富驛)이 있었던 곳이기도 하다. 진부역에도 수많은 길손들이 잠시 쉬어가거나 하룻밤 묵어가기도 했는데, 강릉이 고향인 허균은 관리가 되어 진부를 지나며 다음의 시를 남겼다.

관리가 되고 보니 산부와 같아
공명이 더디다고 탓하지 않네
운소(雲宵)에서 내린 봉지(封地) 받으니
온 산해가 건유에 드는군 그래
한길엔 나는 꽃이 가득도 한데
산마루엔 어두운 안개 불어나누나
역(驛) 사람 거의가 구면들이라
찾아와 잔 권하며 위로를 하네

허균도 나만큼이나 역마살을 타고났던지 이런저런 이유로 돌아다니다 보니 알고 지내는 역졸들이 많았던 모양이다.

비 내리는 옛길을 걸으며

비바람 부는 길을 나서자 사뭇 처량하다. 하지만 갈 수밖에 별 도리가 없다. '여름비는 잠비고 가을비는 떡비'라는 속담이 있다. 찬비를 맞으며 일은 할 수 없고 거두어들인 곡식은 넉넉하니 집 안에서 떡이나 해먹고 지낸다는 이야기인데, 마치 겨울비같이 을씨년스럽게 내리는 비를 맞으며 가는 나그네에게 행운이 찾아오길…….

진부 진벌 1길, 하진부 동쪽에 있는 영정께 마을을 지나며 이문세의 〈가로수 그늘 아래 서면〉을 처량하게 부른다. 가로수는 뭐니뭐니해도 낙엽지고 비 내리는 가을 풍경과 어울린다.

구석평길을 지나며 길은 진부면 간평리(間坪里)에 이른다. 이곳은 진부와 월정사 사이에 있다고 하여 새잇드루라고도 부른다. 간평리에서 가장 큰 마을인 월정거리는 월정사 어귀에 있는데, 평창과 강릉으로 가는 큰길이었다.

승당(僧堂)이 있어서 신다리 또는 승당골이라고 부르는 신다우교를 지나자 평창군 도암면 유천리이다. 용산리에 있는 도암(道岩)이라는 큰 바위에서 이름을 따온 도암면 유천리는 유목정과 광천의 이름을 따서 지었다고 한다. 유천리에서 가장 큰 마을인 느릅정이 마을은 평창에서 강릉으로 가는 큰길가에 느릅나무 정자가 있어서 부르던 이름이다. 느릅정이 동쪽에는 약 120여 년 전 길가에 삼흥정이라는 정자가 있었기에 삼흥정(三興亭) 마을이라 한다.

우리는 비 내리는 관동대로를 시속 5킬로미터 정도로 가고 있는 듯싶은데, 그렇다면 비는 얼마의 속도로 내리는 걸까? 내가 혼잣말처럼 묻자 옆에 있던 안명숙 씨가 "비가 오도다. 그러니까 속도 역시 5킬로미터 속도로 내리는 게 아닐까요?" 하고 농을 건넨다.

숫돌교를 거쳐 높은 다리가 있는 고교리(高橋里)를 지나자 길은 계속

오르막이다. 강릉 36킬로미터, 횡계 12킬로미터. 핏대골 남동쪽에 있는 작은 마을로 예전에 원씨라는 점쟁이가 살았다는 원복동(元福洞)을 지나니 영동고속도로와 456번 지방도 그리고 지방도와 옛길을 오고가는 길이 횡계와 대관령 쪽으로 뻗어 있다.

두메산골 횡계리의 탈바꿈

유천리 높은 다리에서 거래지로 넘어가는 싸리재는 싸리나무가 많아서 붙여진 이름인데 그 높이가 1,268미터이다.

싸리재를 오르자 정상에서 이상훈 씨가 자동차를 타고 미리 와서 기다리고 있다. 비바람 맞으며 나그네들을 기다리는 그 마음이 참으로 아름답다. 싸리재 꼭대기에서 다 함께 오르막길에서 뽑아온 당근을 깎아 먹는다.

멀리 선자령 쪽으로 풍력발전소가 보이고, 강릉 29킬로미터 표지판을 지나 고개를 내려가니 차항리에 이른다. 눈이 내리면 사람 키 높이만큼 쌓여서 옆 마을도 못 간다는 차항리는 거래치와 춘두항의 이름을 따서 지었다. 차항리에서 가장 큰 마을은 거래지(車來地)로 고려 고종 4년(1217)에 최원세(崔元世), 김취려(金就礪) 두 장군에게 패배한 거란 군사들이 이곳에서 쉬었다가 대관령을 넘어갔다고 한다. 거래지 서북쪽 골짜기는 나리꽃이 많이 핀다고 해서 나리박골이고, 거래지 바깥쪽 마을은 바깥거래지라고 하며, 거래지 다리는 서울과 강릉으로 통했다고 한다. 안거래지 동녘골 남쪽에 있는 버들밭골에는 꾀꼬리가 버드나무 가

횡계 선자령 대관령의 강릉과 평창의 경계에 있다. 맑은 날에는 강릉 시내와 동해가 한눈에 들어오고 겨울이면 설원이 되는 곳이다. 멀리 줄지어선 풍력발전기들이 시원한 바람을 맞고 있다.

지에 집을 짓고 사는 앵소유지형(鶯巢柳枝形)의 명당이 있다고 한다.

마침내 도암면이 대관령면으로 바뀌었다는 내용의 현수막이 걸려 있다. 이름만 바꾸어도 운명이 바뀐다는데 사람들이 기억하기 좋은 이름을 얻었으니 얼마나 잘된 일인가?

횡계 서쪽 골짜기에 있는 오리골(오류동) 길을 지나자 횡계 시내가 눈앞에 펼쳐진다. 하늘에 떠가는 구름, 구름처럼 보이는 반달, 그 아래 영동고속도로에는 차들이 전속력으로 달린다.

1960년대 초만 해도 100호 남짓한 주민들이 대부분 화전을 일구며 살았던 우리나라 두메산골 중에서도 손에 꼽히는 횡계리(橫溪里)가 오늘날처럼 번화가로 탈바꿈한 것은 그리 오래전 일이 아니다. 용평스키장이 사람들에게 알려지면서 한적했던 횡계리가 관광지로 변모했다.

횡계리는 거래지에서 흘러오는 냇물이 앞을 가로질러 흐르므로 엇개라고 불렀고, 조선시대에 횡계역이 있었다. 횡계에 아름다운 경치 여덟 곳을 일컬어 횡계팔경이라고 부른다. 제1경은 칼산에 휘몰아치는 바람이고, 제2경은 황병산 위에 높이 뜬 흰 구름이며, 제3경은 대관령 아흔아홉 굽이를 돌아 오가는 행인(行人)이다. 제4경은 횡계리 삼종평의 낚시질, 제5경은 고루산의 맑은 안개, 제6경은 효성산의 갠 달, 제7경은 상봉령의 해 지는 풍경, 제8경은 능정산의 해 돋는 광경을 일컫는다.

대관령의 첫머리 횡계

산간 고랭지였던 이곳 특성을 살려서 삼양축산을 비롯한 목장이 1980년대까지 40여 곳 들어섰고, 대관령 축산고등학교가 문을 열었다. 특히 도암면 횡계리를 가로지르는 횡계천에는 동해 바닷가에서 잡아온 명태를 말리는 덕장이 있었다. 그래서 그 덕장 모퉁이는 예전에 장이 섰다고 하여 장선말이라고 부르다가 북어를 말리는 곳이라고 하여 덕장 모퉁이라고 부른다. 횡계천은 수하리에서 흘러나와 횡계 중앙을 지나 강릉으로 흘러가는 내이다.

횡계 시내로 접어들자 어느새 날이 저물었다. 아침 일찍 길을 나서서 어둠이 내릴 무렵 목적지에 도착하여 숙소와 식당을 정하는 여정은 해본 사람만이 누릴 수 있는 기쁨일 것이다. 특히 한 번도 맛보지 않은 그 지방의 특별한 음식을 맛보고 소주 몇 잔이 오고가는 사이 피로가 풀리는 특별한 경험을 할 수 있다는 것은 얼마나 큰 기쁨인가.

대관령의 첫머리에 있는 횡계에서 가장 유명한 음식은 '오삼불고기'로 오징어와 삼겹살을 양념과 함께 버무린 것이다. 매콤한 오삼불고기로 저녁밥을 맛있게 먹고 대관령 콘도로 가는데 바람과 추위가 대단하다. 대관령 콘도에 여장을 풀고 뒤풀이를 하는 사이 박수자 씨와 딸 미진이가 도착했다.

내일은 어떻게 갈까? 미리 걱정하지 말자. 내일 일은 내일로 미루자.

여드레째 대관령에서 강릉까지

서울과 영동을 잇는 영동고속도로의 마지막 고개인 대관령은 해발고도 832미터, 총 길이 13킬로미터, 고개 굽이는 99개소에 이른다고 한다. 대관령을 경계로 동쪽은 오십천이 강릉을 지나 동해로 흘러 들며, 서쪽은 남한강의 지류인 송천이 된다. 맨 꼭대기에는 예전에 대령원이라는 원이 있었고, 횡계리에는 횡계역(橫係驛)이 있어 험준한 길을 가는 길손에게 도움이 되었다.

가을에서 겨울로 들어서다

드디어 대관령을 넘는 날이다. 새벽에 일어나 지도를 보니 대관령 옛길 초입이 걸림돌이다. '깊은 밤 잘못 친 종소리를 듣고 나가면, 두 번 다시 돌이킬 수가 없다'는 옛말도 있지 않은가? 처음부터 헤매면 하루를 망칠 수도 있으니 정신 바짝 차려야겠다고 생각하는 사이 새벽바람을 맞으며 강릉 어시장에 갔던 이상훈 씨가 돌아왔다. 덕분에 강릉 특산물인 초당 순두부와 굴을 넣어 끓인 해장국을 먹었다.

창문을 열자 가슴으로 파고드는 싸늘한 바람이 꽤 춥다. 오늘 대관령은 영하 3도, 체감 온도는 영하 10도라고 한다. 배낭에 넣어둔 옷까지 다 꺼내 입으니 몸이 너무 무겁다. 하지만 덜덜 떨며 가는 것보다 낫지 않은가?

콘도를 나와 횡계를 떠난다. 매서운 바람에 밤새 내린 빗물이 꽁꽁 얼

한양에서 나귀 타고 이레 걸린 대관령

어 있다. 지금 이곳은 추운 겨울이다. 귀가 시리다. 안명숙 씨가 귀마개로 쓰라며 수건을 건넨다. 주암교를 건너 왕산골 길로 접어든다.

주암이라고 부르는 술바우는 술바우 마을 앞에 있는 넓은 바위로, 그 아래에 시내가 흘러 고기를 잡아 이 바위 위에서 술을 마신다고 해서 붙여진 이름이다. 술바우 앞에 놓인 술바우 다리는 평창과 강릉을 이어준다.

주암교 오른쪽으로 들어간 곳에 왕산골이 있고, 왕산골 북쪽 큰길가에 지형이 가위(가세) 모양처럼 생겼다는 가사머리 마을이 있다. 가사두교를 지나 용평레포빌에서 자칫하면 대관령 국사성황당으로 가는 길을 헤맬 뻔했으나 다행히 길을 잘 찾아갔다.

길은 국사성황당에 이르고

강릉단오제는 우리나라에서 가장 역사가 깊은 축제다. 마을을 지켜주는 대관령 산신을 제사하고, 풍년을 빌고, 마을의 평안과 집안의 태평을 기원한다. 강릉단오제가 언제부터 시작되었는지는 정확히 알 수 없으나 해마다 3, 4, 5월 중 무당들이 산신에게 제사를 지내고 사흘 동안 굿을 벌였다는 남효온(南孝溫)의 《추강냉화(秋江冷話)》 문집과 1603년(선조 36)에 강릉단오제를 구경했다고 기록한 허균의 《성소부부고(惺所覆瓿藁)》 문집에서 옛 모습을 짐작할 뿐이다.

마을 사람들은 단오제를 드리지 않으면 마을에 큰 재앙이 닥친다고 믿었기 때문에 대관령 서낭당에서 서낭신을 모셔와 강릉 시내의 여서낭신과 함께 제사를 드렸다. 대관령 산신은 김유신 장군, 단오제에서 주체가 되는 서낭신은 범일국사(泛日國師)이고, 여서낭신은 강릉의 정씨 처녀라고 전한다.

옛날 옛적 어느 날, 강릉에 살고 있던 정씨집 딸이 호랑이에게 물려가고 말았다. 강릉 사람들이 다 나서서 강릉 일대를 샅샅이 찾아보았더니 정씨집 딸이 대관령 국사성황당에 죽어 있었다. 딸이 호랑이에게 물려가기 전에 정씨 꿈에 대관령 국사성황신이 나타나 "이 집에 장가를 들겠다"고 하자, 정씨는 "그대는 사람이 아니기 때문에 내 딸을 보낼 수 없다"고 거절하였다. 그런 까닭에 국사성황신이 호랑이로 하여금 정씨 처녀를 데려오게 하여 혼례를 치렀다는 이야기다.

단오제는 신에게 바칠 술을 담그는 것으로 시작된다. 대관령 산신당에서 제사를 올리고 신성하게 여기는 나무를 모시고 내려와 국사성황당을 거쳐 홍제동에 있는 국사여성황당에 모셨다가 행사 전날 저녁에 영신제를 지낸다. 그런 다음 남대천 백사장에 마련된 제단에 옮기는 것으로 강릉단오제가 시작된다. 단오장에서는 5일 동안 아침저녁으로 제를 올리고 굿을 하며 풍년을 빌고 재앙을 쫓는다.

울면서 넘고 넘어와 웃는 대관령

'한양에서 나귀를 타고 이레가 걸리던 대관령'이라는 옛말이 있다. 대관령으로 부임해온 벼슬아치들은 험준한 고개를 넘으며 울고 다 넘어와서는 웃었다고 한다. 강릉 땅 가는 길이 험하고 멀어서 오는 내내 서러움에 북받쳤으나 강릉 땅에 도착해서는 소박한 인심과 빼어난 산수에 반해 웃었다는 이야기다.

한편 사대부들은 대관령을 넘을 때 말을 타거나 교자(轎子)를 이용했다. 실학자인 박제가(朴齊家)도 "15일 갑오 조반 후에 길잡이 중을 데리고 교자에 올라앉아 동으로 떠났다"는 기록을 남겼다. 묘향산을 유람하고 쓴 〈묘향산소기(妙香山小記)〉에 실린 담여(擔舁, 가마나 상여 따위를 어깨에 매는 것)에 관한 구절을 보자.

> 담여는 삼으로 엮어 만들었으며, 그 멍에목(교자채 끝의 가름대)은 등(藤)을 휘어서 만들었다. 담여를 메는 법이 길이로 서서 메는 것이고 옆으로 갈라서지 않는다. 그리하여 앞사람은 끌고 뒷사람은 따라간다. 꼬부라진 길에도 잘 들어갈 수 있음은 앞사람을 믿기 때문이다. 앞이 들릴 때에는 앞을 낮추

횡계의 가을 풍경 땀흘려 길을 걷다 만나는 산들바람만 한 시원함이 어디 있으랴. 여기에 저마다 자기 색을 뽐내는 풍경이 곁들여진다면 천릿길인들 못 가겠는가.

고 뒤를 들며, 숙일 때에는 앞을 들고 뒤를 낮춘다. 기울면 팔로 조절하고 발을 맞추는 것이다. 그리하여 교자가 항상 안전하도록 한다. 그러나 나는 굽어보아 멘 사람의 어깨가 흠처럼 자리가 나고 등에 굵은 땀방울이 맺힐 적마다 가끔 쉬게 하였으니, 차마 그대로 앉아 있을 수가 없었다.

국사성황당을 지나 백두대간으로 오르는 길, 바람은 여전히 드세다. 고갯마루에 오르니 멀리 강릉 시내 너머로 눈이 시릴 만큼 푸른 동해 바다가 보인다. 매서운 바람을 뒤로한 채 내려선 관동대로 옛길에 밤새 떨어진 형형색색의 나뭇잎들이 흩날린다.

"야! 대난하다. 난풍이 성발 아름납네요."

내 앞에 가고 있던 박수자 씨가 걸음을 멈추고 탄성을 지른다.

고혜경 씨도 한마디 한다.

"옛길이 세월 속에 바래지 않고 고스란히 남아 있다는 것이 신기해요."

길이 휘어 돌고 또 돌아가는 길, 바람에 떨어지는 단풍잎들을 뭐라 표현해야 할까? 색색으로 물든 단풍잎이 금세 비단길을 만든다. 차마 밟고 지나가기도 황송한 길, 이렇게 호사를 누려도 괜찮은 것일까? 어쩔 수 없이 단풍을 밟으며 김추자의 노래를 불러본다. "나뭇잎이 떨어져서 가을바람에 굴러가네, 붉게 물든 단풍잎은 한 잎 두 잎 떨어지네."

강릉의 산수가 천하의 제일

이 지역 사람들이 '동대문 밖이 강릉이다'고 말할 만큼 강릉은 으뜸가는 도시다. 강릉이 고향인 허균은 《성소부부고》〈호서 장서각기(湖墅藏書閣記)〉에서 강릉을 다음과 같이 평했다.

> 강릉은 영해(嶺海)의 동녘에 있는 큰 도회지다. 신라 때에는 북빈경(北濱京)이었으며, 동경(東京)이라고도 불렀다. 김주원(金周元)이 봉(封)을 받은 이래 꾸민 장식과 사치한 외관이 화려하고 특출하여 한양과 서로 비슷했으며, 또한 풍속이 문교(文敎)를 숭상하여 의관과 문필을 갖춘 선비로서 사장(詞場)에 몰려드는 자들이 줄을 이어 늘어설 지경이었다. 풍속이 돈후하여 노인을 공경하고 검소함을 숭상하며, 백성들은 소박하고 성실하여 기교(機巧)가 없었다. 어업과 쌀의 생산이 풍요로워 비단 산천의 아름다움이 동방에서 으뜸

일 뿐만 아니다. 그러므로 이 지방에 관리가 되어 오는 자들은 대개 여기를 못 잊어 떠날 때 눈물을 흘린다는 원읍현(員泣峴, 원님이 울고 가는 고개)이 지금도 있으니, 대개 그 증거가 될 만하다.

조선 중기의 실학자 이중환도 강릉 지방에 대한 글을 남겼다.

이 지방 사람들은 놀이하는 것을 좋아한다. 노인들이 기악(妓樂)과 술, 고기를 싣고 호수와 산을 찾아 흥겹게 놀며 이것을 큰일로 여긴다. 그러므로 그들 자녀들도 놀이하는 것이 버릇이 되어 학문에 몰두하는 사람이 적다. 지역은 또한 한양과 멀리 떨어져 있어 예로부터 이름을 날린 사람이 적다. 오직 강릉에는 과거에 급제한 사람이 제법 나왔다.

《신증동국여지승람》〈강릉대호부(江陵大護府)〉 편 '풍속조'에는 "그 지역 사람은 성품이 어리석고 성실하며 욕심이 적어서 청하거나 구걸하지 않는다", "질병을 아주 싫어하여 사람이 죽으면 살던 집을 홀연히 버리고 다시 새집을 짓는다"고 기록되어 있는데, 이것만 보아도 여느 지역과는 확연히 풍속이 달랐음을 알 수 있다.

대관령에 대해 《연려실기술》에는 "강원도는 바닷가에 있는 9군이 단대령 동쪽에 있기 때문에 영동이라 한다. 단대령은 대관령이라고도 하기 때문에 강원도를 또 관동이라고도 한다"고 기록되어 있다. 대령(大嶺) 또는 대관산(大關山)이라고도 불리고 옛날 관방(關防)을 두고 목책을 설치했기 때문에 '대관령'이라고 불렀다.

대관령을 처음 개척한 사람은 조선 중종 때 강원 관찰사로 부임한 고

형산(高荊山, 1453~1528)이라고 한다. 그는 백성을 동원하지 않고 관의 힘으로 몇 달에 걸쳐 이 고개를 열었다. 강릉 사람들은 강릉에서 나서 대관령을 한 번도 넘지 않고 죽으면 더없이 복된 삶이라고 여길 만큼 대관령은 험한 고개였다.

대관령 옛길 표지석 앞에서

서울과 영동을 잇는 영동고속도로의 마지막 고개인 대관령은 해발고도 832미터, 총길이 13킬로미터, 고개 굽이 99개소에 이른다고 한다. 대관령을 경계로 동쪽은 오십천이 강릉을 지나 동해로 흘러 들며, 서쪽은 남한강의 지류인 송천이 된다. 맨 꼭대기에는 예전에 대령원이라는 원이 있었고, 횡계리에는 횡계역(橫係驛)이 있어 험준한 길을 가는 길손에게 도움이 되었다.

강릉 김씨의 시조

대관령은 백두대간에서 교통량이 가장 많고 중요한 고갯길이었다. 영동고속도로와 동해고속도로 개통으로 대관령의 교통량이 늘고 설악산 국립공원을 찾는 관광객이 많아지면서 대관령은 늘 밀리는 구간이 되었다. 지금은 대관령에 터널이 생겨 조금 나아졌다.

고려 말 조선 초의 문신 강회백(姜淮伯)은 "길이 구산역으로 접어들자

양의 창자처럼 꾸불꾸불하여 말이 가지 않는다. 앞에 선 말몰이는 나무 끝으로 가고 잔도(棧道)는 구름 끝에 걸리었네. 북쪽을 바라보니 산이 창 같고, 동쪽을 임하니 바다가 하늘에 닿았네. 부여잡고 가는 길 다한 곳에 우주가 다시금 아득하여라"고 읊었다.

얼마쯤 내려갔을까. 횡계 강릉으로 오가던 길이 나오고 그곳에서도 내려가는 길은 멀기만 하다. 이곳 강릉시 성산면 보광리 삼왕동은 보갱이 북쪽에 있는 마을로, 명주군왕의 능이 있다.

명주군왕릉(溟州郡王陵)을 삼왕릉(三王陵)이라고도 부르는데, 김주원(金周元)의 2대손까지 명주군왕직을 세습했기 때문이다. 김주원은 신라 태종무열왕의 6대손으로 785년 선덕왕이 왕위를 이을 세자 없이 세상을 떠나자 선덕여왕의 친족이며 당대 실력자로 여러 귀족의 지지를 받았던 김주원을 왕으로 추대하고자 하였다. 그런데 마침 김주원은 경주에서 20리쯤 떨어진 알천(閼川) 부근에 있었고 홍수로 강물이 범람하여 건너올 수가 없었다. 이에 신하들은 하늘의 뜻이라고 여겨 김주원 대신 상대등(上大等) 김경신(金敬信)을 왕으로 추대하였다. 그가 바로 신라 38대 임금인 원성왕(元聖王)이다.

왕위 계승에 패배한 김주원은 자신에게 화가 미칠 것을 염려하여 지금의 강릉인 명주(溟州)로 도피하였다. 그곳에서 김주원이 기반을 잡고 세력을 넓혀나가자, 원성왕은 김주원을 명주군왕으로 봉한 뒤 강릉, 통천, 양양, 삼척과 울진, 평해 등을 식읍(食邑)으로 다스리게 함으로써 중앙을 넘보지 못하도록 하였다. 그 뒤 김주원은 이곳에서 일가를 이루어 강릉 김씨의 시조가 되었고, 그 후손들은 명주 지방을 중심으로 신라 후기까지 지방 호족으로 이 지역을 지배했다.

신라시대에 만들어진 명주군왕릉은 사라진 지 오래고, 현재 남아 있는 능은 조선 명종 때 강릉 부사와 강원도 관찰사 등을 지낸 후손 김첨경(金添慶)이 복원한 것으로 강원도 기념물 제12호로 지정되었다. 매년 음력 4월 20일에 강릉 김씨 종중에서 이 능을 찾아와 명주군왕제를 지낸다고 한다.

한편 보광리 삼왕동의 청간사(淸簡祠)에는 명주군왕의 후손인 매월당 김시습의 영정이 모셔져 있다.

길손들이 쉬어가던 제민원

대관령 옛길이 이어지는 성산면 어흘리 부동(釜洞, 가맛골) 남쪽에 있는 제민원(濟民院) 마을은 조선시대에 역원이 있어서 대관령을 넘는 길손들에게 편의를 주던 곳이다. 제민원 윗마을인 상제민원과 대관령 중간쯤에는 반쟁이(반정)라는 작은 마을이 있다. 이 마을은 조선 중기에 이병화(李秉華)라는 사람이 대관령을 지나는 길손들을 위하여 막을 지어놓고 쉬어가도록 했던 곳이다. 그 거리가 대관령과 제민원의 반이 된다고 하여 반정(半亭)이라고 하였다.

어흘리에 있는 또 다른 고개가 간령이라고 부르는 새잇령이다. 횡계리 이촌(李村)으로 가는 이 고개는 고개가 높기로 유명한데 대관령을 넘는 샛길이기도 하다. 느러리에서 굴면동으로 가는 고개가 노루의 목처럼 생겼다고 해서 노루목이 재이고, 느러리 남쪽에 있는 망월동에는 옥토끼가 달을 바라본다는 '옥토망월형(玉兎望月形)'의 명당자리가 있다고 한다.

하제민원 마을, 대관령박물관을 지나 귤면동의 한 식당에서 점심을 먹는다. 다시 길을 나서려는데 발이 계속 아프다. 양말을 벗어보니 발톱이 빠질 것 같다. 그렇게 많은 길을 걸었어도 이런 일은 없었는데…….

강릉부 서쪽에 있던 구산역

길은 구산에 접어든다. 《신증동국여지승람》 '역원조'를 보면 "구산역(丘山驛)은 강릉부 서쪽 20리에 있다. 정자가 있는데 사람을 서쪽으로 전송하는 곳이다"라고 하였다. 고려 말기의 문신 조운흘(趙云仡)은 "구슬 같은 두 줄기 눈물이 옥잔에 떨어진다. 양관(陽關) 세 가락에 전송할 때여라. 태산이 평지 되고 바닷물이 말라야 이별하는 눈물이 구산에서 없어지리"라고 노래했다.

성산 소재지를 지나며, 개구리 회, 메추리구이, 콩국수라고 적힌 식당 간판을 보니 사람들이 참 여러 가지를 먹고 살아간다는 생각이 든다. 저마다 먹고 사는 것이 다 다른 것을 어쩌겠는가.

구산리와 오봉리 사이에 방도교가 있는데 옛날에 많은 선비들이 이 다리를 지나 오봉리의 오봉서원(五峰書院)을 다녔다고 한다. 오봉서원에는 공자와 주자 그리고 서인들이 송자(宋子)라고 불렀던 송시열의 화상이 모셔져 있다. 1556년(명종 11) 강릉 부사 함헌(咸軒)이 사신으로 중국에 갔을 때 공자 진영(眞影)을 가져와서 1561년(명종 16)에 서원을 세웠다. 오봉서원의 묘정비는 1856년(철종 7)에 세워졌는데 풍양 조씨 조두순이

강릉 시내를 지나 동해로 흘러가는 남대천

글을 짓고 이종우가 썼다고 한다. 1973년에 강원도 유형문화재 제45호로 지정되었다.

구산 북쪽에 있고 왕의 기품이 서린 듯이 보인다는 왕제산(王帝山) 아래를 지나 까치고개를 넘어 금산리에 이른다.

조선 중종 때 사람인 김광헌(金光軒)이 이곳에 와서 일구었다는 금산리는 갱금이 또는 건금리라고도 부르는데, 금산 서남쪽에는 목이 마른 말이 물을 마시는 형상의 갈마음수형(渴馬飮水形)의 명당자리가 있고, 성하 마을 서쪽 산 위에는 명주성터가 있다.

금산에 있는 강당인 임경당(臨鏡堂)은 조선 후기에 선비 김열(金說)이 경포대 북쪽에 세우고 임경당이라는 이름을 붙였던 곳인데 후손들이 이곳으로 옮겨 지었다고 한다.

강릉 시내를 지나 동해로 들어가는 남대천교에 동해 삼척으로 이어지는 고속도로가 창공을 가로지른다. 할머니 추어탕집과 청청한 소나무 그리고 황금 들판을 바라보며 우리는 강릉 시내로 들어선다.

가로수 그늘 대신 육중한 콘크리트 그늘 아래에서 다리를 쉬며 바라본 강릉 시내는 평온하기만 하다.

몇 집 되는 초가집은 모두 그림 같아

강릉 입체교차로를 지나자 강릉시 홍제동이다. 남대천이 휘돌아가는 곳에 자리 잡은 홍제동은 조선시대에 행인들에게 편의를 주었던 홍제원(洪濟院)이 있었던 곳이다. 원집에 대한 아무런 흔적도 남아 있지 않은 홍제원을 찾았던 김시습은 누각에 올라 다음과 같은 시를 남겼다.

십 리나 앵화(鶯花)가 있어 옛 원집 깊숙한데
누각에 기대어 이제까지 종일토록 맑음을 허비했네.
연기 나는 포구에 고깃배 돌아오고
바람 멎어 물결에 물새들이 목욕하네.
풀빛은 무성하여 마을 밭둑을 덮었고
버들가지 한들한들 뜰 그늘을 눌렀구나.
몇 집 되는 초가집은 모두 그림 같아
모두 푸른 연기와 대숲 속에 있구나.

시에 나오는 포구는 보이지 않고 남대천 변에 있는 공제(公堤)가 있을 뿐이다. 약 500년 전에 강릉 부사 김점경(金點慶)이 남대천 물을 막아 제방을 만들었다고 한다. 당시 사람들이 김공이 만든 제방이라고 하여 마을 이름을 공제라고 지었다.

요즘에도 나랏돈으로 지어놓고서 국회의원이나 도지사 아무개가 놓았다고 '아무개 다리'라고 부르는 경우가 종종 있다 하는데 하물며 당시에는 오죽했으랴.

그들이 만든 제방도 다리도 세월과 함께 사라지고 그 이름만 남아서 역사가 되고 문화가 되기도 한다. 이 세상에 사라지지 않는 것이 어디 있으랴. 모두가 저 광활한 우주 속으로 흔적도 없이 사라져갈 것이다. 운명적으로 사라져갈 것들인데도 마음속에 이토록 애잔한 여운으로 남는 것은 왜일까?

지금의 홍제 아랫보 자리에는 오래된 나무들이 숲을 이루어 여름철이면 매미가 울어서 맴쇠라고 불리던 연못이 있었다고 한다.

김씨, 최씨, 소나무가 많다

경포 정동진이라고 쓰인 표지판을 보며 이곳이 바로 강릉임을 깨닫는다. 이제 대관령은 아스라이 멀어지고 예로부터 김씨 많고, 최씨 많고, 소나무가 많다던 강릉에 접어든다.

지금은 사라지고 없지만 한송정(寒松亭)은 강릉을 대표하던 정자였다. 고려 때 문장가인 이곡이 남긴 글을 보자.

> 한송정에서 전송으로 마시니 이 정자 또한 사선(四仙)이 노닌 곳인데, 고을 사람들이 유람자(遊覽者)가 너무 많은 것을 귀찮게 여겨 헐어버렸고, 소나무도 야화(野火)에 타버렸으며, 다만 돌풍로 석지(石池)와 돌우물[石井]이 그 곁에 있을 뿐인데 역시 사선의 다구(茶具)이다.

이곳 사선정은 전설 속 술랑선인(述郎仙人)들이 놀던 곳으로, 악부(樂府)에 〈한송정곡(寒松亭曲)〉이 남아 있다. 전해오는 이야기로는 이 곡조를 비파 바닥에 써둔 것이 바다 물결을 타고 중국의 강남 지방까지 흘러갔다고 한다. 마침 고려 광종(光宗) 때 사신으로 간 장진(張晉)에게 강남 사람들이 그 뜻을 묻자, 이에 장진이 "달 밝은 한송정 밤, 물결 고요한 경포의 가을, 슬피 울며 오고가는 소식 지닌 갈매기 한 마리"라고 풀이했다고 한다.

강릉은 볼거리와 놀거리가 많은 고장이다. '산수에는 가볼 만한 곳과 구경할 만한 곳과 노닐 만한 곳과 살 만한 곳이 있다'는 옛 사람들의 말에 가장 알맞은 고을이 강릉이라면 과찬일까?

아쉽게도 시간이 허락지 않아 경포대와 한송정에는 들르지 못했다. 〈관동에서 질탕하게 놀았다〉는 김시습의 글로 아쉬움을 달래본다.

> 강릉의 동쪽 지구에 있는 경포대와 한송정은 바로 신선들이 일찍이 놀며 즐기던 곳이다. 이곳에 이르렀을 때 마침 구름이 걷히고 바람은 잦아들어 하늘은 맑고 깨끗하여 마치 거울로 비추는 듯하였다. 부상(扶桑)의 모퉁이를 끝까지 바라보아 마음과 눈을 벅차고 통쾌하게 하였다. 몸은 소동파가 이른 바 '하루살이 같은 생명을 천지에 붙이니 큰 바다의 좁쌀 한 톨과 같다'고

한 것과 같음을 알겠다. 다만 함께한 사람들에게 이끌려 국도(國島)와 삼일포, 총석정 등을 거슬러 올라가며 유람할 수 없었던 것이 아쉬울 뿐이다. 다음에 유람할 때에는 먼저 이곳을 보아 오늘의 회포를 만족한다면 죽어도 또한 좋으리라.

관동별곡의 고장

언제부터 관동팔경이 알려졌는지 분명하지 않으나 고려 말 문인 안축(安軸)이 쓴 경기체가《관동별곡(關東別曲)》에서 비롯되었다고 보기도 한다.《관동별곡》은 안축이 44세에 강원도 존무사(存撫使)로 있다가 돌아오는 길에 관동 지방의 빼어난 경치와 유적 그리고 명산물에 감동을 받아 지은 글이다. 총석정, 낙산사 등의 빼어난 아름다움을 노래한 이 글은 자연에 대한 주관적 흥취를 걸러내고 아름다움을 절도 있게 표현함으로써 사대부 특유의 세계관을 작품으로 끌어올렸다는 평가를 받는다.

벼슬을 하던 문인들이 모여 놀면서 한 대목씩 부르던 고려시대의 돌림노래인 경기체가 중《관동별곡》의 제1장은 다음과 같다.

> 바다는 천 겹, 산은 만 겹인 관동의 별다른 지경 푸른 장막, 붉은 장막을 친 병마영의 영주가 되어 옥띠 띠고, 일산 기울고, 검은 창, 붉은 깃발로 명사길을 아, 순찰하는 광경, 그것이야말로 어떤가! 북방 백성, 재물로 의로움 본받는 기풍을 일으키며 아, 왕의 덕화를 중흥시키는 광경, 그것이야말로 어떤가!

그 뒤를 이어 조선 선조 때의 정치가이며 문인이었던 송강 정철은 강원도 관찰사로 있을 때 금강산의 산수와 더불어 관동팔경의 경치를 노래하였다. 《관동별곡》은 춘천, 철원, 회양을 거쳐 금강산 일만 이천 봉을 구경하고, 동해의 명사십리 금란굴, 총석정, 죽서루를 거쳐 망양정에 올라 바다 위에 뜬 달을 바라보고 그 밝은 달빛 아래 술을 마신 뒤 신선이 되는 꿈을 그린 내용으로, 정철은 가는 곳마다 아름다운 경치를 노래하였다. 그가 읊은 《관동별곡》을 잠시 감상해보자.

강호(江湖)에 병이 깊어 죽림(竹林)에 누웠더니
관동 팔백 리에 방면을 맞디시니
어와 성은(聖恩)이야
가디록 망극하다
연추문(延秋門) 드리다라 경회남문 바라보며
하직(下直)하고 물러나니 옥절(玉節)이 앞에 섰다.
평구역 말을 갈아 흑수(黑水)로 돌아드니
섬강(蟾江)은 어디메뇨. 치악(雉岳)이 여기로다.

(중략)

행장을 다 떨티고 석경에 막대 디퍼
백천동 겨태두고 만폭동 드러가니
은 가탄 무지개 옥 가탄 용의 초리
섯돌며 뿜낸 소래 십 리의 자자시니
들을 제는 오래러니 보니난 눈이로다

(중략)

정철은 한문 투가 아닌 우리말로 산천의 장엄한 아름다움을 노래하였다. 하지만 그가 강원도 관찰사 시절에 남긴 행적은 그리 아름답지 못했던 듯싶다.

일처리가 공평하지 못하여 백성들의 원성이 드높았고 정철의 처사가 얼마나 가혹했던지 강원도 해안가 사람들은 한국전쟁 이전만 해도 이름을 알 수 없는 고기를 잡으면 '이놈, 정철아'를 외치며 몽둥이로 내려쳐서 죽였다고 한다. 관동 지방 설화에 등장하는 정철은 대부분 심술궂은 관리로 산의 혈을 끊거나 마을을 망하게 하는 인물이다. 그리하여 이야기 마지막에는 말에서 떨어져 다치거나 절벽에서 떨어져 강물에 빠져 죽는 부도덕한 인물로 표현된 경우가 많다.

조선 중기 사람인 조우인(曺友仁)은 정철의 《관동별곡》을 읽고 관동 지방에서 노닐던 기억을 회상하며 《관동속별곡(關東續別曲)》을 지었다. 조선 중기에 가장 뛰어난 화가였던 겸재(謙齋) 정선(鄭敾)은 금강산과 관동 지방을 둘러보고 느낀 감동을 관념 산수가 아닌 실경 산수라는 독특한 화법으로 그려냈다.

우리는 일정대로 바다를 따라 내려가야 해서 아쉽게도 관동팔경을 볼 수 없었다.

허균과 허난설헌

강릉에서 그냥 지나치면 서운한 인물이 바로 한 시대의 풍운아 허균과 허난설헌(許蘭雪軒)이다.

허난설헌은 조선 중기 시인으로 이미 8세 때 〈광한전백옥루상량문(廣寒殿白玉樓上梁文)〉을 지어 신동이라는 말을 들을 만큼 시재(詩才)가 매우 뛰어났다. 15세 때 당대의 문벌인 안동 김씨 김성립(金誠立)과 혼인했지만 풍류를 즐기느라 가정은 거의 돌보지 않는 남편과 뜻이 맞지 않는 시어머니와의 불화로 결혼 생활은 행복하지 못했다.

허난설헌이 남편 김성립에게 보낸 시 〈강남에서 독서하는 남편에게 보내는 편지(寄其夫江舍讀書)〉를 통해 당시 심경을 짐작해볼 수 있다.

> 제비가 비낀 처마를 스치면서 둘씩 나는데
> 떨어지는 꽃은 어지러이 비단옷을 치네
> 규방에서 기다리는 마음 아프기만 한데
> 풀이 푸르러도 강남 가신 임은 오지 않네

이런 허난설헌은 어느 날 가장 의지하던 오빠 허봉(許篈)은 율곡을 탄핵했다가 함경도 갑산으로 귀양길을 떠나게 되고, 엎친 데 덮친 격으로 어린 아들과 딸마저 세상을 떠나보내고 뱃속의 아이까지 잃는 아픔을 겪게 된다.

잇따라 찾아온 불행으로 삶의 의욕을 잃은 허난설헌은 책을 벗 삼아 아픈 마음을 달래다가 27세 나이로 초당에 가득하던 책들 속에 향불을 피워놓은 채 지난했던 생을 마쳤다.

허균은 《성소부부고》에서 누이 허난설헌의 문학과 불행했던 삶에 대해 다음과 같은 글을 남겼다.

누님의 시문은 모두 천성에서 나온 것들이다. 유선시(遊仙詩)를 즐겨 지었는데, 시어가 모두 맑고 깨끗하여 음식을 익혀 먹는 속인으로는 미칠 수가 없다. 문(文)도 우뚝하고 기이한데 사륙문(四六文)이 가장 좋다. 백옥루상량문(白玉樓上樑文)이 세상에 전한다. 중형(허봉)은 일찍이 "경번(景樊)의 재주는 배워서 그렇게 될 수가 없다. 모두가 일찍이 이태백(李太白)과 이장길(李長吉)의 유음이다"라고 한 적이 있다. 아, 살아서는 부부 금실이 좋지 못했고, 죽어서는 제사 받들 자식이 없으니 옥이 깨진 원통함이 한이 없다.

허균과 교유하던 명나라 시인 주지번(朱之蕃)이 허난설헌의 작품을 모아 중국에서 《난설헌집》으로 펴냈는데 그의 시집이 널리 읽혀 '낙양의 종잇값〔紙價〕을 올렸다'는 격찬을 받았다고 한다. 그리고 1711년에는 일본인 분다이야 지로(文台屋次郎)가 일본어판으로 펴내 일본에서도 그의 시가 애송되었다.

허난설헌의 동생 허균은 선조 2년에 경상 감사 허엽(許曄)과 예조 판서 김광철의 딸인 강릉 김씨 사이에서 3남 2녀 중 막내로 태어났다. 허균의 가문은 대대로 문벌과 학문으로 이름이 높았는데 아버지와 두 형 모두 뛰어난 수재였으며 동인(東人)의 선봉이었다.

어린 시절 누이 난설헌과 함께 둘째 형 허봉의 친구였던 이달(李達)에게 한시를 배웠다. 스승 이달은 허균이 사회 모순에 눈을 뜨고 개혁사상을 키워가는 데 큰 영향을 주었다. 스승뿐 아니라 그와 가깝게 지낸 서얼 출신의 친구들을 통해 그들의 처지를 이해할 수 있었다. 허균은 '유재론(遺才論)'에서 "고금은 멀고도 오래고 천하는 넓으나 서얼 출신이라고 하여 현자를 버리고, 어미가 개가한 자손이라 하여 재능 있는 자를 등용하지 않는다는 말은 듣질 못했다. 우리나라만이 그런 자손의 벼슬길을 영영 막고 있다. 작은 나라, 더구나 양편에 적을 두고서도 반역을 도모할까봐 그들의 재능을 쓰지 않고, 그들의 경세를 이용할 줄 모른다. 이렇게 스스로 환로를 막고서도 우리나라엔 인재가 없다고 탄식한다"는 주장을 했다. 이러한 사상이 바탕이 되어 나온 작품이 바로 《홍길동전》이다.

허균은 세 번이나 파직되는 파란을 겪었다. 세상과의 불화를 겪은 자신의 자화상을 《성소부부고》에서 다음과 같이 말했다.

> 나는 처세에 졸렬하고 가계를 다스릴 줄 몰라 지금 반생 동안 기복이 여러 번 있었다. 다만 독서를 좋아하여 방을 깨끗이 쓸고 많은 책을 시렁에 채워 놓고 그 가운데에서 즐겼다. 몇 번씩이나 쫓겨 돌아다녀도 다 낙원이었다. 그렇지 않고 속된 사람들과 더불어 있을 때에는 어수선해서 책을 펼 수도 없을 뿐 아니라 아무리 좋은 집에 맛있는 음식에 좋은 방석을 깔고 있어도 큰 칼을 목에 찬 것 같고 몸은 불덩이 석에 있는 것과 같았다.

파란만장한 삶을 살았던 허균은 1618년(광해군 10)에 하인준(河仁俊), 김개(金闓), 김우성(金宇成) 등과 반란을 계획한 것이 탄로나 능지처참을 당했다. 그리고 정여립과 함께 조선왕조 내내 신원되지 않은 인물 중 하나로 남았다.

걷는 것은 중노동이다

남대천에 걸린 금산교를 지나기 전에 이상훈 씨가 준비해온 새참을 먹는다. 걷는 것은 생각보다 힘이 많이 들기 때문에 잠시 쉴 때 영양분을 보충하는 일이 중요하다.

우리가 지나는 강릉시 노암동(魯岩洞)은 본래 강릉군 남이리면 지역으로 너레바위골 또는 노암이라고 불렸다. 노암동에 있는 노간이 마을은 노가니라고도 부르는데, 냇물이 서쪽 백두대간에서 동쪽으로 흘러 중국 노나라 냇물과 같다고 해서 지어진 이름이다. 노가니에서 어리미로 넘어가는 또갑재에는 옛날에 도깨비가 자주 나타났다고 한다.

노암 남쪽에 안땔 마을에서 모산으로 넘어가는 모내고개가 있고, 안땔골과 욧골 사이에는 시계바위가 있다. 종을 쳐서 시간을 알리던 시절 이 바위 근처에 오면 꼭 종이 울렸다고 한다.

강릉에서 삼척으로 가는 길옆에 자리 잡은 고개가 앞고개였는데, 도시화로 인해 고개의 기능이 사라져버렸으니 길은 금세 유산동으로 이어진다. 모산(母山) 앞에 작은 산이라 하여 어리미 또는 유산(幼山)이라 이름 지은 유산동에는 삼영평이라는 들판이 있고, 어리미와 미역골 사이에는 섬들 마을이 있다.

유산동과 청량동 사이에 있는 섬석교를 지난다. 섬석교 아래에 자리 잡은 청량동은 청량미(靑粱米)라고 불리던 생동쌀이 잘 자라는 큰 들이 있었다고 하여 지은 이름이다.

들이 넓어서 오리가 넘으므로 오리들 또는 오리평이라 부르는 월호평동을 지나 강릉시 강동면 운산리에 이른다. 운산리에서 강릉시로 가는 재가 큰 물재이다. 다산 정약용과 함께 수원화성 축조를 담당했던 번암(樊巖) 채제공(蔡濟恭)이 강릉 경포대로 놀러 가는데, 그 사실을 미리 알게 된 이 지방 사람들이 이 고개 밑에 모여 큰 소를 잡아 잔치를 베풀었다는 곳이다.

남인의 영수이자 영 · 정조의 두터운 신임과 총애를 받았던 채제공은 특히 정조의 개혁 정치를 이끌어나갔다. 어린 나이에 과거에 합격하여 주요 관직을 두루 거친 채제공은 도승지 시절, 사도세자와 영조의 관계가 악화되어 영조가 세자 폐위 명령을 내리자 죽음을 무릅쓰고 이를 철회시켰다.

영조는 그러한 채제공을 보고 정조에게 말하기를 "진실로 나의 사심 없는 신하이며 너의 충신이다"고 하여 그때부터 정조는 채제공을 눈여겨보았다고 한다.

1775년 평안도 관찰사로 부임한 채제공은 서류통청(庶類通淸)은 국법의 문제가 아니므로 풍속에 맡겨야 한다는 상소를 올려 서얼 출신자에게 구타를 당하는 사건이 일어나기도 했다.

평안도 관찰사는 아무나 할 수 있는 것이 아니었던 모양이다. 채제공과 평안도 관찰사에 관한 글이 매천 황현이 지은 《매천야록(梅泉野錄)》에 실려 있다.

관서 지방은 산천이 넓고도 깊어서 진귀한 물화가 산출되었는데 아름다운 기생의 풍악, 빼어난 누정의 경치는 더욱 평양을 손꼽았다. 그래서 국중(國中)에서는 평안 감사를 부러워하며 이르기를 '부귀신선(富貴神仙)'이라고 하였으며, 백여 년 동안 권귀(權貴)가 아니면 얻을 수 없는 자리였다. 남인으로는 채제공 이후로 없었고, 소론으로는 서염순(徐念淳) 이후로 없었으며 북인은 말할 것도 없었다.

대원군이 정권을 잡자 한계원(韓啓源), 남정순(南廷順)이 남인과 북인으로 차례로 그 자리를 얻었을 뿐이니 잠깐이었다. …… 갑술환국 이래로 민영위(閔泳緯), 민응식(閔應植), 민영준(閔泳駿), 민영위(閔泳緯) 등이 그 자리를 차지하였으며, 민영위는 두 번이나 부임하였다. 그래서 평안도 사람들이 '평양 선화당은 민씨의 사랑방이라네'라며 노래를 불렀다고 한다.

갑술환국 이래로 남인들은 정국의 주도권에서 밀려나 만년 야당이었다. 경종이 임금에 오른 뒤에는 서인이 노론과 소론으로 나뉘어 주도권을 놓고 싸우는 그 틈바구니에서 남인들은 주변 세력에 지나지 않았다. 그 뒤에 채제공은 영의정에 임명(1793년)되었다가 얼마 지나지 않아 수원화성 축조를 맡는다. 우리나라 성곽의 으뜸으로 손꼽히는 수원성은 당대에 동원할 수 있는 모든 능력과 기술을 한눈에 보여주는 것으로, 채제공이 총지휘를 맡고 다산 정약용이 축성의 모든 과정을 계획하고 감독했다.

채제공은 죽어서도 당파 싸움에 휘말려 1801년에 노론 벽파(僻派)로 말미암아 관직을 추탈당했다가 1823년에 영남 사림들의 요청으로 신원되었다.

강릉 하시동리를 지나며 길을 걷다 만나는 표지판만큼 반가운 것도 또 지치게 하는 것도 없다. 제대로 가고 있다는 것을 알려주는 동시에 저 거리만큼 걸어가야 한다는 마음의 짐도 주기 때문이다.

어정가(魚亭街)라고 불리는 어정거리는 상시동과 운산리의 경계가 되는 큰길가에 있던 마을이다.

옥계 28킬로미터, 동해 40킬로미터, 삼척 51킬로미터 표지판을 지나자 강동면 상시동리이다.

시동(詩洞)의 위쪽에 위치해 상시동이라고 불리는 마을에서 잠시 쉬는 사이 마을 주민이 "어디를 가는 거요?" 하고 묻기에 "울진 평해까지 걸어갑니다" 하고 말을 받자 "오늘은 어디에서 여기까지 왔어요?" 하고 묻는다. "횡계에서 대관령 넘어 여기까지 왔습니다" 하고 말하자 "횡계에서 여기까지밖에 못 왔다고요, 굼벵이도 이만큼 오겠다"며 너스레를 떤다.

울릉도에서 이곳으로 이사를 왔다는 김진해(72세) 옹은 젊었을 때 전국일주를 했다고 큰소리치는데 영 미덥지 못하다. 옛말에 '호랑이 안 잡았다는 옛 늙은이는 없다'고 하지 않던가. 우리가 출발하려고 하자 조금 더 쉬어가란다.

"오늘 못 가면 내일 가면 되지 뭐가 그리 바쁘다요."

맞는 말이다. 하루 더 걷는다고 몇 시간 더 늦는다고 세상이 달라지지도 않는데, 악착스럽게 행여 손해 볼세라 바쁘게 살아가는 한심한 우리네 인생이여! 하지만 오늘 바람 다르고 내일 바람 다르듯 오늘 가야 할 길은 가야 하지 않겠는가.

"살아봉게 어딜 거든지 마찬가지여. 이리 가도 살 만하고, 지리 가도 살 만하던데."

김진해 옹의 알듯 말듯한 얘기를 뒤로 한 채 다시 길을 나선다.

시동리는 원래 절이 있어 사동(寺洞)이라고 하였다가 조선 후기에 시동으로 바뀌고, 서당골을 중심으로 상시동과 하시동으로 나누었다. 거릿말에서 모전리의 띠앗 뒤로 가는 밤고개를 넘어 모전교에 이른다.

서당골에는 선생위토(先生位土)라는 약 200평쯤 되는 밭이 있다. 이 밭은 약 200년 전에 서당훈장을 위해 마을 사람 여섯 명이 돈을 모아 마련한 밭인데 지금은 개인 소유라고 한다.

서당골을 바라보자 아스라한 어린 시절이 떠올랐다. 우리 마을에도 서당이 있었다. 지금은 할머니의 남동생 딸인 옥순이 고모의 남편이 된 희곤이 아버지가 서당 훈장이었다. 할머니와 둘이 살던 그때 또래 아이들은 서당을 다녔지만 나는 서당을 다닐 처지가 못되었다. 서당도 공짜가 아니라서 일 년이 다 끝나갈 즈음 훈장님께 쌀 몇 말은 주어야 다닐 수 있었기 때문이다.

하루 먹고 살기도 힘든데 쌀 몇 말이 어디 쉬운 일인가? 그래도 서당에 대한 미련을 버리지 못해 서당 주변을 맴돌며 아이들 글 읽는 소리를 들었다. 귀동냥이었던 셈이다.

서당에서는 일 년을 마무리하며 책거리를 했는데, 그럴 때마다 서당 아이들이 참으로 부러웠다. 그 한이 쌓여서 그런지 책을 내고 나면 그때 추억을 떠올리며 책거리를 했다.

그때 서당을 다녔더라면 어떻게 됐을까? 지금도 한문책을 보면 먼발치서 바라보며 부러워했던 어린 시절 친구들의 얼굴이 떠오른다.

내게 유년의 기억으로 남아 있는 서당은 오늘날 찾아볼 수가 없고, 지리산 청학동에만 조금씩 변형된 형태로 남아 있을 뿐이다.

산도곡(山道谷, 산돗골) 위에 있는 가마덕이라고 부르는 가마떼기 마을은 예전에 마을로 가는 산모퉁이에 돌이 길 쪽으로 솟아 있어서 가마타고 가는 사람은 가마에서 내려 걸어갔다는 곳이다.

이제껏 잘 따라온 미진이가 자꾸 뒤처진다. 애써 데리고 온 딸이 뒤처져 걷는 것을 바라보는 박수자 씨의 마음도 편치 않으리라. 아무래도 무리일 듯싶다. 처음 도보답사를 하는 사람을 하루라도 줄여보겠다고 35킬로미터나 걷게 했으니…….

미진이를 서둘러 보내고 앞서 가던 김자혁 씨와 이런저런 이야기를 나누며 걷는다. 김자혁 씨는 답사든 외국 여행이든 잠옷을 입지 않으면 잠을 잘 수가 없다고 한다. 자혁 씨에게 "고급 여행자네요"라고 말하자 "고급 여행자가 아니라 나그네 자격이 없는 사람이지요"라고 한다.

자혁 씨 얘기를 들으니 습관이 오래되면 품성이 되고, 위험한 관습보다 훨씬 더 불편하다는 말이 맞는 듯싶다. 나 역시 여행 중에 깊은 잠을 자본 적이 거의 없다. 밤마다 꿈속을 헤매기 일쑤고 어떤 때는 꿈속에서도 길을 걷는 꿈을 꾼다. 이제는 병을 넘어서 벽(癖)이 된 모양이다.

모전교에서 하루 일정을 끝내고 안인진리의 해맞이 민박집에 도착하니 어둠 내린 밤바다의 파도 소리가 거세다.

아흐레째 정동진에서 망상 해수욕장까지

나흘간 함께 걸었던 268킬로미터에 새겨놓은 시간을 간직한 채 이제 저마다 떠나왔던 곳으로 되돌아가야 한다. 서울 사람들을 보내고 나니, 금세 그리운 마음에 이미 내 시야에서 사라진 얼굴들이 하나씩 떠올랐다. 그들이 떠나간 동해 고속버스터미널에서 시외버스터미널로 발길을 옮기며 바라본 하늘에 하얀 구름은 어딘가로 빠르게 흐르고 바람은 세차게 불고 있었다. 나의 도반인 손지선 씨와 돌아갈 전주의 하늘은 그 어디쯤인가?

안인진에 있는 해령사

안인진에서 떠오르는 아침 해는 눈부시다. 고혜경 씨는 일찍부터 터를 잡고 해를 기다리고 있다. 우리는 느긋하게 아침밥을 먹으며 해를 본다. 고혜경 씨에게는 바다 가까운 곳에서 아침 해를 볼 수 있는 행운이 따르고 우리도 아침 해가 선사하는 장엄한 풍경을 감상한다.

우리가 머문 강동면 안인진리(安仁津里)는 안인날기, 안인날개, 안인나룻말로 부르는데 조선시대 안인포(安仁浦) 수군만호영(水軍萬戶營)이 있었다고 하여 안인진이라고 한다. 진촌이라고 부르는 나룻말은 안인날기 동쪽 바닷가에 있는 마을로 고기잡이배가 드나든다. 해령산(海靈山) 동북쪽 끝에 솟아 있는 큰 바위는 명선문(溟仙門)이라고 부르는데 그 모양이 문과 비슷하다. 조선 현종 때 강릉 부사를 지낸 이집두(李集斗)가 바위 위에 명선문이라는 세 글자를 새기고, 그 위에 봉홧불을 올려서 남

길은 거역할 수 없는 나의 운명이다

쪽으로는 오근산, 북쪽으로는 소동산으로 전했다고 한다.

해령산 위에는 안인음사라고도 부르는 해령사(海靈祠)가 있는데, 이 사당에는 다음과 같은 이야기가 전해온다.

옛날 이곳 안인진에 혼기를 놓친 처녀가 살고 있었다. 그러던 어느 날 이곳에 잘생긴 총각이 찾아들었다. 그를 보자마자 첫눈에 반한 처녀가 곧장 그 남자를 쫓아가 말을 건네자 그 남자는 홀연히 배를 타고 떠나가 버렸다. 이에 처녀는 마음에 상처를 입고 끝내 죽고 말았다. 그 뒤 이 마을에 밤만 되면 처녀 귀신이 나타나 바다가 바라다보이는 곳에 사당을 짓고 남자 성기의 형상을 모셔놓지 않으면 고기를 잡지 못할 것이라고 했다. 그러자 이곳 사람들은 귀신 말대로 사당을 짓고 해령지신(海靈之神)이라는 위패를 모셨다. 그와 더불어 나무로 만든 남근을 매달아놓고 제사를 지낸 뒤부터 고기가 잘 잡혔다고 한다. 그 뒤 1930년 무렵에 안인진리 구장의 아내가 "김씨의 아내를 얻어야겠다"고 말하며, 밤마다 이

뜨겁고 붉게 새날을 토해내는 안인항의 해돋이

사당에 오르내리자 해랑신이 들린 것이라 하여 위패를 김대지신(金大之神)이라 고쳐서 제사를 지내자 정신이 돌아왔다고 한다. 이때부터 남자의 생식기는 매달지 않고 제사를 지낸다.

고려시대 사람으로 이곳 안인진에 왔던 이곡이 남긴 글 한 편을 보자.

> 강릉에 있던 한송정을 지나 남쪽으로 가니 안인역이다. 날이 이미 저물어 고개를 넘을 수 없어 거기서 유숙하였다. 이튿날 일찍 떠나 역(驛)을 지나니 동봉(東峰)이 매우 험하였다. 등명사(燈明寺)에 이르러 일출대(日出臺)를 구경하고, 바다를 따라 동쪽으로 가서 강촌(江村)에서 쉬고 고개를 넘어 우계현(羽溪縣)에서 잤다.

이곡의 글을 보면 그때에도 날이 저물면 고개를 넘지 않았고 대개 역이나 현 소재지에서 머물다 갔음을 알 수 있다.

드세게 출렁이던 파도도 잦아들고 잔잔한 물결 위를 날아가는 갈매기를 바라보며 아침 7시 10분에 두 번째 구간 마지막 날 여정을 연다.

바닷가 마을 정동진

산성우 마을에서 바닷가 쪽으로 난 길을 따라 조금만 가면 정동진이다.

관동팔경 말고 강릉 일대에서 사람들이 가장 많이 찾는 곳이 정동진(正東津)이다. 강릉 지역의 답사를 끝내고 동해로 가는 길에 꼭 들러야 할 곳이 생긴 것이다. 안인진을 지나 해안선을 따라가면 정동진역이 나온다.

강릉시 정동면 정동진 1리에 있는 정동진은 원래 군사 주둔지로 서울에서 정동쪽 정확히 광화문에서 정동쪽에 자리 잡았기 때문에 생긴 이름이라고 한다.

하루 동안 고작 20~30명이 타고 내리던 정동진역이 사람들에게 알려진 것은 드라마 〈모래시계〉 때문이다. 드라마가 방영된 이후 지금까지도 이곳을 찾는 이들이 많다.

어두운 곳을 밝게 해준다는 뜻을 지닌 등명사(燈明寺)는 정동진에서 가까운 괘방산 중턱에 있다. 옛날에 한 임금이 눈병에 걸려 점쟁이를 찾아갔다. 그러자 점쟁이는 서울 정동에 있는 절에서 쌀뜨물을 동해 바다까지 흘려 보내 바다의 용왕의 노여움을 사 병에 걸린 것이라고 말했다. 임금의 명을 받은 사신이 원산(元山)에서부터 물줄기를 살펴보니 정동진에 못 미쳐서 바닷물이 흐린 것이었다. 마침내 물줄기가 등명사에 이르자 쌀뜨물이 흘렀다. 그래서 아예 절을 없애버렸는데 그 뒤부터 이 마을에 인재가 생기지 않았다고 한다. 그 뒤 1940년경에 서학수라는 사람이 암자를 지어 오늘에 이른다.

정동진역에서 박수자 씨와 딸 미진이 그리고 조수경 씨를 보냈다. '떠나는 사람 정녕코 기약을 남기고 가지만, 보내는 사람 눈물로 옷깃 적시게 하네'라는 박지원의 시구처럼 보내는 내 마음도 편치가 않다.

마음 졸이며 밤재 터널을 지나다

두메산골에서 태어나 그런지 아니면 본디 식물이나 나무에 대해 잘 알아서 그런지 나는 먹을 수 있는 것과 먹지 못하는 것을 잘 안다. 그래서 답사 때마다 산과 강 그리고 길에서 먹을 수 있는 풀이나 열매를 따서 맛을 보게 한다. 한 번 맛을 본 사람들은 이번에는 무엇을 먹게 될지 꽤나 기다리는 눈치다. 어떤 이들은 '우리가 뭐 생체 실험도구냐'고 툴툴거리면서도 맛있게 먹는다.

봄이면 새로 돋아난 쑥이며 벌금자리며 찔레순 같은 온갖 나물이 지천에 널려 있고, 봄이 지나면 오디와 버찌 맛을 보느라 입과 손이 바쁘다. 가을이면 감이며 대추며 심지어 무며 배추 속까지 먹고 거기에 머루며 다래며 으름 등 온통 먹을거리다. 그래서 주인 몰래 조금씩 따서 먹는 우리를 보고 서로 '한국좀도둑연합회회원'들이라고 농을 하며 웃는다. 어린 시절에 '재리'(전라도 지방 사투리)라는 이름으로 했던 것들이 소중한 추억으로 남아 있듯이 답사에서도 그 재미는 어릴 때와 다를 바 없다.

벌써 늦가을이라 길을 가다 따먹을 수 있는 것이 별로 없다. 감과 고욤 정도뿐. 덜 익은 감을 하나 따서 일행을 뒤쫓아가다 신발 끈이 풀려서 끈을 매는데 문득 신발 끈이 풀리면 누군가 나를 그리워하는 것이라는 얘기가 떠올랐다. 못생긴 감 하나를 따 가지고 가는 초라한 나를 누가 그리워할까 생각하니 절로 웃음이 나왔다.

일행들이 더위에 지쳐서 밤재를 넘기에는 무리이겠다 싶어 밤재 터널을 지나기로 했다. 동해 19킬로미터, 차량이 많지는 않지만 인도가 없고 차들이 너무 빨리 다니는 도로라서 터널에 들어서기 전에 한 번 더 주의를 당부했다. 아무리 급해도 한 줄로 가야 하므로 김자혁 씨가 맨 앞에 내가 맨 뒤에 섰다. 마음 졸이며 밤재 터널 400미터를 지나갔다.

맑은 물 흐르는 옥계

길 위에 길이 있고, 길 위에 산이 있다. 한낮이 되니 날은 무척 덥다. 시커멓게 그을린 얼굴들이 입을 모아 콜라 타령을 한다.

강릉시 옥계면 낙풍리에서 터널을 지나니 길은 내리막이다. 옥계면은 옛 우계현 지역으로 우계현의 별호인 옥당의 이름을 따서 지은 이름이고, 낙풍리는 조선시대에 대창도(大昌道)에 딸린 낙풍역(樂豊驛)이 있었다고 하여 역촌 또는 낙풍이라고 한다.

조성 성종 때의 학자 성현은 이곳 낙풍을 일러 "평평한 모래톱이 바다에 연했는데 돌아갈 길은 아득히 멀기도 해라. 푸른 대는 뒷집을 막았고, 푸른 숲은 판교(板橋)를 가렸네. 연기 끼인 언덕에는 송아지 몰아가고, 풀 우거진 들판엔 샘물을 멀리 끌어왔네. 뻐꾹새는 절기를 알고, 은근하게 곡식 심기 권하네"라고 읊었다. 조선시대 서화가 이우(李瑀)는 "눈(雪) 빛이 창틈에 드니 촛불이 무색해지고, 달은 솔 그림자에 제쳐서 서쪽 치마에 일렁인다. 밤이 깊으매 산바람이 부는 줄 알겠으니, 담 밖 대나무에서 우수수한 소리 나누나"라고 하였다.

3킬로미터쯤 내려오니 집들이 보이고 잠시 나무 그늘 밑에서 시원한 음료에 아이스크림을 먹으며 땀을 식힌다. 김자혁 씨가 양말을 벗자 발뒤꿈치에 물집이 심하게 잡혀 있다. 뒤따라오는 사람들의 원성은 듣는 둥 마는 둥 뒤도 안 보고 앞만 보고 걸었으니 발이 온전하겠는가. 나 역시 왼쪽 새끼발가락이 부어 걷기가 힘들기는 마찬가지다. 이렇게 온몸 곳곳이 성치 않은데도 걷게 하는 원동력은 무엇인가?

양지말에서 현내리로 가는 재는 동해 해적들의 노략질을 보다 못한 마을 사람들이 보루를 쌓고 창고를 지어 쌀을 숨겨두었던 창치(倉峙)이다.

먹고 살기도 힘든데 해적들은 출몰하고 관리들은 탐학을 일삼으니 다 함께 힘을 모을 수밖에…….

옥계 입체교차로를 지나 7번 국도를 따라간다. 삼척 동해 옥계 1리, '옥계 대파'라고 쓰인 안내판을 보며 17세기 《택리지》에 나온 각 지역 특산물과 거의 비슷하다는 사실에 그저 놀랍기만 하다.

'옥계 사랑 주수천, 맑은 물 주수천'이라는 현수막이 내걸린 주수천은 푸르고 맑다. 옥계 삼거리와 다리 몇 개가 걸쳐 있는 길을 지나자 동해

동해시 한라시멘트 공장을 지나는 길벗들 강원도에는 산이 많아 광물 자원도 풍부하다. 마치 지역을 상징하는 토산물과 같았으나 세월이 흘러 풍경도 많이 바뀌었다.

14킬로미터라고 쓰인 도로 표지판이 보이고, 옥계 · 삼척 · 동해 표지판 너머로 보이는 한라시멘트의 위용이 한눈에 드러난다.

주수리 동쪽에 있는 새터 마을을 지나자 도직진 나루가 있는 도직리에 이르고 동해 바다를 만난다.

걷는 발걸음 소리만 들어도 누구인지 안다

바다, 출렁이는 푸른 바다. 바다는 잔잔하다. 낚싯대가 드리운 바다에 파도가 철썩이고, 철 지난 도직 해수욕장 너머에 이번 답사의 마지막 지점인 망상 해수욕장이 있다.

배 몇 척이 파도가 들려주는 바다 소리를 들으며 어디론가 떠가고, 기차는 아우성을 지르며 달려간다. 저마다 자신의 길을 향해 가는 모습에 우리가 가야 할 길을 생각해본다.

철조망에 가려 제 모습을 보여주지 않는 바다를 바라보는 동안 몇몇은 까마득하게 멀리 갔다. 겨우 뒤따라가 손지선 씨와 함께 걷는데 손지선 씨가 한마디 한다.

"발걸음 소리만 들어도 이제 누구인지 알겠어요. 그런데 선생님 발걸음은 독특해요."

독특한 발걸음이라도 걷기 힘든 것은 매한가지. 그래도 어느새 강릉시를 벗어나 동해시 망상동 도직 해수욕장이다. 천곡 동굴 12킬로미터, 망상 해수욕장 1.3킬로미터. 동해시 망상동은 본래 강릉군 지역으로 망상면이었다가 동해시에 편입되었다. 망상리는 크고 넓은 들이 있어서 망생이, 망성이, 마르뜨루, 마상평이라고 불렸다. 눌미 북쪽에 있는 사봉재는 모래가 많아서 지어진 이름이고, 눌미 앞에는 한나루터가 있다.

길은 거역할 수 없는 나의 운명이다

여름에는 피서객들로 발 디딜 틈 없겠지만 철 지난 바닷가라 시내버스도 택시도 보이지 않는다. 망상 해수욕장 두 번째 구간의 종착지다. 완주했다는 성취감에 지친 표정은 온데간데없이 금세 얼굴들이 환하다. 두 번째 구간 일정이 끝난 이곳에서 세 번째 구간이 시작될 것이다.

동해 고속버스터미널 부근에서 점심을 먹으며 나흘간 여정에 대한 소감을 물었다.

"김자혁 씨는 어땠어요?"

"정말 많이 걸었어요. 스스로 대견해요. 대관령을 넘어서 고향 길을 걸어왔다고 생각하니 감개무량해요. 젊은 시절 비포장도로를 열 시간이 넘게 달려왔던 고향이고, 기차 타고 밤새 달려왔던 고향인데……."

김자혁 씨는 지난날이 스쳐 지나가는 듯 눈가에 서글픔이 묻어난다.

"손지선 씨는 어때요?"

"밥 먹고 걷고 또 밥 먹고 걷는 것이 소원이었거든요. 차를 타고 오면서 중도에 포기하면 어떡하나 걱정했는데, 끝까지 걸어서 너무 대견해요."

"안명숙 씨는 어떤 생각을 했어요?"

"옛길을 걷는 것도 좋았고 용기만 있다면 누구라도 할 수 있겠다는 생각이 들어요."

고혜경 씨에게 물었다.

"도대체 길이 무엇일까요?"

"길은 거역할 수 없는 자신의 운명 같아요. 그래서 걷고 또 걸을 수밖에 없는 것 같구요."

"손현미 씨는요?"

"길 안에 우리 인생이 있다는 걸 깨달았어요. 아프기도 하고 행복하기도 하고……."

"김선희 씨는요?"

"걸으면서 시대에 따라 길의 의미도 변한다는 것을 깨달았어요. 옛길도 좋지만 우리 시대에 맞는 길도 필요하다고 느꼈어요."

인생은 회자정리 두 번째 구간을 마치고 동해 시외버스터미널에서 집으로 가는 버스를 기다리며.

"이수아 씨는요?"

"옛날에는 많은 사람들이 다녔던 길이 점점 사라져가고 있어 가슴 아프고 안타까워요."

"이혜리 씨는요?"

"길을 걸으면서 나를 발견한 것 같아요."

"서지강 씨는요?"

"길은 무엇보다 걸어야 그 의미를 알 것 같아요."

'세 사람이 모이면 문수보살의 지혜가 나온다'는 속담이 있다. 세 사람보다 더 많은 사람들이 모여 걷다보니 더 많은 지혜들이 모여서 별 탈 없이 두 번째 구간 종착지에 도착했을 것이다.

나흘간 함께 걸었던 268킬로미터에 새겨놓은 시간을 간직한 채 이제 저마다 떠나왔던 곳으로 되돌아가야 한다. 서울 사람들을 보내고 나니,

금세 그리운 마음에 이미 내 시야에서 사라진 얼굴들이 하나씩 떠올랐다. 그들이 떠나간 동해 고속버스터미널에서 시외버스터미널로 발길을 옮기며 바라본 하늘의 구름은 어딘가로 빠르게 흐르고 바람은 세차게 불고 있었다. 나의 도반인 손지선 씨와 돌아갈 전주의 하늘은 그 어디쯤인가?

세 번째 구간

열흘째 동해역에서 삼척까지

열하루째 삼척 동막에서 호산고까지

열이틀째 삼척 신남리에서 울진 매화리까지

열사흘째 매화리에서 평해까지

세 번째 구간 동해에서 평해까지

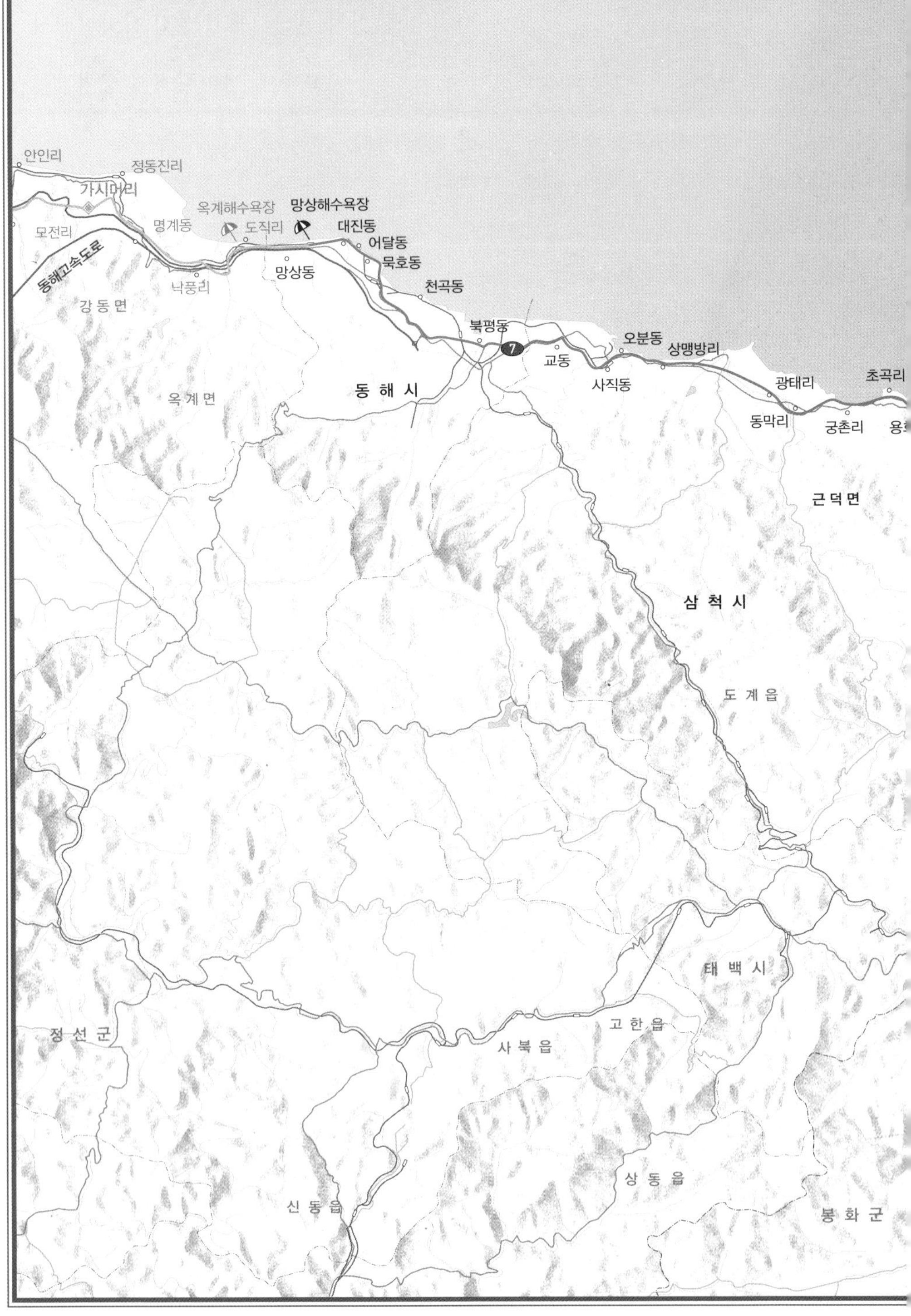

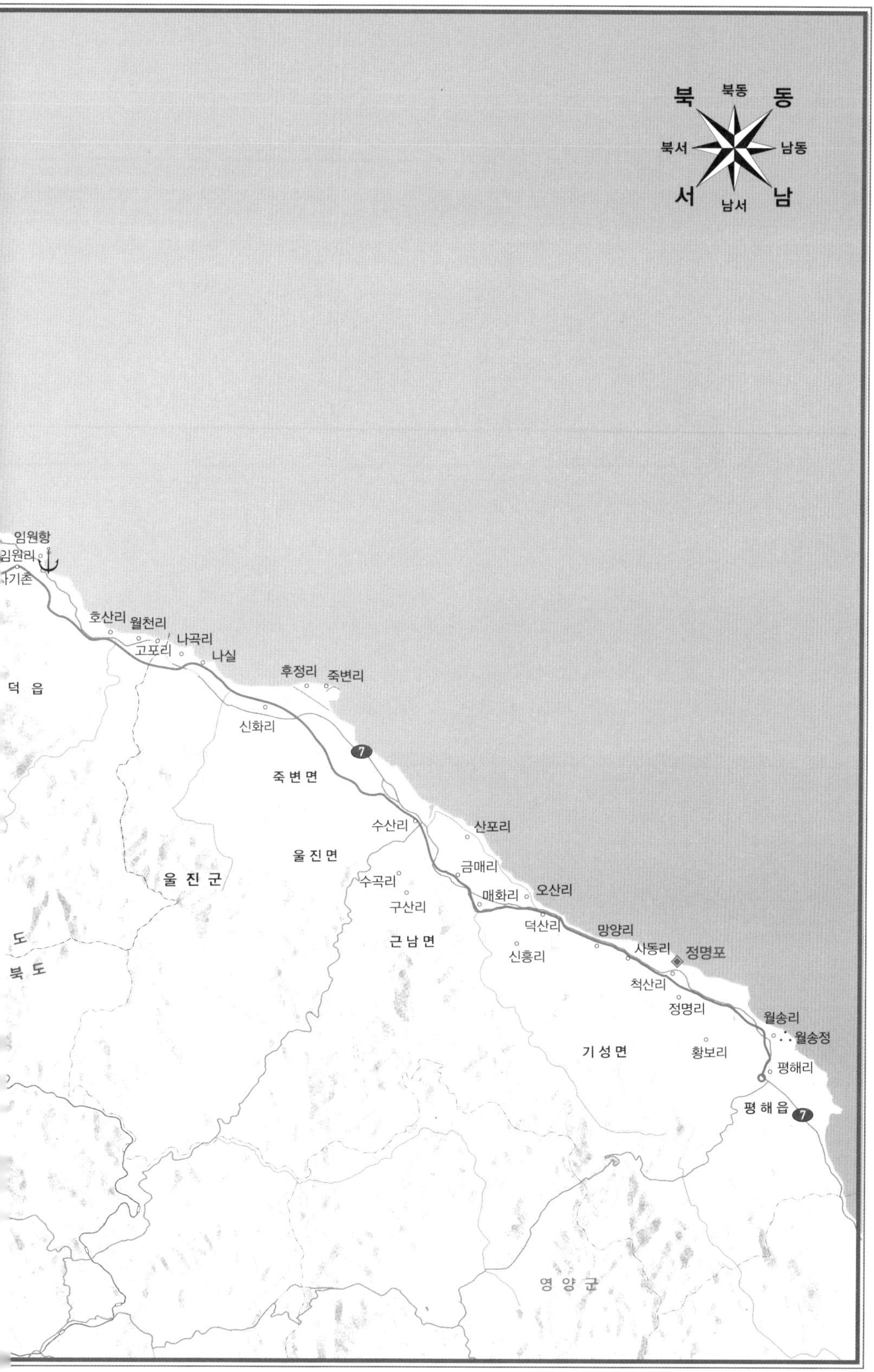

북
북동
동
북서
남동
서
남서
남
임원항
호산리
월천리
고포리
나곡리
나실
후정리
죽변리
신화리
7
죽 변 면
수산리
산포리
울 진 면
울 진 군
금매리
수곡리
구산리
매화리
오산리
덕산리
근 남 면
망양리
신흥리
사동리
정명포
척산리
정명리
월송리
월송정
기 성 면
황보리
평해리
평 해 읍
7
영 양 군

열흘째 동해역에서 삼척까지

오십천을 따라가니 동해 바닷가의 삼척항이 내려다보이는 육향산(六香山) 언덕에 숙종 때의 학자 허목이 세운 척주동해비(陟州東海碑)가 있다. 허목이 삼척 부사로 있을 때 풍랑으로 오십천이 자주 범람하여 백성들의 피해가 계속되자 동해를 예찬하는 글 〈동해송〉을 지어 비를 세웠다. 그 뒤로는 아무리 거센 풍랑이 와도 그 비를 넘지 않았다고 한다.

여행, 삶의 또 다른 축복

2007년 11월 14일 밤 10시 20분, 청량리역에 도착하자 고혜경 씨, 이기춘 씨, 민경권 씨, 이혜리 씨가 먼저 와 있다. 얼마 만인가? 밤기차를 타고 동해 바다로 떠난 것이. 청량리역을 가득 메운 사람들. 어딘가로 떠날 수 있다는 것, 그것도 새로운 세계를 향해 용감하게 나설 수 있다는 것은 얼마나 큰 축복인가? 우리가 알고 있는 세상이 아니라 새로운 세계, 새로운 사람을 만난다는 것만으로도 여행은 삶의 또 다른 축복이리라.

강릉행 무궁화 열차는 밤 10시 40분 정시에 떠난다. 고혜경 씨의 기지로 특실에 몸을 싣고 동해 푸른 바다로 향한다. 이윽고 차내 방송이 흘러 나온다.

"우리 열차는 덕소, 양평, 원주, 태백, 동해를 거쳐 내일 새벽 5시 50분

여행을 많이 다닌 사람일수록 준비는 소홀해지고

강릉에 도착하겠습니다."

고혜경 씨는 이럴 줄 알았으면 덕소에서 탈 걸 그랬다며 가족들에 대한 미안함을 털어놓는다.

기차는 제기, 망우, 도농을 지난다. 어둠을 밝히는 것은 가로등과 교회의 십자가뿐이다. 설핏 잠이 든 꿈속에서 역 이름들을 들을 때마다 내 지난날 기억들도 덩달아 흔들린다. 원주, 여미, 태백을 지난 열차는 캄캄한 어둠 속을 저 혼자 쓸쓸히 달린다. 이런저런 생각을 잠시 멈추고 내릴 준비를 하려는데 안내 방송이 나온다.

"우리 열차는 잠시 후 동해역에 도착하겠습니다."

어둠 속에서 길은 시작되고

오전 4시 20분, 열차에서 내리자 밤바람이 싸늘하다. 대합실에 들어서니 역무원과 기차를 기다리는 몇몇 사람이 우리를 멀뚱히 바라본다. 불현듯 에즈라 파운드가 노래한 '군중(群衆) 속에서 유령처럼 나타나는 이 얼굴들, 까맣게 젖은 나뭇가지 위의 꽃잎들'이라는 시가 떠오른다. 마치 지금 모습을 그대로 읊기라도 한 것 같다.

동해역 대합실에서 짐을 다시 꾸린다. 날이 밝으려면 아직 멀었다. 동해역에서 지난번 답사를 마친 망상 해수욕장까지 운동 삼아 걸어갈 생각이다.

해송이 양옆으로 늘어선데다 어둠이 가시지 않아 새벽길이 매우 위험하다. '조심하자, 조심하자' 되뇌며 걷는다. 어디로 가는지 알 길이 없는 자동차들은 바로 옆을 쏜살같이 지나가고 어둠은 서서히 걷힌다.

비가 내린다. 그런데 비옷은 챙기고 우산은 가져오지 않았다. 여행에 이골이 난 나로서는 '여행을 많이 다닌 사람일수록 여행준비는 소홀해지고 여행도구도 줄어들게 마련'이라는 말에 고개를 절로 끄덕일 수밖에 없다. 정말 여행준비를 너무 소홀히 했다. 하지만 어쩌겠는가, 비가 계속 내리면 우산을 살 도리밖에…….

어느덧 옥계 해수욕장을 지나 대진리의 대진 해수욕장에 이른다. 큰 나루가 있어서 한나루, 개태미 또는 대진이라고 부르는 대진 해수욕장의 파도가 높다. 조금 걸어가니 어달리다. 어달산의 이름을 따서 지은 어달리는 어랠이라고도 부른다. 횟집과 민박집이 늘어서 있지만 사람들은 그리 많지 않다. 화성 횟집에서 곰치국을 먹고 어달항에서 조금 내려

바다 빛깔이 검다 하여 묵호 또는 먹호라 하였던 묵호항

오자 제방과 가까운 바다 위에 까막바위가 서 있다. 이 바위는 서울 남대문에서 정동 방향에 있다고 한다.

그대여 묵호를 아는가

묵호항이 북평과 합해져 동해시가 된 것은 그리 오래전 일이 아니다. 우리는 지금 묵호항에 서 있다.

내게 있어서 동해 바다는 투명한 유리잔에 담긴 술, 한 잔의 소주를 연상케 했다. 어느 때엔, 유리잔 벽에서 이랑 지어 흘러내리는 소주 특유의 근기를 느껴 메스껍기도 했지만, 대체로 그것은, 단숨에 들이켜고 싶은 고혹적인 빛깔이었다. 파르스름한 바다. 그 바다가 있는 곳. 묵호.

그렇다. 묵호는 술과 바람의 도시다. 그곳에서 사람들은 서둘러 독한 술로 몸을 적시고, 방파제 끝에 웅크리고 앉아 눈물 그렁그렁한 눈으로 먼 수평선을 바라보며 토악질을 하고, 그러고는 다른 곳으로 떠나갔다. 부두의 적탄장에서 날아오르는 탄분처럼 휘날려, 어떤 이는 바다로, 어떤 이는 멀고 낯선 고장으로, 그리고 어떤 이는 울렁울렁하고 니글니글한 지구에게 욕설을 퍼부으며 멀리 무덤 속으로 떠나갔다. 가끔은 돌아오는 이도 있었다. 플라타너스 낙엽을 밟고 서서 시내버스를 기다리다가, 아파트 베란다에 나서서 망연히 하늘을 쳐다보다가, 문득 무언가 서러움에 복받쳐 오르면, 그들은 이 도시를 기억해냈다. 바다가 그리워지거나, 흠씬 술에 젖고 싶어지거나, 엉엉 울고 싶어지기라도 하면, 사람들은 허둥지둥 이 술과 바람의 도시를 찾아나서는 것이었다. 그럴 때면 언제나 묵호는, 묵호가 아니라 바다는, 저고리 옷고름을 풀어헤쳐 둥글고 커다란 젖가슴을 꺼내주었다. 그 젖가슴 사이에 얼굴을 묻고 도리질하며 울다가 보면, 바다는 부드럽게 출렁이는 젖가슴으로 돌아온 탕아의 야윈 볼을 투덕투덕 다독이면서 이렇게 말하는 것이었다.

"얘야, 떠나가라, 어서 떠나가라, 얘야. 바다에는 아무것도 없단다. 자아, 어서 인간의 바다로 떠나거라. 인간의 바다에 멀기가 인다.

— 심상대, 〈묵호를 아는가〉 중에서

바다와 항구의 쓸쓸한 이미지를 절묘하게 담아낸 소설의 일부분이다. 고향이란 무엇일까? 고향은 언제나 한결같지만 그 고향이 가끔씩 차고 넘칠 때가 있다. 고향이 멀게만 느껴지던 어느 날 그 고향을 찾게 될 때

동해안 곳곳에 흩어져 있는 당집 당집은 민간에서 신을 모셔놓고 제사를 모시는 곳이다. 사진에 보이는 굵은 나무가 마을의 수호신 역할을 한다.

가 있다. 나의 고향이 그럴진대 누구에게나 고향은 그런 애증의 장소가 아닐까?

본래 강릉군 망상면 지역이었던 묵호진(墨湖津)은 물도 바다도 물새도 검다 하여 먹호 또는 묵호라고 하였다. 묵호항은 묵호진리와 발한리 동쪽에 걸쳐 있다. 1931년에 축항을 하여 1936년에 삼척에서 나오는 무연탄을 실어 나르면서부터 크게 발전하여 1964년에 국제항이 되었다. 발한리 쪽은 군항과 외국 선박용으로 쓰고, 묵호진리는 일반 배가 드나든다.

향로봉과 돌담을 지나 발길은 천곡동에 이른다. 본래 삼척군 도하면 지역으로 샘이 좋다고 하여 샘실이라고 불렀다.

이 근처에 있던 평릉도역(平陵道驛)은 속역으로 강릉, 삼척, 울진을 비롯해 15개 역참을 관할하던 곳이다. 《만기요람(萬機要覽)》을 보면 이 역에 속한 말은 3등마 503필, 아전과 군졸은 모두 9,034명이었다.

원래 이곳에 있던 평릉역(동해시 천곡동)은 1760년(영조 36)에 교가역(근덕면 교가리)으로 옮겨졌다. 남아 있던 역사 건물은 1899년에 헐렸는데 그 목재와 기와는 강원도 삼척시 미로면 활기리에 있는 조선시대 태조의 5대조 목조(穆祖)의 부모 묘인 준경묘와 영경묘의 두 재사(齋舍) 건축에 사용했다고 한다.

용정동을 지나서 북평항(北坪港)에 접어든다. 북평동에 있는 북평항은 동해시에 있는 항구로 동해항이라고도 한다. 나안동에서 북평교를 지나자 삼척으로 가는 길이 보인다.

동해시 대구동은 큰 언덕 위에 있어서 대구밭 또는 대고전(大皐田)이라고 하였다. 문현이라고 불리는 문고개를 지나자 '안녕히 가십시오. 동해시'라고 쓰인 표지판이 보인다. 삼척시 갈천동에 이른 것이다. 냇가에 자갈이 많아서 갈내 또는 갈천이라고 이름 지은 갈천리 바닷가에는 마치 소가 누워 있는 듯한 생김새의 와우산이 있다. 조금 더 걸어가자 삼척시 교동이다. 향교말 또는 교동이라고 부른 교동에는 배가 드나드는 마을이라는 뜻의 배드나드리 마을이 있고, 옛 여제단의 터가 남아 있다.

강원도 삼척시 교동에 자리 잡은 삼척향교(三陟鄕校)는 1398년(태조 7)에 현유(賢儒)의 위패를 봉안 배향하고 지방민의 교육과 교화를 위해 창건되었다고 한다. 강원도 유형문화재 제102호로 지정된 이곳에는 공자를 비롯한 유교 선현들의 신주를 모셔놓았으며, 유림회에서 해마다 음력 4월과 8월에 제를 올린다.

관동팔경의 하나인 삼척 죽서루

가을 풍경이 절정인 죽서루

비 내리는 죽서루의 가을 풍경이 절정이다. 고혜경 씨는 형형색색의 나뭇잎들이 비바람에 흩날리는 아름다운 풍경에 할 말을 잃은 듯했다.

비가 내려서 아무도 찾는 이 없고 오직 우리만이 가을의 절정을 만끽하고 있는 죽서루를 《택리지》에서는 다음과 같이 표현했다.

> 삼척 죽서루(竹西樓)는 오십천(五十川)에 자리 잡고 있는데 그 경치가 비할 데 없이 훌륭하다. 절벽 아래에는 안 보이는 구멍이 있어 냇물이 그 위에 이르면 낙숫물처럼 새고, 나머지 물은 누각 앞 석벽을 지나 고을 앞으로 흐른다. 옛날 뱃놀이하던 사람들이 잘못하여 구멍 속에 들어갔는데, 간 곳을 알지 못한다고 한다. 사람들은 고을 터가 공망혈(空亡穴, 묏자리나 집터를 잡을 때

피하는 곳 중 하나)에 위치하였으므로 인재가 나지 않는다 한다.

죽서루는 삼척시 성내동 오십천변의 깎아지른 절벽 위에 있다. 관동팔경 중 제일 큰 누정이며 가장 오래된 건물로 유일하게 바닷가에 세워지지 않고 내륙 깊숙이 들어앉아 있는데도 오십천의 풍광이 바닷가 경치 못지않게 빼어나다.

죽서루의 창건자나 건립 연대는 알 수 없다. 다만 《제왕운기(帝王韻紀)》를 지은 이승휴(李承休)가 두타산에서 숨어 지낼 때 죽서루에 올랐다는 기록이 있다. 이후 조선 태종 3년(1403)에 삼척 부사 김효손이 중창하였고, 그 뒤 오늘날까지 여러 차례의 보수와 증축이 이루어졌다.

오십천변 맞은편에서 바라보는 풍경이 특히 뛰어나며, 죽서루의 가을 단풍이 가장 아름답다고 한다. 이렇게 아름다운 죽서루의 풍광을 박종은 〈동경기행(東京紀行)〉에서 다음과 같이 그려냈다.

> 삼척의 서천 천리 절벽이 맑은 강을 위압하듯 다가섰는데, 그 뒤에 자리 잡은 누각이 죽서루이다. 죽서루에 올라가 난간에 의지하면 사람은 공중에 떠 있고 강물은 아래에 있어 파란 물빛에 사람의 그림자가 거꾸로 잠긴다. 물속 고기떼는 백으로 천으로 무리무리 오르락내리락 돌아가고 돌아오는 발랄한 재롱을 부린다. 가까이는 듬성듬성 마을집이 있어 나지막하게 떠 있는 연기가 처마 밖에 감돌며 멀리는 뭇 산이 오라는 듯 가뭇가뭇 어렴풋이 보이니 누대의 풍경이 실로 관동의 으뜸이다.

죽서루에 걸려 있는 '관동제일루(關東第一樓)'라는 현판은 숙종 때 부사를 지낸 이성조가 썼고, '제일계정(第一溪亭)'이라는 현판은 남인의 영수였던 미수 허목(許穆)의 글씨로 알려져 있다. 서까래에는 조선 숙종의 어제시(御製詩)를 비롯해 정조, 이이 등 여러 명사의 시가 제영(題詠)으로 걸려 있다.

죽서루 아래를 흐르는 오십천에는 벼슬아치들이 묵던 진주관(眞珠館)이 있었다. 원래는 죽서루 밑에 있었으나 중종 12년에 죽서루 북쪽으로 옮겼다고 한다. 그 뒤 군청사로 쓰다가 1934년에 진주관을 헐고 그 자리에 새청사를 지었으나 한국전쟁 때 불타 없어졌다. 다시 청사를 지어 사용하다가 1981년에 군청사는 교동으로 옮겼고, 그 자리에는 현재 삼척문화원이 들어서 있다.

칠장방(漆匠房)은 칠장들의 일터로, 광해군 7년(1615)에 부사 김존경(金存敬)이 진주관 인근에 세웠는데 지금은 죽서루 경내 광장이 되었다.

육향산 아래에 있는 척주동해비

차마 두고 가기 아쉬운 죽서루를 돌아 나오면서 박제가가 묘향산에서 스님들과 이별하며 건넨 말이 떠올랐다.

"어찌 내일에 다시 올 줄 알며 비록 온다 한들 또 어찌 반드시 서로 만날 줄을 알겠는가? 산수는 비록 의구하되 그대들을 못 본다면 내일의 회포를 어찌 기약하리. 늦은 가을 9월 수석이 아름다운 이 산 이 땅, 만수홍엽 중에서 나는 그대들을 이별하네그려."

다시 온다 해도 비 내리는 가을, 세상을 물들인 빛깔은 저 나뭇잎들이

척주동해비

우수수 떨어지는 그 순간 이미 지나간 것이 되리라. 길은 다시 관동대로로 이어지고, 오십천교를 건너 발길을 재촉한다.

오십천을 따라가니 동해 바닷가의 삼척항이 내려다보이는 육향산(六香山) 언덕에 숙종 때의 학자 허목이 세운 척주동해비(陟州東海碑)가 있다.

허목이 삼척 부사로 있을 때 풍랑으로 오십천이 자주 범람하여 백성들의 피해가 계속되자 동해를 예찬하는 글 〈동해송〉을 지어 비를 세웠다. 그 뒤로는 아무리 거센 풍랑이 와도 그 비를 넘지 않았다고 한다.

〈동해송〉 비는 처음에 정라항 만리도에 세웠는데, 비바람에 풍화되어 비문을 알아보기 어렵자 숙종 34년(1708)에 글씨를 본떠 다시 새기고, 숙종 36년에 육향산으로 옮긴 것을 현재 정상동으로 옮겨왔다. 척주동해비는 밀물과 썰물을 물리치는 비라는 뜻에서 퇴조비(退潮碑)라고도 한다.

허목의 〈동해송〉을 읽다가 교통사고가 잦은 도로에서는 길(道) 신을 예찬하고, 산불이 많은 지역에서는 불(火)의 신을 예찬하는 글을 지어 예방했으면 어떨까 하는 엉뚱한 생각을 해본다.

길은 사직동으로 이어진다. 본래 삼척군 부내면 지역으로 조선시대 사직역(史直驛)이 있었다고 하는데 《동국여지승람》에 "지금 살피건대, 부는 옛 실직국인데 사직은 곧 실직이 방언(方言)으로 변한 것이다"라고 실려 있는 것으로 보아 그 말이 맞을 듯싶다.

사직동 도로변에 실직군왕비(悉直郡王妃) 묘가 있다. 실직군왕은 신라 마지막 임금인 경순왕의 손자 김위옹(金渭翁)으로 삼척 김씨의 시조이기도 하다. 조선 현종 4년(1838)에 삼척 부사 이규헌이 실직군왕릉과 사직릉(史直陵)을 발굴해보니 실직군왕과 실직군왕비인 밀양 박씨의 묘로 확인되었다. 그 뒤 1937년에 후손인 삼척 김씨들이 묘를 보수했다고 한다.

나그네는 조그마한 일에도 감격해야 하고

이 부근에는 석회암이 많은데 끄신재는 석회산이 나는 산이고, 소냇들에는 현재 동양시멘트공업주식회사가 있다. 자그마한 삼척역을 지나자 오분동이다. 오분동은 본래 삼척군 누매면 지역으로, 《동국여지승람》에는 오화리(吳火里)라고 실려 있으며, 《척주지(陟州誌)》에는 오분진(五分津)으로 실려 있다.

오분동 남쪽에 있는 한치(寒峙, 한재) 고갯마루에는 한치 터널이 있다. 편히 갈 수 있는 터널을 버리고 옛길에 들어서 고개를 넘자, 바다가 마치 끓어 넘치는 용광로 같다. 쉽고 빨리 가는 대신 이렇게 천천히 걷다 보면 뜻밖의 풍경을 만날 때가 있다.

낮게 드리운 검은 구름 아래 부서지는 파도를 보며 고혜경 씨는 '너무

신비하다, 저 파도에 산산이 부서지고 싶다'고 혼잣말을 한다.

이처럼 생각지도 않은 곳에서 놀라운 풍경을 맞닥뜨렸을 때, 자연의 일부인 사람은 비로소 완전한 자연이 된다. 스스로 자연이 되는 경이로움을 경험하는 것이다. 옛 사람들은 '세상에서 볼 수 없을 것 같은 이러한 정취'를 '불세정(不世情)'이라고 했다.

삼척시 근덕면 상맹방리에 이르러 한재 밑에 있는 마을 어귀 간이 정류장에서 잠시 쉰다. 비는 멈출 기색이 없고, 비옷에 우산까지 받치고 가자니 몸이 무겁다. 도보답사를 하는 나그네에게 가장 견디기 힘들 때가 비 오고 눈보라 치는 날이다. 걷는 것도 힘들지만 기록하기도 힘들기 때문에 살아 있는 글을 쓸 수가 없다.

벚나무 가로수 길은 비바람으로 온통 단풍이 진 벚나무 잎뿐이다. 그뿐인가, 가끔씩 눈앞을 어지럽히며 떨어지는 나뭇잎들로 순식간에 아름다운 길을 만들어놓으니 걸어도 싫증이 나지 않는다.

상맹방리의 본 마을인 본촌 마을과 승방이 있었다는 심방골 마을을 지나 하맹방리에 접어든다. 연봉동 남쪽에는 며느릿골 골짜기와 메누릿고개가 있는데 옛날 한 신부가 가마를 타고 가다가 죽은 뒤부터 가마를 탄 신부는 이 고개를 넘지 않는다고 한다.

여정은 어느새 조선시대에 있던 교가역(交柯驛)의 이름을 딴 교가리에 접어든다. 시장이 섰던 장거리에는 마을 사람들이 일 년에 한 번씩 제사를 드리는 신성한 느티나무가 있다.

기러기는 저물어도 쉬지 않는다

장거리에는 교가역이 있던 터가 남아 있고 다리실 아래쪽에는 역교역, 역다리실, 도원동, 하교역이라고도 부르는 아랫다리실 마을이 있다. 교가역 서쪽에 있다고 하여 역다리실이라고 부른 이 마을은 역에 사는 사람이라 하면 천하게 여기는 풍습 때문에 도원동(桃源洞)으로 고쳐 부른다고 한다.

한때는 수많은 역원들이 오갔을 교가역은 지금은 흔적조차 없고 다만 《신증동국여지승람》〈삼척도호부〉'역원조'에 "부 남쪽 25리에 있다"고 실려 있을 뿐이다. 이 교가역을 거쳐 갔던 정추(鄭樞)는 다음과 같은 글을 남겼다.

> 쑥대머리에 사모(紗帽)를 눌러쓰고 정자 앞 푸른 물에 비춰보니, 물빛은 푸르러 산에 비 오려 하고 들 빛은 보리 가을이 먼저 온다. 성낸 말은 나이가 아직도 장성하고, 가는 기러기는 저물어도 쉬지 않는다. 자유롭게 물결에 일렁이는 모래 갈매기를 누가 길들이랴.

방축골이라고 부르는 취짓골에는 마고할미가 추자(호두)를 깨어 먹고 놓았다는 큰 바위가 있다. 이제 광태리까지는 그리 멀지 않다. 마읍천을 따라 이어지는 7번 국도, 교가리와 광태리 사이에 있는 모개골을 바라다보며 발걸음을 재촉한다.

가을 해는 두레박 떨어뜨리듯 진다는 말도 있듯이 날은 서서히 저물어 간다. 가을 해는 빨리 지기 때문에 '노루 꼬리만 하다'는 말도 있지 않은

가. 동막교를 건너 오늘의 종착지인 동막리에 이른다.

동마기라고도 부르는 동막 서쪽에 있는 산을 고십동이라고 부르는데 이 산에 뫼자리를 써서 장군이 났다는 이야기가 전한다.

길은 늘 내 삶의 곁에 있고

동막 마을에서 하루 일정을 마무리하는 시간, 어느새 어둠이 내렸다. 그런데 이 마을에서는 하룻밤 묵을 곳을 찾을 수가 없어서 어쩔 수 없이 죽서루로 나가 숙소를 정하고 저녁을 먹었다.

하루 종일 비가 내렸는데도 38킬로미터나 걸은 듯싶다. 쉴 장소가 마땅치 않은 데다 닷새를 나흘로 줄이는 바람에 강행군을 한 결과였다. 길은 늘 내 삶의 곁에 있었고, 그 길은 언제나 나를 멀리하지도 않았으며 배반하지도 않았다. 길은 정직함을 가르쳐주었고 나를 깨어 있게 하였다. 또한 여러 갈래의 길을 예비해놓고 선택할 기회를 주었다.

하지만 잘 고른 길이라고 해도 언제나 길을 잃거나 헤매기 마련이다. 그런 길 위에서 나는 살아 있음을 느끼고 새로운 삶의 지혜를 얻는다. 나는 삶이 허락하는 한 발길을 멈추지 않을 것이다. 아직도 내가 만나고 느껴야 할 길 위의 세상은 끝이 없다.

어디 나만 그러하겠는가. 누구나 가고 오는 삶, 그래서 안자(晏子)는 《열자(列子)》의 〈천서편(天瑞篇)〉에 다음과 같은 글을 남겼을 것이다.

> 세상에서 죽은 사람을 돌아간 사람이라고 말한다. 죽은 사람을 돌아간 사람

이라고 하는 말은, 곧 살아 있는 사람은 길을 가고 있는 사람이라는 뜻이다. 길 가는 사람이 돌아갈 줄 모른다면, 이는 집을 잃고 방황하는 사람이다. 그런데 한 사람만이 집을 잃고 방황한다면 온 세상이 그를 그르다고 비난하겠지만, 온 세상이 집을 잃고 방황하고 있으니 아무도 그른 줄을 모른다.

오늘이 가면 내일이 오지만 그 또한 끝없이 오늘일 것이다. 오늘 헤맨 사람이 내일이라고 헤매지 않겠는가? '길은 잃을수록 좋다'는 말을 좌우명으로 삼아 헤매고 또 헤맬 길이여! 길이여!

열하루째 삼척 동막에서 호산교까지

길곡 마을 어귀에서 소공대비 3.1킬로미터라고 쓰인 표지판을 지나자 포장도로에 접어든다. 앞서간 이혜리 씨와 안명숙 씨는 보이지 않고, 가을 햇살 아래 주렁주렁 열린 붉은 홍시만이 눈에 띄었다. 그냥 지나치기가 아쉬워 몇 개를 따서 먹었더니 그 맛이 꿀맛이다. 그래서 한두 개 더 따려고 했는데 민경권 씨는 아예 비닐봉지 하나를 가득 채운 것이 아닌가. 우리 욕심이 너무 지나쳤는지 아니면 저무는 가을 햇살을 머금은 홍시의 유혹에 손길을 멈추지 못했는지 모를 일이다.

공양왕 무덤이 있는 궁촌

새벽 5시 30분, 창문을 열고 하늘을 보니 별들이 반짝인다. 오늘 운세는 맑음.

아침에 김밥을 먹고 죽서루를 들러 동막 마을에 도착하니 오전 7시 40분, 다시 길을 나선다.

강원랜드 67킬로미터, 동막과 궁촌리에서 가장 큰 마을인 가래〔楸川洞〕로 넘어가는 이 고개에서 고려의 마지막 임금인 공양왕(恭讓王)의 아들들을 살해했다고 하여 살해치(殺害峙) 또는 사랫재라고 부른다. 고개를 넘자 궁촌 마을이다. 이 마을은 고려 공양왕이 왕위를 이성계에게 빼앗기고, 이곳에 은거하다가 죽었다고 하여 궁말 또는 궁촌이라 불렸다고 한다.

마을 뒤편 양지바른 곳에 공양왕의 무덤이 있다. 앞엣것이 공양왕의

아는 것이 있어도 아는 척하지 말자

무덤, 뒤엣것이 빈과 시녀 그리고 말[馬]의 무덤으로 알려져 있다. 보통 무덤보다 훨씬 커서 예사 무덤이 아님은 아닌 듯하다.

흔히 비운의 임금으로 알려진 공양왕(재위 1389~1392) 때 중국은 원(元)나라에서 명(明)나라로 바뀌는 시기였고, 조정에서는 친원파(親元派)와 친명파(親明派)의 대립이 아주 극심했다. 어지러운 정세 속에서 친명파 이성계(李成桂)는 위화도회군을 한 뒤 우왕을 폐하고 창왕(昌王)을 즉위시켰으나 음모를 꾀했다는 이유로 창왕을 폐위시키고 공양왕을 왕위에 앉혔다.

하지만 이성계의 꼭두각시에 지나지 않았던 공양왕은 이성계에게 완전히 실권을 빼앗겼다. 그리고 얼마 지나지 않아 정몽주를 살해한 후 덕이 없고 어리석다는 이유로 공양양을 폐위시키고 이성계가 왕위에 올랐다.

조선의 개국은 곧 475년이라는 역사를 이어온 고려의 폐망을 알리는 것이었다. 공양왕은 2년간 귀양살이를 하다가 삼척으로 옮겨왔으나 이곳 생활도 그리 오래가지 못했다. 조정 신하들이 후환을 없애려면 왕씨 일족을 제거해야 한다는 상소를 태조는 받아들이고 만다.

고려의 마지막 임금 공양왕

《태조실록》 3년 4월 17일(병술조)에 "삼척의 공양군에게 교지를 전하고, 그와 두 아들을 교살시키다"라는 글이 실려 있다.

한 치 앞을 내다볼 수 없는 역사의 소용돌이 속에서 공양왕은 노끈을 목에 걸고 양쪽에서 물빨래를 짜듯이 숨을 끊어버리는 잔혹한 죽음을 맞는다.

공양왕이 삼척으로 온 지 한 달 만에 마흔다섯 해 삶이 끝나는 순간이었다. 죽음을 당한 지 22년 만에 공양왕은 공양군으로 강등되었고, 태종 16년(1416)에 왕으로 다시 복위되어 이곳에 묻혔다고 한다.

궁촌에는 공양왕에 관한 지명들이 많다. 구리곡 마을은 공양왕이 이곳에 있을 때 구리문을 달았다는 곳이고, 가래 북쪽에 있는 고들재에는 왕석묘(王奭墓)라는 공양왕의 무덤이 있다. 하지만 《세종실록》에 "안성군 청룡에 봉안했던 공양왕의 초상을 고양군의 무덤 곁에 있는 암자로 옮기라고 명령했다"는 구절에 근거하여 고양시 원당에 있는 공양왕의 무덤을 공양왕릉으로 공식 인정하고 있다.

어느 무덤이 진짜인지 그 진위를 파악하기는 쉽지 않다. 공양왕이 죽은 뒤 이곳 삼척에 묻혔다가 태종 때 복위를 전후하여 고양으로 이전된 뒤 봉분을 그대로 남겨둔 것이라는 설이 있는가 하면, 공양왕을 죽인 관리들이 사형 집행의 근거로 목을 잘라 상부에 보인 뒤 고양에 묻고 몸은 삼척에 남겨두었다는 설도 있다. 모두 그럴듯한 주장이지만 공양왕의 동생인 왕우(王瑀)의 무덤이나 살해치, 구리문과 같은 지명이 그때 상황을 말해주는 것이기에 단정 지을 수는 없을 듯하다.

허목이 이곳 삼척 부사로 있을 때 지은《척주지(陟州誌)》에는 다음과 같은 글이 실려 있다.

> 추라(楸羅, 지금의 궁촌)가 있는데 왕릉(王陵)이라고 한다. 오늘도 밭이랑 사이를 가리켜 궁터라고 한다. 부노(父老)들이 전하기를 고려 공양왕이 원주로 추방되고 후에 간성으로 옮기고 태조 3년에 삼척에서 돌아갔다고 한다. 당시에는 왕이 거처하던 곳이 백성의 집과 같았고, 왕이 돌아감에 그 장례 또한 이와 같았다. 그 땅에 산지기 한 사람이 있을 뿐이다.

허목이 있을 당시 초라했던 무덤을 1837년에 삼척 부사로 있던 이규헌(李圭憲)이 봉토를 새로 단장했다. 그러나 다시 산지기도 없어지고 봉분도 무너져가던 것을 삼척 군수 원락희(元洛熙)와 근덕 면장이 1977년에 오늘날 같은 봉분을 만들었다고 한다.

아름다운 초곡입니다

상념에 잠겨 있다가 도로 표지판을 보자 '황영조 기념공원' 2킬로미터라는 안내판이 보인다. 바르셀로나 올림픽 마라톤에서 금메달 딴 것을 기념하고자 그의 고향에 황영조 공원을 세운 것이다. 그러고 보니 우리 나라에서 출세하려면 운동선수나 연예인이 되어 텔레비전에 자주 나오거나 언론에 자주 오르내리는 게 가장 확실한 방법이 아닌가 싶다. 좋은 일을 많이 하거나 훌륭한 연구 논문을 발표하거나 좋은 책을 많이 쓴다 해도 대중들에게 다가가는 것이 쉽지 않기 때문이다. 언론뿐만 아니라 시민들도 대중 스타들에게 더 관심을 쏟다보니 요즈음 청소년들이 가장 선호하는 직업도 연예인이라고 한다. 과연 이래도 괜찮은 것인지 모르겠다.

내 고향 사람들 역시 마찬가지다. 텔레비전에 나온 것이 무슨 대단한 일인 양 여긴다. 그래서 어쩌다 고향 사람들을 만나면 "저번에 텔레비전에 나온 거 봤어" 또는 "요샌 텔레비전에 잘 안 나오대"라고 말한다. 환경이 변했으니 사람도 변할 테지만 방송을 타야 알아보는 세상이라고 생각하니 씁쓸하다.

궁촌리와 매원리 사이에 가로놓인 궁촌교를 지나자 매원리이다. 이곳에는 고려 때 말을 먹이던 곳이라는 뜻에서 마리방이라고도 부르는 매리방 마을과 조선시대에 제궁원(齊宮院)이 있던 원평 마을이 있다. 원평 해수욕장을 바라보며 한참을 가자 초곡리에 이른다. 본래 삼척군 원덕면 지역으로 새일 또는 사곡, 초곡이라 부르는 이곳에서 황영조가 태어났다고 한다.

'아름다운 초곡입니다'라고 쓰인 표지판을 지나자 아름다운 해송길이 뻗어 있다. 새일 서북쪽에는 문처럼 생긴 바위가 있다 하여 문바우라고 불리는 마을이 있고, 문바우 동쪽에 있는 바위는 삿갓처럼 생겨서 삿갓바우라고 부른다.

전망대 정자에서 바라본 삼척 용화 해수욕장 관동대로가 동해안을 따라 남으로 내려간다. 가까이 다가서지 못하고 바다를 길 위에서 바라만 본다. 나에게는 열 길 옛길보다 한 길 물속이 더 어렵다.

한 폭의 아름다운 풍경화 같은 초곡항을 뒤에 두고 40여 년 전에 동해 북부선 철로를 개설했던 곳으로 지금은 자동차가 다니는 초곡굴을 지나 고갯마루에 오른다. 11월인데도 땀이 난다. 고개를 넘는 일은 언제나 힘겹다.

고개를 오르는 길에 '산불조심'이라고 쓰인 깃발 하나를 주어 배낭에 꽂는다. 울진 삼척 지구에 일어났던 산불의 잔해가 발길 닿는 곳마다 남아 있다.

포항 177킬로미터, 울진 21킬로미터. '이제 울진이 멀지 않았구나' 하고 생각했는데 웬걸 가까이 가서 보니 원덕이 21킬로미터다. 울진 평해만 생각하다보니 모든 글자가 울진으로만 보이는 모양이다.

삼척동자도 다 아는 삼척에서 내 무식이 탄로 났다. 이기춘 씨가 말하기를 "삼척에서는 잘 본 척, 안 아픈 척, 콜라 안 고픈 척해서는 안 된다"고 한다. 내가 뭘 알겠는가? 알아도 아는 척하지 말자. 조금 내려가자 동해안의 해수욕장 중에서도 가장 아름답다는 용화 · 장호 해수욕장이 한눈에 보인다. 어찌 그냥 지나칠 수 있겠는가?

하얀 모래사장과 파도가 밀려오는 푸른 바다를 굽어보며 맥주 한 잔을 마셨다. 삼척시 근덕면 용화리는 조선시대에 용화역이 있었다고 하여 붙은 이름이다.

한 줄기 저녁노을에 산이 붉게 물든다

이곳에 있던 용화역을 두고 정추는 "누런 먼지 가득한 모자와 바람 가득한 소매는 말안장을 잠깐 나무 그늘 속에 풀었네. 역 사람〔郵人〕이 말을 재촉해 사람을 부르는데, 한 줄기 저녁노을에 산이 붉게 물든다"고 읊었다.

장호리는 장호동, 장호진, 장오리, 장울 등 여러 이름으로 불리는데, 지형이 장오리(수오리) 같다고 하여 지어진 이름이다. 항구 두 곳과 장호항이 어우러져 빚어내는 아름다운 풍경을 멀리하고 관동대로 옛길로 접어든다.

마을 앞에는 나무에 둘러싸인 당집이 있다. 고혜경 씨와 사진을 찍는 동안 나머지 일행들은 발걸음을 재촉했다. 숙명처럼 길〔道〕을 걷는 일이 단련된 나이지만 일행들의 열성만큼은 따라갈 수가 없다. 그래서 때로는 감동하고 때로는 미안하고 고맙다. 특히 고혜경 씨는 걷기도 열심이

지만 무거운 카메라를 메고도 힘든 내색 없이 좋은 사진을 찍겠다는 열의가 대단하다.

마을길에 들어서자 300여 년 된 소나무가 한가운데 떡 버티고 서 있다. 마을 사람들에게 "이 길이 임원리로 가는 길 맞습니까?" 하고 묻자 "이 길을 쭉 따라가면 됩니다"라고 한다. 마을을 벗어나자 흙길이다. 용화교를 지나자 원덕 근덕간 4차선 포장도로를 닦느라 공사 중이다. 안명숙 씨가 삼척에 거의 다 왔다는 전화를 해왔다. 임원항에서 만나기로 하고 서둘러 가고자 하지만, 밤새 내린 비로 비포장을 가기가 만만치 않았다.

길을 걷다보니 진 땅 마른 땅 다 다녔다는 말을 이제 조금은 알 것 같다. 이렇게 진 땅이 언제까지 이어지지 않는다는 것을 잘 알기 때문이다. 포장 도로 공사장 아래를 지나면서부터 온전한 옛길이다. 날씨는 봄날처럼 포근하다. 어느새 논들은 끝자락이 보이는데 옛길은 끝나지 않았으니 이대로 임원까지 이어지면 좋으련만…….

세월의 무게가 쌓인 돌무더기

온 산에 물든 단풍을 보며 이기춘 씨가 말한다.

"예전에는 어른들이 단풍놀이 간다면 뭐 하러 가는지 이해가 안 됐는데 답사를 해보니 이해가 돼요. 원래 없던 단풍이 마치 요사이 생긴 것 같아요."

이기춘 씨의 말이 끝나자마자 고혜경 씨도 한마디 한다.

"저도 그런 느낌이에요. 젊은 시절에는 보이지 않던 작은 것들이 나이가 드니까 보여요. 나무 한 그루 풀 한 포기가 그때 그 나무나 풀이 아닌 것 같아요."

우리 모두가 꽃이 되고 단풍이 되고 개울물이 되어 고개를 오르는 내내 공사 중이다. 알고 보니 이곳까지 임도(林道)를 개설한다고 한다. 앞으로 이렇게 고적하고 포근포근한 흙길을 밟을 수 없을 것 같아 아쉽지만 더 많은 사람들이 찾아와 옛길을 걷는다면 그보다 더 큰 위안은 없을 듯하다.

고갯마루에 오르니 우리가 한 발 한 발 걸어온 골짜기 너머로 푸른 바다가 한 폭의 그림처럼 펼쳐져 있다. 그 옛날 저 바닷길은 벼랑이 많아서 오고가기가 힘들었을 것이다. 그래서 사람과 마소[馬牛]가 다니기 쉬운 골짜기를 택했을 것이고, 이러한 고갯마루를 넘는 지름길로 길을 냈을 것이다. 이 고갯마루에서 걸어온 길을 바라보니 왜 이곳이 관동대로의 길목이었는지 알 것 같다. 주위를 둘러보니 늙은 소나무 아래에 돌무더기가 있다. 아마도 돌 서낭당이리라. 언제부터 허물어졌는지 그 세월조차 가늠할 수 없는 돌무더기……. 저 모습이 바로 세월이며 역사일 것이다. 이 길을 지나던 나그네들이 그네들의 간절한 소망을 담아 하나씩 쌓았을 돌무더기들이 하나 둘 허물어지는, 세월의 소리가 들리는 듯하다.

진달래가 두 번 피면 가을날이 따뜻하다

여기서부터 길이 두 갈래로 나뉜다. 하나는 바로 골짜기로 이어지는 옛길, 다른 하나는 산등성이로 이어진 임도, 옛길의 특성으로 볼 때 아

동해의 망망대해를 한눈에 볼 수 있는 관동의 차마고도 실크로드보다 오래되었다는 차마고도. 우리 옛길 영남대로, 삼남대로, 관동대로, 의주대로에 깃든 선조들의 삶과 역사도 이에 못지않으리라.

랫길이 맞을 듯싶다. 희미해서 찾기도 힘든 길을 따라 내려가자 때 아닌 진달래가 피어 있다. 11월 중순에 진달래꽃이다. 봄에 이 산을 수놓았을 진달래가 이 늦가을에 피어난 것은 무슨 까닭인가?

'진달래가 두 번 피면 가을날이 따뜻하다'는 속담처럼 그늘에서 쉬고 싶을 만큼 날이 더운 것일까?

조금 더 내려오자 큰길이 나오고 그곳에서부터 옛날 사기점이 자리했던 길은 탄탄대로다. 사긋말이라고 부르는 사기점 마을에 들어서자 아주 오래된 다리가 보이고, 여기저기 들어선 펜션이 눈에 띈다. 5만분의 1 지도에도 나와 있지 않은 옛길을 따라가다 임원항에서 기다리고 있을 안명숙 씨가 마음에 걸렸지만 점심때인 데다 때를 거르면 산속에서는 어찌할 방도가 없으니 쉬어갈 수밖에 없다.

임원항까지 몇 킬로미터도 남지 않았는데 멀게만 느껴진다. 배도 고프고 다리도 아팠다. 햇살은 더없이 따스하다. 바다에서 불어오는지 산에서 불어오는지 알 수 없는 바람과 함께 길을 걷다가 마을 사람을 만나 길곡까지 가는 길이 있느냐고 물었더니 '옛날에는 절터골에서 산등성이를 타고 길곡을 거쳐 호산리까지 갔다'며 걱정하지 말란다.

길고 지루하게 이어지는 길을 걸어 임원에 도착할 즈음 승용차 한 대가 내 앞에 멈춰 섰다. 이기춘 씨와 고혜경 씨가 지나가는 자동차를 얻어 타고 오다가 나를 본 것이다. 얼결에 비좁은 차를 타고 50여 미터쯤 갔을까, 임원파출소 앞에 안명숙 씨와 이혜리 씨가 보이는 게 아닌가. 엎어지면 코 닿을 곳에…….

믿을 것은 지도뿐인데

임원(臨院)은 조선시대에 임원산 봉수가 있던 곳으로, 북쪽으로는 초곡산, 남쪽으로는 가곡산 봉수가 있다.

안명숙 씨가 미리 예약해둔 여정식당에서 김치찌개와 된장찌개로 점심밥을 맛있게 먹고 나니 졸음이 밀려온다. 하지만 옛 속담에 '사흘 길을 하루에 가고 열흘을 눕는다'고 하지 않던가. 한나절밖에 걷지 않았는데 잠이 오는 걸 보니 긴장이 많이 풀렸나보다.

원덕읍 임원출장소 직원인 윤종해 씨 도움으로 자랑박골을 지나 절터골에 이르니 오후 2시가 넘었다. 절터골 마을에서 절터골교를 지나자 오래된 소나무 두 그루 밑에 당집이 있다. 마을 사람에게 길곡으로 가는 길을 물었더니 "산등성이를 타고 가다 돼지 막사를 보면 그곳에서 물어보고 내려가면 호산인기라"는 답변이 돌아온다.

길은 처음부터 가파르다. 울진 삼척지구에 산불이 났을 때 불에 탄 나무들 흔적이 아직도 남아 있는 길은 산등성이를 따라 이리저리 이어진다. 한참을 오르자 개 짖는 소리가 들리더니 여기저기서 개들이 따라 짖는다. 개 한 마리가 헛 짖으면 뭇 개들이 따라서 짖는다는 말이 맞는 모양이다. 우리를 향해 있는 힘을 다해 짖는 개들만 있을 뿐 사람은 없었다. 눈앞에 보이는 산길은 굽이굽이 휘돌아나가는 것이 마치 '차마고도'를 보는 듯하다.

사진을 찍으며 일행들을 뒤따라서 산등성이에 오르자 두 갈래 길이 나왔다. 인적이 끊긴 길에서 길을 잃으면 물어볼 사람이 없다는 것이 문제다. 길은 확실하지 않고 표지판도 없으니 믿을 것은 지도뿐인데, 지도를 보니 아무래도 바다 쪽보다 산 쪽으로 이어진 길이 맞을 듯싶어 위로 올라가기로 했다. 바다와 산이 만나는 곳, 멀리 바라다보면 수평선 너머 보이는 바다와 하늘에 잇닿은 산등성이가 보일수록 길은 바다 쪽에서 멀어져만 간다. 아무래도 아래 골짜기로 내려가야 길이 나올 듯싶어 골짜기 깊숙이 내려갔으나 끝내 길은 사라지고 말았다.

이 길이 아닌가 보다

어느 길에서든 '이 길이 아닌가 보다' 하는 순간부터 시련이 닥친다. '걸음만 급하고 길은 찾지 못한다[利足而迷]'는 순자(荀子)의 말처럼 '어디에서 어디로 간다'는 계획이 사라지는 순간 두 가지 방법만 남는다. 온 길로 되돌아가서 다시 길을 나서거나 아니면 느낌을 믿고 끝까지 가보는 것이다.

한참을 망설이고 있는데 이기춘 씨가 넘어지는 바람에 출발점에서부터 다시 걷기로 했다. 하지만 출발 지점으로 가려면 다시 험한 산길을 걸어 산등성이에 이르러야 한다. '돌아감을 기쁨이라고 여기자' 하면서도 숨을 헉헉대며 오르는 심정은 마치 패잔병이 된 듯한 기분이다. 우리보다 먼저 길을 나선 이혜리 씨와 민경권 씨는 얼마나 갔을까? 다시 산등성이에 서서 '다 왔다'고 소리치자 안명숙 씨의 뒤를 이어 고혜경 씨와 이기춘 씨 모습이 보인다.

처음 가려고 했던 길을 따라가자 멀리서 보았던 사당 건물이 바로 관동대로변에 있는 소공대비(召公臺碑)였다. 비록 헤매긴 했어도 제대로 길을 찾아온 것이다. 기쁨에 겨워 바라보는 소공대비는 조선 초기 명재상으로 알려진 황희(黃熹)를 기리는 비석이다.

조선 태종 3년(1403)에 관동지방에 큰 흉년이 들어 많은 사람들이 굶주림에 고통받고 있을 때, 강원도 관찰사로 파견된 황희는 정부의 보관미를 풀고 사재를 털어 백성들을 구제했다고 한다. 황희의 헌신적인 노력에 이곳 삼척 지방 사람들은 그 공을 기리고자 황희가 오가며 쉬었다는 산중턱에 돌로 탑을 쌓고, 정치를 잘하여 백성으로부터 칭송을 받았다는 소공의 이름을 따서 소공대라 하였다. 강원도 문화재 제107호로 지정된 지금의 소공대는 폭풍우로 무너진 것을 1578년에 삼척 부사가 다시 세운 것이다.

조선왕조 500년 역사에서 청백리로 손꼽히는 황희에 대해 《해동잡록》

삼척 소공대비 황희 정승의 선정을 기리기 위해 세웠다.

에는 다음과 같이 실려 있다.

방촌은 타고난 모습이 웅위(雄偉)하며 침중하고 도량이 있었다. 30년을 정승으로 있으면서 기쁨과 노여운 기색을 드러내지 않았다. 종들을 대우하는데 매질을 하지 않아도 일하기를 즐겨하였다. 한번은 보좌관들과 무슨 일을 의논하고 막 붓을 적시어 문서를 쓰려는데 어린 종이 그 위에다 오줌을 누었다. 그런데도 공은 성내는 기색이 없이 다만 손으로 닦아낼 뿐이었다. 아이들이 좌우에 몰려들어 울고불고 장난치고 깔깔대도 조금도 금하지 않았으며, 그의 턱살을 잡아당기기도 하였다. 친족 가운데 고아가 되거나 과부가 되어 빈궁하여 홀로 생존할 수 없는 사람에 대해서는 반드시 재산을 털어 구휼(救恤)해주어 안주할 곳이 있게 해주고야 말았다. 대사헌이 되어서도 대체(大體)를 세워나가기에 힘쓰고 하나하나 까다롭게 굴지 않아도 간악

한 자들이 두려워하여 조정의 기강이 진작되고 진숙되었다.

권세가 있다 싶으면 별스러울 만큼 난리법석을 떠는 풍토에서 황희 정승 같은 사람이 몹시도 그리운 것은 나만의 생각은 아닐 것이다.

소공령을 지나가는 차마고도

비를 세운 그 뒤부터 임원항 서쪽에 있는 이 고개를 소공령고개라고 불렀다. 평해로 귀양살이를 가던 이산해는 "높고 높은 소공대에서는 멀리 울릉도가 역력히 보였고"라고 읊었는데 오늘은 날이 맑은데도 울릉도가 보이지 않는다. 소공대비 앞에 서니 임원항이 한눈에 내려다보인다. 올망졸망한 집들과 임원항으로 들어오는 배 한 척을 바라본다.

이렇게 높게 혹은 멀리서 바라보면 세상은 정말 아무것도 아닌 것처럼 보인다. 개미집처럼 자그마한 집들, 그보다 조금 큰 건물, 성냥갑만 한 자동차, 무엇을 생각하는지도 모르며 사는 무수한 사람들. 그런데 신기하게도 그 속에 있으면 그러한 것들을 모르고 살아가니…….

멀리서 바라보는 것과 가까이에서 보고 느끼며 살아가는 차이를 생각하며 걷는 사이에 어느새 민경권 씨와 이혜리 씨가 길 위에 올라와 있었다. 헤어진 일행들을 다시 만나 아름답기 이를 데 없는 관동대로를 내려갔다.

구부러지고 휘어지는 길, 한 번이라도 이 길을 걸어본 사람들은 오래도록 잊지 못하리라. 하늘과 산과 바다가 맞닿은 길이기에 한국의 '차마

생선 임연수를 닮았다는 임원항이 한눈에 내려다보이는 관동옛길

고도'라고 이름붙인 길. 삼척으로 평해로 갔던 수많은 사람들의 흔적이 올올이 남아 있는 길.

한참 길을 내려가자 길곡 마을이 나타났다. 그 마을에서 장재용(70세) 옹에게 옛이야기를 들었다.

"벌써 옛날이지요. 나 어렸을 적에는 사람들이 말 타고 고개 넘었어요. 호산 장터에서 장을 본 장사꾼들이 예닐곱 명씩 떼를 지어 저 길을 오고갔어요. 장사하는 사람들은 돈을 모아 소공대 맞은편 제사지내는 곳에서 장사 잘되게 해달라고 빌기도 했어요."

언제까지 사람들이 많이 다녔느냐고 묻자 1930년대 말에서 1940년대 초까지 왕래가 많았다고 한다.

마을 어르신과 헤어진 뒤 돼지 막사에서 나와 두 갈래 길에서 무려 한 시간을 헤매었다. 거리로는 5.6킬로미터에 해당하는 시간을 헛되이 써버렸으니……. 하지만 지나간 시간을 탓해서 뭐하랴. '괴로움 속에도 즐거움이 있다(苦中作樂)'는 말도 있지 않은가?

언제나 그랬다. '아차' 하는 순간에 길을 잘못 들어 헤매는 것이다. 그러다가 다시 본래 자리로 돌아와 길을 나선다. 우리 인생사도 이와 같지 않을까? 지나버린 시간들을 더듬어보고 다시 나아가고 또다시 길을 잃고 헤매지 않던가.

오후가 저무는 길가에서 홍시를 따다

길곡 마을 어귀에서 소공대비 3.1킬로미터라고 쓰인 표지판을 지나자 포장도로가 나타난다. 앞서간 이혜리 씨와 안명숙 씨는 보이지 않고, 가을 햇살 아래 주렁주렁 열린 붉은 홍시가 눈에 띄었다. 그냥 지나치기가 아쉬워 몇 개를 따서 먹었더니 꿀맛이다. 그래서 한두 개 더 따려고 했는데 민경권 씨는 아예 비닐봉지 하나를 가득 채우는 것이 아닌가. 우리 욕심이 너무 지나쳤는지 아니면 저무는 가을 햇살을 머금은 홍시의 유혹에 손길을 멈추지 못했는지 모를 일이다.

호산 삼거리에서 일행을 만나 홍시를 건네주고 날이 저무는 길을 걷는데 안명숙 씨가 한마디 한다.

"길을 걸으면서 아름다운 자연도 보고 거기에다 서리한 감까지 먹으니 너무 행복해요."

가을 오후 햇살은 더없이 아름답고 하늘에는 초이레 달이 수줍은 듯 떠 있다. 어느새 내 머리 위를 따라온 달을 보며 백거이(白居易)의 시 한

수를 읊어본다.

나그네는 강남에서 왔지요.
나그네가 올 때 달은 상현달,
한가히 떠도는 나그네 길에
맑은 보름달을 세 번이나 보았지요.
새벽에는 희미한 달 따라 걷고
저녁에는 초승달 보며 자리에 들었지요.
누가 달이 무정하다 말하시나
머나먼 천릿길 함께 걸어왔거늘,
새벽같이 위수교를 지나와서는
저녁에야 장안 거리에 도착했지요.
어느덧 달은 뜨고
오늘은 또 어느 집에서 머물게 될지.

—〈나그네와 달[客中月]〉

마침내 깊은 밤 호산교에서 둘째 날 여정을 마쳤다. 고혜경 씨 덕분에 차를 얻어 타고 숙소가 있는 신남항에서 짐을 풀고 나니 밤은 깊어 고요하기 이를 데 없다.

열이틀째 삼척 신남리에서 울진 매화리까지

해신당 답사를 마치고 나오며 지도 속 점선이 다시 떠올랐다. 처음 관동대로 도보답사를 할 때만 해도 《대동지지》에 나와 있는 점선이 보이면 잠을 자지 못할 만큼 걱정이 컸다. 하지만 정작 그 길을 걸어보니 점선이 보이는 길에 옛길이 그대로 남아 있었다. 그 순간 마음이 놓이고 즐거움까지 얻게 되니 점점이 이어지지 않고 끊겼다 이어지는 점선이 오히려 긴장을 늦추지 않는 마음의 끈이 되었다. 그러니 지도에 표시된 점선은 내게 아주 특별한 힘인 것이다.

점선이 보이는 길에 옛길이 남아 있고

민박집에서 아침밥을 먹는다. 상차림이 정갈하다.

길을 나서기에 앞서 지도를 펼쳐놓고 오늘 갈 길을 살펴보니 오늘도 점선으로 표시해놓은 불확실한 곳이 몇 군데 보인다. 확실하지 않다는 사실에 불안하기도 하고 아슬아슬하기도 하지만 그래서 보통 때와는 다른 긴장감을 맛보기도 한다. 내게 아직 알 수 없는 길이자 한 번도 겪어보지 못한 새로운 세계란 이미 사람들 기억에서 잊힌 길이다.

이곳 신남리의 옛 이름은 '섶너울'이다. 이 마을을 끌어안고 있는 바다 모양이 울타리처럼 생겼다고 해서 붙은 이름이라고 한다. 이 마을의 북쪽 바위 벼랑 끝에 자리 잡은 해신당(海神堂)은 향나무와 처녀의 초상화를 모셔놓은 조그마한 사당이지만 그 안에는 아주 특별한 것이 있다. 나무로 깎은 남근이 매달려 있고, 향나무에는 복주머니 몇 개가 매달려 있

타관에서 온 나그네는 바로 길을 묻는 사람

다. 보기에도 예사롭지 않은 해신당이 이곳에 자리하여 마을을 지켜주기까지 500여 년 세월을 거슬러 올라가보자.

이 마을에는 장래를 약속한 처녀 총각이 살고 있었다. 어느 날 총각은 바위섬으로 돌김을 따러간다는 처녀를 섬에 데려다주고 밭일을 나갔다. 그런데 갑자기 풍랑이 일어 처녀는 바닷물에 휩쓸려 죽고 말았다. 그러나 웬일인지 처녀가 죽은 뒤부터 고기도 잡히지 않을 뿐더러 뱃일을 나간 젊은이들은 죽어서 돌아오기 일쑤였다. 마을 사람들의 시름이 점점 깊어져가던 어느 날 총각은 꿈에 자신의 원혼을 달래 달라는 처녀의 하소연을 듣고 마을 사람들과 향나무를 신목으로 모시고 제를 지냈다. 하지만 소용이 없었다. 얼마 후 어느 남정네가 처녀가 죽은 애바위에 욕설을 퍼부으며 바지춤을 내리고는 바다를 향해 오줌을 갈겨댔다. 그런데 다음날 그가 뱃길을 돌아올 때 그의 배는 만선이었다. 마을 사람들은 그제야 죽은 처녀가 원하는 바를 알고, 나무로 남근을 깎아 제를 지내자

삼척 신남리에서 맞은 해신당의 새벽

그때부터 고기가 많이 잡혔다고 한다.

지금도 정월 대보름과 10월이면 음식을 정성껏 준비하여 제를 지낸다. 특히 10월에는 오(午)에만 제사를 지내는데 12간지 중에서 성기가 가장 크다는 말[馬]의 날이기 때문이다.

해신당 답사를 마치고 나오며 지도 속 점선이 다시 떠올랐다. 처음 관동대로 도보답사를 할 때만 해도 《대동지지》에 나와 있는 점선이 보이면 잠을 못 이룰 정도로 걱정이 컸다. 하지만 정작 그 길을 걸어보니 점선이 보이는 길에 옛길이 그대로 남아 있었다. 그 순간 마음이 놓이고 즐거움까지 얻게 되니 점점이 이어지지 않고 끊겼다 이어지는 점선이 오히려 긴장을 늦추지 않는 마음의 끈이 되었다. 그러니 지도에 표시된 점선은 내게 아주 특별한 힘이다.

옛길 그대로 남아 있는 관동대로

어제 하루를 마감한 삼척시 원덕읍 소재지인 호산리는 1914년에 부호동과 재산동을 병합하여 지금의 이름이 되었다. 호산리에서 가장 큰 마을인 부호동은 부신당으로도 불리며 부신당 동남쪽에 외따로 떨어져 있는 해망산에서는 선녀들이 놀았다고 한다. 옛날에 바다 한가운데에 삼형제 섬이 떠내려와 바닷가에 정착했는데 맏이는 근덕면의 덕봉산이 되고, 둘째는 이곳 해망산이 되었으며, 셋째가 경북의 축산이 되었다고 한다.

재산동을 지나 가곡천에 놓인 월천교를 건너자 서낭나무 밑에 서낭당이 있고 월천 1리에서 다시 '점선'으로 이어진 옛길이 시작된다. 호산리와 경계에 있는 모퉁이는 대고개목이라 부르고, 다래 서쪽에 있는 삼성곡(三聖谷, 삼성골)은 세 명의 성인이 태어난 곳이라고 한다. 삼성골에서 경상북도 울진군 북면으로 넘어가는 갈령재는 칡이 많다고 해서 갈령티, 가을현, 가을령이라고 부른다.

마을을 벗어나자 고즈넉한 옛길이 이어진다. 이런 길이 바닷가 부근에 그대로 남아 있다는 것이 신기하다 못해 고맙기까지 하다. 금빛으로 찬란한 아침, 억새꽃이 흐드러진 이 늦가을에 사람 하나 지나지 않는 옛길을 걷는다.

억새 잎 서걱거리는 소리가 들리는 길, 앞을 바라보아도 뒤를 바라보아도 온통 보이는 것은 억새뿐이다. 길은 휘돌아가고 그 길이 꼭대기에 이르자 지금은 새로운 길에 밀려 자동차도 다니지 않는 포장도로가 나타난다. 이런 길이 평해까지 이어지면 좋으련만…….

'강원도를 만나면 당신도 자연입니다.' 정말 좋은 말이다. 그러나 스

억새 만발한 월천리 옛길

스로 자연이기를 원하는 사람이라면 어디에 간들 자연이 되지 못하겠는가?

동해 휴게소는 텅 비어 쓸쓸하다. 바람만 세차게 부는 동해 휴게소를 지나 강원도에서 경상북도 울진군 북면에 접어든다. 걸은 지 한 시간이 되도록 차 한 대 지나지 않는 길, 바람 소리만 요란하게 들리는 아스팔트 위에서 나그네들의 쉼조차 쓸쓸하다.

싼값으로 열남도 되고 열녀도 되고

이기춘 씨와 안명숙 씨가 가져온 찜질팩을 등 뒤와 배꼽 밑에 붙였더니 온몸이 후끈후끈하다. 몸에 붙이면 열이 나기 때문에 남자에게 붙이면 열남(熱南)이 되고, 여자에게 붙이면 열녀(熱女)가 된다. 찜질팩 하나로 시대를 뛰어넘는 열녀를 만나는 것이다. 누가 원조 열녀인지, 누가 짝퉁 열녀인지 알 수는 없어도 하여간 재미난 이름이다.

'열녀 났네, 열남 났네' 노래를 부르며 내리막길을 걷는다. '전통을 잇는 고포리'라고 쓰인 표지판을 지나자 고포리가 있는 북면 나곡리가 나온다. 바닷가에 있는 고포리는 마을 길 하나를 사이에 두고 경북과 강원도로 나뉘며 삼척시와 경계가 되므로 삼척 고포와 구별하여 울진 고포라고 부른다.

나실로도 불리는 나곡리 서북쪽 포구에 있는 고포리는 그 옛날 이 마을에 떠내려온 어뢰를 구경하다가 뇌관을 건드리는 바람에 마을 사람들 40여 명이 참상을 당했던 곳이기도 하다.

고포 북쪽에 있는 큰 지경(地境)이라는 골짜기는 강원도 삼척시와 경계가 되기 때문에 생긴 이름이고, 태봉동 북쪽에 있는 봉우산은 봉화대를 올리던 봉화산이다. 이 산은 조선시대에는 항출도산이라고 했으며, 북쪽으로 삼척 가곡산에, 남쪽으로 죽변곶에 봉화를 들었다.

고포리 휴게소에는 자동차가 가뭄에 콩 나듯 다닐 뿐이다. 한적한 도로에서 길이 이끄는 운명을 생각해본다. 한 나라에도 흥망성쇠가 있듯이 저마다 어느 길로 들어서느냐에 따라 그 운명이 결정된다. 터널의 등장으로 옛길이 묻혀버리고 난 길에서 손님을 기다리는 주유소 주인의 타들어가는 그 마음을 누가 헤아리겠는가?

오늘도 갈령재 터널을 지나가는 차량을 기다리며 나곡 주유소는 영업 중이다. 그 길 위에 하늘과 바다가 맞닿은 길은 또다시 이어진다.

날마다 맛 좋은 집

나곡리를 지나며 재미있는 간판 하나를 발견한다. '날마다 맛 좋은 집, 부대찌개 전문'. 먹어보지 않고 어떻게 그 맛을 알겠는가?

나실 동남쪽에 있는 석호동은 썩은동 또는 써군들로도 부르는데, 석호동에는 너비 약 1미터에 길이 약 80미터에 이르는, 남대문처럼 돌문이 있는 남대문 바위가 있다.

울진 18킬로미터, 경주 167킬로미터. 나곡 5리에 접어들어 한수원 아파트 단지를 만난다. 울진군 북면은 원래 울진 읍내에서 가장 먼 곳이라고 하여 원북면이라고 했다가 1914년 행정구역이 통폐합되면서 북면으로 바뀌었다. 염구동(염촌) 남쪽에 있는 망째산은 염전둑에서 후리질을 할 때 이 산에 올라 고기의 움직임을 알렸다고 한다. 염촌 남쪽에 있는 칠보산은 일곱 가지 보물이 묻혀 있었다 하고, 조선시대에는 이 산 위에 있는 청심당(淸心堂)이라는 정자에서 관행차를 안내하던 역졸들이 잠시 쉬어 갔다. 염촌 서남쪽에 있는 흥부장은 소금과 미역 같은 해산물 집산지로 유명했다.

안명숙 씨가 배가 고프면 아무것도 안 보인다면서 건빵과 귤, 콜라를 사 와 새참을 먹고 나서 부구교를 건넜다. 부구교를 지나 울진 원자력발전소 본부에 이른다.

울진 15킬로미터, 고개를 넘자 신리와 화동의 이름을 따서 지은 신화리 새말이다. 화동 동쪽에 새로 만든 마을이라는 새말이 있고 이곳과 지당골 사이에 있는 맹금산은 마을을 지킨다는 뜻으로 화가산이라고도 한다. 이 산은 산세가 웅장하고 아름다워서 명산으로 알려졌다. 조선시대에 강원 관찰사였던 백주(白洲) 이명한(李明漢)이 이곳에 와서 시를 읊어 칭송했다고 한다. 화동에서 지당골로 가는 고개는 한질 모기라고 부르는데 소곡리, 주인리, 고목리로 통하는 큰길이 된다. 새말을 지나자 고목리 구장동이다. 지장골 동북쪽에 위치한 구장동은 거북바위가 있다고 하여 붙은 이름이다.

고목리 점성골 북쪽에는 우암 송시열과 석당 김상정(金相定)을 모신 옥계서원(玉溪書院)의 유허비(遺墟碑)가 있다. 화성리 용장동에 있던 옥계서원이 철폐되자, 옥계서원의 뜻을 받들어 1941년 고목리에 살던 선비 전재유(田在楢)와 남상호(南相鎬)가 옥계강당을 짓고 글을 가르쳤다고 한다.

나뭇잎 밟는 소리를 선물로 주다

고목 마을을 지나자 포항 133킬로미터, 울진 14킬로미터라는 표지판이 보이고, 텃골 남쪽에 있는 시목동에 이른다. 북면 고목 2리에 살고 계시다는 주의강(77세) 할머니를 만나서 다시 옛길을 묻는다.

"저 매정교를 지나면 옛길이 나와. 옛날 저 길이 소 몰고 지나던 곳이야."

제방둑길을 걸어가 매정교를 지나자 울진군 죽변면 후정리다. 마을에 들어서자 일하던 사람들이 "뭐 하러 간다요?" 하고 묻는다. 딱히 할 말이 없어서 "소 팔러 갑니다" 하고 되받는다.

지나가는 나그네를 보면 사람들은 괜한 걱정부터 앞서는가보다. '어디를 가는 길이냐, 길은 제대로 알고 가느냐, 밥은 먹고 가느냐, 잠은 어디에서 자느냐…….' 걷는 내내 수없이 듣는 질문들이다.

이렇게 떠도는 자의 통장에도 많이 걸을수록 돈이 쌓인다면 더 많은 사람들이 나그네 생활을 즐길 터인데……. 이런 쓸데없는 생각을 할 때면 어딘가 있을지도 모를 여행 신이 홀연히 나타나 호통을 칠 것 같다.

후정리 뒷당 동쪽의 삼정산(三亭山)에는 밥봉, 떡봉, 죽봉의 세 봉우리가 있다. 해마다 정월 대보름이면 이곳에서 달맞이를 한다고 한다. 떡봉과 밥봉 쪽에서 달이 뜨면 풍년이 들고, 죽봉 쪽에서 달이 뜨면 흉년이 든다고 한다.

뒷당 남쪽에 있는 옥랑봉은 신선 옥랑이 놀다 갔다는 이야기가 전해온다. 뒷당의 괴산대에는 큰 회화나무가 있어서 해마다 정월 대보름이면 이곳에서 달맞이를 했다고 한다.

터널을 지나 산길에 접어든다. 추수를 끝낸 지 오래된 논두렁은 아직도 가을빛을 즐기는 메뚜기 떼들의 놀이터이고, 길은 끊어질 듯 이어지다가 잠시 사라진다. 어차피 산으로 들어가야 하니 사라진 길을 신경 쓰지 않는다. 산으로 올라가서 길을 찾고 있는 내게 안명숙 씨가 말을 건넨다.

"선생님, 배고픈 저에게 선물 좀 주세요."

선물은커녕 선물을 줄 기력도 없는 내가 줄 것이라고는 나뭇잎 밟는 소리밖에 없다고 하자, 안명숙 씨가 서정 넘치는 답변을 건넨다.

"아, 그래서 제 마음속에 나뭇잎 밟는 소리가 들렸군요."

다행히 길을 찾아 화성 3리인 송전 마을에 이른다.

이곳에서 동쪽으로 난 길을 따라가면 죽변곶이 나온다. 울진군 죽변면의 죽변리는 본래 울진군 근북면 지역으로 대나무가 많은 바닷가라고 해서 죽빈 또는 죽변이라고 하였다. 김정호는 동해로 뻗친 장기곶과 울진군에 있던 죽변곶 중 어느 쪽이 더 튀어나왔는지 측량하려고 죽변과 장기 사이를 일곱 차례나 오갔다고 한다. 그가 그린 〈대동여지도〉에는 장기곶이 더 튀어나와 있다.

화성리의 잿범상에서 성안으로 가는 고개는 호랑이가 다녔다는 길목이라고 하여 범의터 텃재라고 부른다. 성안 근처 산에 있는 산내성은 신라 때의 토성으로 그 둘레가 888미터에 이른다. 신라 말에 왜적이 쳐들어왔을 때 장산성은 허물어지고 백성들은 사방으로 흩어졌는데 고려 초에 다시 성을 쌓고 흩어진 유민들을 불러들였다고 한다.

배를 채우고 가야 할 것 같아 화성 3리 삼거리에서 점심을 시켰으나 한 시간이 넘어도 아무런 소식이 없다. 결국 늦은 점심을 먹고 다시 길을 나서 화방교를 지나자 양정제가 멀리 보인다.

남사고를 모신 화산사

꽃방이라고 부르는 화방동에 있는 화산사(花山祠)는 1924년에 세운 사당으로, 조선 중종 때 선비 남수명(南秀明)과 명종 때 천문학자인 남사고(南師古)를 모셔놓았다. 개금밭골 서쪽에 있는 죽변면 봉평리 반정이 마을에는 예전에 반정이라는 장자가 있었다고 한다.

햇빛 찬란한 들판을 바라보며 산기슭을 돌아가는데 장끼 한 마리가 푸드득 날아오른다. 우리가 내딛는 발소리와 날갯짓 소리가 잠시 사방의 고요를 깬다.

초평 북쪽 양지바른 곳에 자리 잡은 양지동을 지나 울진읍 명도리에 이른다. 등명동과 도창동의 이름을 따서 지은 명도리에는 등잔을 걸어 놓은 형국이라는 괘등혈(掛燈穴)의 명당이 있어서 등맹이 또는 등명이라고 부른다. 소차동 서쪽에 있는 세거리동은 세 갈래 길이 있다 하여 지은 이름이다.

아산동에 있는 최씨 영당은 고종 25년(1888)에 세웠는데 신라 때 학자인 최치원(崔致遠)의 영정을 모시다가 1927년에 면암 최익현(崔益鉉)을 추배하였다.

도청동에 있는 도청교를 지나니 길은 고성리로 이어진다. 울진 고산성은 고사산성 또는 현상성이라고 부르는데 산성재 위에 있던 옛 성터다. 조선 태조 5년(1396)에 고읍성(古邑城)이 폐허가 되자, 한성판윤 장순렬(張巡烈)이 임금에게 '울진의 왜구 침입을 막으려면 천연 절벽을 이룬 산에 성을 쌓아야 한다'는 상소를 올렸다. 그리하여 고읍성을 이곳으로 옮겨 쌓고 산 위에 능허사(凌虛寺)를 고쳐 관사로 썼다고 한다. 성 이름을 고사산성, 고산성 또는 현의 위쪽에 있다는 뜻에서 현상성(縣上城)이라고 하였다. 그 뒤 중종 때 도로가 험난하고 식수가 적어 왜구를 막기 어렵다 하여 다시 고읍성으로 옮겼는데, 현재는 터만 남아 있다.

산성재 위에는 능허대가 있었는데, 사방이 틔어 있어 이 대에 오르면 멀리 동해가 한눈에 보인다. 고성리 구만 동쪽에 있는 축천대는 임진왜란이 일어나자 이곳에 살던 선비 충효당 주경언(朱景彦)이 이 산위에 돌로 된 제단을 쌓았다. 그리고 날마다 새벽 첫 닭이 울기 전에 이곳에 올라 향을 피우고 하루빨리 나라가 평정되기를 7년 동안 하루도 빠짐없이 빌었다고 한다. 후세 사람들이 이 대를 축천대라 부르고 그 후손들이 이를 기리고자 유허비를 세웠다.

나그네 베개에 날이 차니 꿈 못 이루는데

성 밑 남쪽에 있는 구만동을 지나 남대천변에 놓인 울진교를 건너 시내에 접어든다. 울진 버스터미널에서 반가운 두 사람을 만나기로 했다. 전주에 사는 파란천사 조인경 씨와 대구에 사는 푸른하늘 박지숙 씨가 도착하기로 한 것이다.

고구려 때 울진 이름은 우진야현(于珍也縣)이었고, 신라 때 지금의 이름으로 바뀌 오늘까지 이어진다. 울진은 본래 강원도에 속했으나 1962년에도 구역 조정으로 경상북도에 편입되었다. 울진군의 서면과 온정면을 뺀 나머지 읍면들은 동해에 잇닿아 있다. 신라의 삼국통일을 이끌었던 김유신이 "산림이 울창하고 바다에 이어져 진귀한 물산이 풍부하다"고 감탄한 데에서 나왔다는 울진군을 두고 조선시대의 문인 최부(崔府)는 "나그네 베개에 날이 차니 꿈 못 이루는데, 시내와 산의 눈 달빛이 맑기도 하구나. 공문서가 희소하니 벼루를 덮었는데, 늦게 일어나니 동창에 바다해가 올라왔네"라고 노래하였다. 한가하기 이를 데 없었던 이곳을 같은 시대의 문인 이석형(李石亨)은 "높은 성 멀리 떨어져 변방 지역을 지키는데 바로 넓은 바다 눌러 형세도 기이하네. 물결을 뒤좇는 거센 바람은 바다 위를 불러 넘어뜨리고 하늘에 닿은 늙은 나무는 구름을 의지해 드리웠네"라 하였다.

울진 군청이 있어서 읍내리라는 이름을 얻은 이곳 울진교육청 자리에 울진 객사가 있었다. 모두 20간이었다는 울진 객사는 심상고등소학교로 쓰다가 허물어져서 일부는 연지리의 연호정을 세웠는데 울진의 옛 이름인 선사관(仙槎館)이라고도 하였다.

객사 터 남쪽에는 객사의 문루인 망월루(望月樓)가 있었다. 현판은 조선시대의 학자인 영취 주도(朱燾)가 썼다는데 지금은 사라지고 없다. 울진경찰서와 우체국 사이에 울진현의 옥 터가 있고, 울진현의 관아가 있던 터 앞에는 옛날 울진 고을의 선비들이 모여서 향악을 읽고 술을 마시며 잔치를 베풀던 태고헌이라는 정자가 있었다. 이곳을 지나던 매월당은 〈울진을 지나며〉라는 시를 남겼다.

울진에는 외래의 족속이 많은데
근원은 신선이 뗏목 타고 온 데서 났다네.
사람들이 장건(張騫)의 후손이라 말하니
계보가 한(漢)나라 신하 집이라.
서역으로 일찍이 전대(專對)하고서
동쪽 삼한 땅으로 또 수레 몰고 왔다네.
아! 때와 세대 멀어졌으니
해천 끝 저 멀리를 생각하네.

김시습의 글을 보면 그 당시 중국이나 일본에서 건너와 울진에 정착한 사람들도 있었다는 것을 알 수 있다.

울진 시외버스터미널에서 그 먼 거리를 달려온 조인경 씨와 박지숙 씨를 만났다. 회포를 나눌 겨를도 없이 길 위에 선다. 아직도 가야 할 길이 많이 남았기 때문이다.

우리가 잠시 머물다가 가는 울진 시외버스터미널이 있는 수산리는 본래 울진군 근남면 지역에 속했다. 조선시대에 수산역(守山驛)이 있어서 수산, 수산역 또는 역마, 역굴이라고 하였다.

수산 동쪽에는 수산역의 둔전(屯田)이 있었고 동북쪽에 있는 비래 마을은 염전이 있던 곳이다. 수산리 서쪽에는 옛날 대나무 숲이 있었다는 대밑 마을이 있고, 서남쪽에는 말처럼 생겨 마령 또는 마릿재라고 불리는 작은 산이 있다. 북쪽에는 옹기점이 있었고, 옹기점 서쪽에 고려 고종 때에 금나라 태조가 된 아구다[阿骨打]의 난을 평정하는 데 큰 공을 세운 임우(林祐) 장군의 묘가 있다.

수산동에 이르자 도로원표가 눈에 띈다. 부산 263, 대구 222, 포항 129, 영덕 84, 서울 361, 원주 237, 강릉 127, 삼척 71이라고 쓰인 도로원표에는 이곳 울진이 동경 129도 23분 44초 북위 36도 58분이라고 적혀 있다. 왕피천을 가로질러 놓은 수산교를 지나 근남면에 들어서니 노음리의 도로변에는 초원다방, 혜경 머리방 등의 상호가 눈에 띈다. 장뜰이라고도 일컫는 장평 마을에서 조금 더 가니 울진군 근남면 산포리의 푸른 바다를 바라보며 서 있는 망양정이 나타난다.

망양정에 올라 바다를 바라보니

경북 울진군 울진읍 근남면 산포리는 둔산과 세포의 이름을 따서 지었으며 후리 북쪽 산 위에 망양정(望洋亭)이 있다. 망양 해수욕장과 드넓은 바다가 만나는 망양정은 본래 기성면 망양리에 있었다. 전해오는 이야기에 따르면 관동팔경이 울진에는 한 곳도 없는데 평해에는 월송정과 망양정 두 곳이나 있으니 그 하나를 달라고 하였다. 그리하여 1858년 철종 때 울진 현령 이희호(李熙虎)가 지금의 자리로 옮겨 세웠다고 한다. 현재의 망양정에서 바라보는 동해 바다의 만경창파 또한 그에 못지않게 빼어나다. 송강 정철이 노래했던 망양정의 정취나 겸재 정선이 그린 풍광은 옛터에서나 이곳에서나 그 감흥은 다를 바가 없다.

현재 망양정은 1959년에 다시 세웠고 1979년에 보수하여 누각의 예스러움은 찾아볼 수가 없다. 그리고 안타깝게도 당시 숙종의 어필현판은 울진읍 읍내리 객사에 보관했다가 잃어버렸다고 한다.

산포리의 거믄개 서쪽에서 달증개로 가는 고개는 나그네목재이고, 뱀밭골 북쪽에 있는 대장골은 큰 돌이 곳곳에 박혀 있는데, 훗날 역적이 될 장수가 날 것을 염려하여 혈(穴)을 끊은 것이라고 한다.

남사고가 태어난 수곡리

선유산 너머에 있는 수곡리에서 명종 때 천문학자인 남사고가 태어났다. 조선 중종 4년(1509)에 울진군 근남면 수곡리에서 태어난 격암(格菴) 남사고는 역학과 천문을 비롯해 모든 학문에 두루 통달했던 학자다. 남사고는 과거에 여러 차례 떨어지자 벼슬에 대한 꿈을 접고 천문지리와 풍수, 점술을 연구하여 예언가로 이름을 날렸다. 특히 그는 많은 예언과 일화를 남겨 우리나라의 전설에 가장 많이 나오는 인물로 손꼽힌다.

이수광은 《지봉유설》에서 남사고에 대해 말하기를 임진년에 백마를 탄 사람이 남쪽으로부터 조선을 침범하리라 했는데, 그 예언대로 임진왜란이 일어나 왜장 가토 기요마사(加藤淸正)가 백마를 타고 쳐들어왔다고 기록하였다.

상촌(象村) 신흠은 《상촌집(象村集)》에 남사고에 대해 다음과 같이 적고 있다.

> 남사고는 중종 때 사람이다. 강원도에 살았으며 풍수, 천문, 복서, 상법(商法)에 이르기까지 세상에 알려지지 않은 비결을 알아서 그가 말하는 것은 반드시 맞았다. 명종 말년에 일찍이 말하기를 머지않아 조정에 당파가 생길 것이며, 또 오래지 않아 왜변이 일어날 것인데 만약 진(辰)에 일어나면 구할 길이 있지만 사년(巳年)에 일어나면 구하기 어려울 것이라고 하였다.

또한 《연려실기술(燃藜室記述)》 〈선조조고사본말(宣祖祖古事本末)〉에는 다음과 같은 글이 실려 있다.

> 남사고는 학문에 힘써 주역에 통달하여 그가 말하는 것은 모두 기이하게 맞았다. 여러 번 향시(鄕試, 각 지방에서 보는 과거의 예비 시험)에 뽑혔으나 끝내 급제는 못했다. 주가 묻기를 "자네는 남의 운명은 잘 알면서 자기 운명은 알지 못하고 해마다 과거에 떨어지니 어쩐 일인가" 하고 묻자 웃으면서 하는 말이 "사심이 통하면 술법도 어두워지는 것이네" 하였다. 뒤에 천문학자

로 한양에 있을 때 태사성(太史星)이 흐려졌다. 이때 관상감정(觀象監正)으로 있던 이번신(李蕃臣)이 그중에 나이가 가장 많았는데, 이것은 내가 죽을 징조라 하자, 남사고가 웃으면서 "따로 죽을 사람이 있습니다" 하더니 그 뒤 두어 달 만에 사고가 죽었다.

남사고는 소백산을 보고 '허리 위로는 돌이 없고, 멀리서 보면 웅대하면서도 살기가 없고, 떠가는 구름과 같고 흐르는 물과 같아서 아무런 걸림이 없는 자유로운 형상'임을 들어 많은 사람을 살려줄 산이라고 칭송했다고 한다. 그의 말이 옳았던지 임진왜란 초에 왜적이 새재를 넘기는 했지만 소백산 기슭인 풍기와 영주 일대는 온전했다. 그러나 조선의 수도인 한양의 한산한수(漢山漢水)는 다골다탄(多骨多灘)하여 골육상잔의 화를 입을 것이고 재난이 많이 일어날 것으로 예언하였다. 그는《정감록(鄭鑑錄)》중 길지인 십승지지(十勝之地)를 예언했으며, 또 당쟁이 일어나기 전 명종 말기에는 한양의 지세를 연관지어 당쟁을 무서운 병에 비유하여 예견하기도 했다.

어느 날 울진 향교에 참새 떼가 날아들자 사람들이 남사고에게 무슨 징조인지 물어보았다. 그는 '잠시 후에 쇠 갓을 쓴 여자가 들어올 것'이라고 대답했다고 한다. 조금 뒤에 갑자기 소나기가 쏟아지더니 문 밖에서 밥을 짓던 향교의 여종이 솥뚜껑을 덮어쓰고 뛰어 들어와 자리에 있던 사람들이 모두 놀랐다고 한다.

남사고는 근남면 구산리 바깥잘미에 있는 달팽이집 같은 초가집에 살았지만 술을 즐기며 성품이 고결하여 찾는 이의 발길이 끊이지 않았다고 한다. 남사고는 우리나라의 앞날을 예언한 참서《격암유록(格庵遺錄)》

에서 국토 분단과 한국전쟁을 예언했다고도 한다. 그가 남긴 문집은 임진왜란 때에 대부분 불타 없어졌다.

우리의 발길은 구고와 성산의 이름에서 지은 구산리에 이른다. 안잘미라고 부르는 내성산동의 북쪽 산에 남사고의 무덤이 있고, 경상북도 울진군 근남면 구산리에 성류굴이 있다. 1963년 5월 7일 천연기념물 제155호로 지정된 성류굴은 탱천굴 · 선유굴이라고도 한다. 전체 길이가 약 800미터에 이르며, 선유산 절벽 아래 왕피천가에 있는 좁은 바위 구멍이 들어가는 입구이다.

성류굴이 있는 울진

성류굴은 우리나라에서 가장 유서 깊은 동굴의 하나로, 이곡이 지은 《관동유기(關東遊記)》에도 나온다. 이 책은 최초의 동굴탐사기이기도 하다.

> 울진현 남쪽 10리에 성류사(聖留寺)가 있다. 절이 석벽 밑 장천(長川)에 있는데, 절벽은 깎아지른 듯 천척이요, 벽에 작은 구멍이 있는데 성류굴이라 이른다. 굴의 깊이를 헤아릴 수 없고 또 어둑어둑하여 촛불 없이는 들어갈 수가 없다. 중에게 횃불을 들고 인도하게 하고, 또 고을 사람 가운데 출입에 익은 자로 하여금 앞서고 뒤따르게 하여 들어가 보았다. 구멍 어귀는 작으나 4~5보(步)쯤 기어들어가니 조금 넓어지며, 일어나 또 몇 걸음을 걸으니 단애(斷崖)가 세 길쯤 솟았는데 사다리로 내려가니 점점 평탄하고 넓어지

> 며, 수십 보쯤 가니 평지가 있어 제법 널찍한데 좌우 돌 모양이 이상야릇하고, 또 10보쯤을 걸으니 구멍이 있는데 구멍 어귀보다 더 좁다.
>
> (중략)
>
> 또 수십 보를 가니 돌이 더욱 기괴하고 그 모양이 더욱 여러 가지여서 기록할 수가 없으며, 그 번당, 부도 같은 것도 있고 넓고 높으며 크다. 또 4~5보를 가니 불상 같은 것도 있고 고승(高僧) 같은 것도 있다.
>
> (중략)
>
> 사람들이 말하기를 "연못을 따라 들어가면 더욱 기괴하다"고 하나, 나는 그것이 세속 사람이 함부로 구경할 것이 아니라 하여 어서 나가자 하였다. 그 양 옆에 구멍이 많은데 사람이 잘못 들어가면 나올 수가 없다고 한다. 그 사람에게 굴의 깊이가 얼마냐고 물으니 대답하기를 "평해군 바닷가에 달한다고들 말합니다"라고 하니 대개 여기서 상거(相距)가 20여 리이다.

이곡의 글을 보면 그도 처음 들어가본 동굴이 묘했던지, "자연으로 된 것이냐, 그렇지 않으면 일부러 만든 것이냐, 자연이라 한다면 그 기변(機變)의 묘가 어찌 그렇듯 극(極)하며, 일부러 만든 것이라면 아무리 귀공(鬼工) 신력(神力)으로 천만세를 다하였기로서니 또한 어찌 이 극에 이르렀으랴"며 찬탄을 금치 못했다.

울진군 원남면 금답동과 하매리를 병합하여 이름 지은 금매리를 지나간다. 토질이 비옥하다 하여 금답동(金沓洞)이라고 한다. 장쟁이 동쪽에서 근남면 진복리 동정동으로 넘어가는 고개는 고개 위가 납작하다고 해서 남달모기라 부른다.

평해 30킬로미터를 지나 몽천교에 접어든다. 금답동 서쪽에 있는 몽천(蒙川)은 몽천동 북쪽에 있는 산 아래 샘을 말하는데 물맛이 매우 좋다고 한다. 근처에 숙종 19년(1693)에 우암(憂菴) 윤시형(尹時衡)·황림(篁林) 윤사진(尹思進)을 모시는 서원을 세웠다가 고종 5년(1868)에 헐렸다. 현재는 몽천서원(蒙川書院) 터와 몽천사 터만 남아 있다.

길에서 아는 사람을 만나다

몽천 아래에 있는 느릅나무는 신령스럽고 기묘하여 자식을 바라는 사람이 기도를 하면 자식을 얻는다고 한다. 금답동 동북쪽에서 근남면 산포리로 가는 고개는 장사꾼들이 많이 다녔다고 해서 장시모기고개라고 부른다.

금매교를 지나자 어느새 날이 어둑어둑하다. 갑자기 차 한 대가 멈춰 서더니 어느 단체에서 나왔느냐 어디까지 걸어가느냐고 묻기에 '우리땅 걷기' 단체이며 평해까지 걸어간다고 하자, '혹시 박기성 씨를 아느냐'고 물었다. 《사람과 산》 편집위원인 박기성 씨를 아는 사람을 이렇게 만나다니! 이것저것 물어본 이는 바로 울진에서 유기농 농사를 지으며 《좋은 엄마》 잡지의 편집위원으로 활동하는 나광호 씨였다.

이처럼 길은 이리저리 연결되어 생각지도 못한 만남을 선사한다.

중국 문자에는 길을 의미하는 것들이 많다. 《주례(周禮)》에 보면 우마가 다닐 수 있는 오솔길을 '경(經)'이라고 했고, 큰 수레가 통하는 작은 길을 '진(畛)', 승거(乘車)가 다닐 수 있는 길을 '도(途)'라고 했다. 승거 두 대가 다닐 수 있는 길은 '도(道)', 세 대가 다닐 수 있는 길은 '로(路)'

라고 구별했다. 중국에서는 물길도 하천 폭의 넓이에 따라 하(河), 강(江), 천(川), 수(水)로 구별했으며, 그에 대한 용례도 도하(渡河), 진강(津江), 제천(濟川), 섭수(涉水)라고 표현했다.

'그대가 곁에 있어도 나는 그대가 그립다'는 말처럼 어둠이 서서히 내리는 길은 언제 걸어도 쓸쓸하고 외롭다. 어둠이 내린 길을 걸어서 원남면 소재지인 매화리에 이른다. 매화꽃이 떨어지는 지형이라는 매화리에서 하루 일정을 마무리했는데, 숙소가 없어서 동해 바다가 보이는 산포리로 향했다.

쥐치회와 방어회를 먹으며 이기춘 씨가 혈액형에 얽힌 재미난 이야기를 풀어놓는다. A형은 소시지란다. '소심하고 세심하고 지랄 같다.' O형은 단무지다. '단순하고 무식하고 지랄 같다.' AB형은 '지랄 같고 지랄 같고 지랄 같단다.' 듣고 보니 일리 있는 것 같다. 단순하고 무식하니까 고되고 힘든 길을 이렇게 걷는 게 아닐까?

이야기를 듣고 있는 동안 나광호 씨가 평해에서 삶은 고구마를 가져오고 이수아 씨도 합류했다. 지극 정성이 따로 없다. 우리와 함께 관동대로를 마무리하겠다고 서울에서 그 먼 길을 달려오다니…….

길을 걷는 것도 마음의 여유가 있어야 길 위의 사람들을 만났을 때 이야기보따리를 풀어놓을 수 있으리라. 하지만 이미 일정을 정해놓고 가는 여정은 그럴 만한 여유가 없다. 그동안 쌓인 여독 때문이기도 하지만 무엇보다 내일을 위해서 일찍 헤어질 수밖에 없다. '한가하면 맑아야 하고 늙으면 쉬어야 마땅하니, 한가하면서 맑지 않으면 첫째 의혹이요, 늙어서 쉬지 않는 것은 둘째 의혹이다'는 글도 있지만 언제쯤 진실로 마음이 거울처럼 맑아질 것이며 한가로이 쉴 수 있을 것인지…….

손님들을 보내고 잠자리에 누웠지만 파도 소리는 밤새워 귓전을 어지럽혔다.

열사흘째 매화리에서 평해까지

일정을 잡았다 바꾸기를 여러 번, 마침내 관동대로 392킬로미터가 조금밖에 남지 않았다. 392킬로미터를 한 발 한 발 내딛은 내 다리는 무쇠 다리라서 아프지 않은가? 많이 걸었는데도 안 아픈 다리가 어디 있겠는가. 다들 아프다고 하는데 나마저 아프다면 어떻게 되겠는가? 아프다는 말도 못한 채 그저 웃으며 걸었던 그 시간들이 주마등처럼 스쳐 지나간다. 언제나 일행 뒤를 따라온 나는 지금 외로운가? 지금은 외롭지 않다.

11번지가 좋으니 걸을 수 있다

바다가 보이는 해오름 모텔에서 깬 시각이 3시 30분. 창문 너머로 들리는 파도 소리에 뒤척이다 보니 어느새 6시 50분이다. 7시에 아침밥을 먹기로 했는데 아무도 오지 않았다.

'피데기 오징어, 특미 곰치국, 백합 굴회 팝니다'라고 쓴 문구를 들여다보고 있으니 일행들이 들어선다.

주인아주머니가 한 말씀 하신다.

"참 대단합니다. 하여간 11번지(두 다리)가 좋으니 걸을 수 있어요. 그건 돈 주고도 못 사는 거예요."

해오름 모텔에서 곰치국을 먹고 나니 세상 부러울 것이 없다.

매화리 남서쪽에 있는 나마실 마을을 지나 나마실고개를 넘으며 오늘 하루를 시작한다. 고개를 넘는 일은 늘 숨이 가쁘다. 이 고개만 넘으면

길 끝에서 언제나 또 다른 길은 시작되고

이제 가파른 고개는 없다는 생각에 힘을 다해 오른다. 오천동 서북쪽에 있는 백옥동 마을을 지나 신흥 2리에 이른다. 평해 24킬로미터, 이 모퉁이를 돌면 바다가 보일 것이다.

오산리의 오산교를 지나자 망양정과 산포리로 가는 길이 나뉜다. 덕신교차로 근처는 조선시대에 덕신역(德新驛)이 있던 곳이다. 《신증동국여지승람》에 "고을 남쪽 45리에 있다"고 실려 있는 덕신역을 두고 이곡은 다음과 같은 시를 지었다.

> 해가 부상(扶桑)에서 떠서 두 장대나 올라왔는데, 한쪽에는 북두칠성이 아직도 비꼈네. 바람에 갈리고 비에 씻겼으니 털끝도 깨끗하고, 안개 흩어지고 구름 걷혔으니 안계(眼界)도 넓구나. 혼자 생각해도 우스운 일, 세상 물정은 바다 속처럼 알 길 없는데 학술을 가르침은 물결 볼 줄 알겠네. 분분하게 남쪽 북쪽에 오가는 사신 많은데, 이곳은 보통 역사(驛舍)로 보지 말게나.

덕신 해수욕장을 지나자 경주 154킬로미터, 포항 104킬로미터, 평해 24킬로미터. 바다를 따라가다 만난 망양정 휴게소에서 길은 기성면으로 이어지고 우리는 휴게소에서 잠시 쉬어가기로 한다. 멀리 바다를 향해 길이 이어져 있고, 그 길은 4차선 도로 개설로 한창 공사 중이다.

철썩철썩 내지르는 파도 소리를 벗 삼아 걷는다. 간간이 지나가는 자동차 소리도 기꺼이 벗으로 끼워준다. 공사 중인 도로를 지나자 길가는 온통 오징어를 매단 철 줄로 끝이 보이지 않는다. 포항 101킬로미터, 평해 18킬로미터. 기성면 망양리는 본래 평해군 원북면 지역으로 관동팔경 중 하나인 망양정이 있어서 망양동이라 하였다.

망양정이 나라 안에 으뜸가는 정자

망양정은 원래 평해군 기성면 망양리 앞 모래사장 가에 있었는데 조선 세종 때 평해 군수였던 채신보(蔡申保)가 풍상에 허물어진 정자를 현종산 기슭에 옮겨 세웠다고 한다. 조선시대 정국공신이었던 채수(蔡壽)는 '우리나라를 봉래 방장과 같은 산수 좋은 신선의 고장이라 하는데, 그중에서 관동이 제일이며 이곳 누대를 백으로 헤아리지만 망양정이 으뜸'이라고 극찬하였다. 이는 망양정이 이름 그대로 바다를 바라보기 좋은 승지에 있었기 때문이다.

조선 후기에 숙종은 강원도 관찰사에게 관동팔경을 그려 오라고 하여 팔경을 모두 감상한 뒤에 망양정이 가장 훌륭하다며 '관동제일루(關東第一樓)'라고 쓴 친필 편액을 내렸다고 한다. 그림이 좋았던 탓도 있지만 넓게 트인 망양정에서 바라보는 풍광이 그만큼 빼어났기 때문일 것이다. 그 뒤 숙종은 이곳을 친히 돌아보고 "뭇 봉우리 거듭거듭 서리서리 열리니 성낸 파도, 거친 물결 하늘에 불어온다. 이 바다 변해서 술이 된다면 어찌 단지 삼백 잔만 기울이겠는가"라고 호방한 기상을 드러냈으며, 정조 역시 시를 읊어 경치를 찬양하였다.

매월당 김시습이 이곳에서 시를 지었고, 조선 초기의 학자 서거정은 '평해 팔영'의 하나로 망양정을 꼽았으며, 송강 정철은 《관동별곡》에서 망양정을 다음과 같이 노래했다.

> 하늘 끝을 끝내 보지 못해 망양정에 오른 말이 바다 밖은 하늘이니 하늘 밖은 무엇인고. 가득 노한 고래 누가 놀래기에 불거니 뿜거니 어지러이 구는지고. 온 산을 깎아내어 천지사방에 내리는 듯 오월 장천에 백설은 무슨 일인고.

그 뒤를 이어 이곳에 왔던 이산해는 〈망양정기(望洋亭記)〉를 남겼다.

> '내가 소싯적부터 글짓기를 좋아하여 글은 배워서 능할 수 있다'고 생각하였다. 그리하여 옛 사람의 책들을 구하여 읽었는데, 마음에 기억하고 입으로 독송하기를 오래한 다음 시험 삼아 써보았더니 글은 비록 이루어졌으나 비루하여 보잘것없었다. 이윽고 생각해보니 글이란 기(氣)가 주가 되므로 기가 충실하지 못하고서 글을 잘할 수 있는 경우는 없었다. 옛날에 태사공(太史公) 사마천(司馬遷)은 사해(四海)의 명산대천을 두루 유람하여, 기에서 얻어 말로 나타내었던 까닭에 그 글이 소탕(疏宕)하고 기건(奇健)하여 변화가 무궁한

비석만 남아 있는 망양정 옛터 우리나라 유적 중에는 유독 옛터가 많다. 그만큼 역사의 부침이 많았기 때문이다. 옛길도 마찬가지다. 지도 위에는 점선으로 흐릿하게 남아 있지만 두 발로 직접 마주하면 옛길의 생생한 숨결을 느낄 수 있다.

것이다. 나는 치우친 땅에 태어난데다 그나마 나라 안의 기이한 경관도 다 보지 못하였으니, 글이 이처럼 조잡함도 괴이할 것이 없다 하겠다.

내가 영동으로 귀양 오는 길에 낙산을 지나면서 일출을 보고 임영(臨瀛, 강릉의 옛 이름)을 지나면서 경포대와 한송정의 빼어난 경관을 바라보고, 소공대(召公臺)를 지나면서 아스라이 먼 울릉도의 자태를 바라봄에 기쁘고 반가운 마음이 들었다. 그리고 망양정에 올라 하늘은 푸르고 바다는 깊어 그 크기가 밖이 없고, 그 넓이가 가없고, 그 깊이가 끝이 없음을 본 뒤에야 비로소 평생의 장관을 유감없이 다하여 호호탕탕한 흉중이 예전과는 사뭇 다른 듯 느껴졌다.

망양정을 답사한 뒤에 쓴 이 기문에서 이산해는 사람들이 무릎을 치며 탄복할 만한 글은 책을 읽고 쓰는 데 있는 것이 아니라 세상의 아름다운 장관을 다 본 뒤에야 기가 충만하여 쓸 수 있음을 주장하였다.

수많은 시인 묵객들의 자취가 서린 망양정은 중종 때 안렴사 윤희인이 평해 군수 김세우에게 명하여 중수하였지만 오랜 세월 풍화로 훼손되었다. 뒷날 근남면 산포리로 망양정을 옮기고 지금은 그 자리에 비석만 남아 있다.

파도 소리가 그리움처럼 밀려오는 이곳 망양정에 올랐던 이산해는 다음과 같은 시를 남겼다.

바다를 낀 높은 전정자 전망이 탁 트여
올라가 보면 가슴속이 후련히 씻기지
긴 바람이 환혼의 달을 불어 올리면
황금 궁궐이 옥거울 속에 영롱하다네.

—〈망양정〉

누가 꽃을 꺾어줄 것인가

망양정 터에서 깎아지른 절벽을 바라보니 《삼국유사》에 실린 〈수로부인〉과 〈헌화가〉가 떠오른다.

성덕왕 시대에 순정공(純貞公)이 강릉 태수로 부임해가는 도중에 바닷가에 참을 정하고 점심을 먹었다. 옆에는 돌로 된 산이 병풍처럼 바다를 둘러서 높이는 천야만야한데, 그 꼭대기에는 진달래가 만발해 있었다. 순정공의 부인 수로(水路)가 이를 보고 곁에 있던 사람에게 말하기를 "거기 누가 꽃을 꺾어줄 사람이 없는가?" 하였다. 시중을 들던 사람들이 말하기를 "사람이 발을 붙여서 올라갈 데가 못됩니다"라며 모두 올라가기를 회피하는데, 그 앞을 웬 늙은 노인이 새끼를 밴 암소를 몰고 지나다가 부인의 말을 듣고는 그 꽃을 꺾어다 바치고 또 노래까지 지어 바쳤다.

그 늙은 사람은 누구인지 이름을 알 수 없었다. 그때 지어 바친 헌화가(獻花歌)의 내용은 이렇다.

붉은 바위 가에서
손에 잡은 어미 소 놓으시고
나를 부끄러워 아니 하시면
꽃을 꺾어 드리오리다.

망양리 북쪽 원남면 덕신리와 경계되는 곳에 객망치(客望峙)라는 손부릿재가 있다. 이 재 아래에는 도둑들이 숨어서 지나가는 행인을 살피던 도둑바위가 있다고 한다. 망양리 가운데에는 고개가 매우 가팔라서 고개 위에 오르면 숨을 헐떡인다는 헐뜨고개가 있다.

울진과 평해의 경계 망양교

망양리 서쪽에 골말 마을이 있고, 골말 서쪽에 있는 망양교를 경계로 평해군과 울진군으로 나뉜다. 웃방개 북쪽에 용이 숨어 살았다는 용소가 있고, 용이암 북쪽에 있는 하암은 울진군과 평해군의 경계 지점에 있던 바위로 울진군의 가장 아래쪽에 위치한다.

망양교회와 기성망양 해수욕장의 해송 숲에는 무덤 몇 기가 바닷바람을 맞고 있다. 평해 16킬로미터라고 쓰인 표지판을 지나자 관동대로는 바다에서 벗어난다. 고개를 넘어가며 바람결에 스치는 시누대(해장죽)

소리를 듣는다. 이곳 시누대는 화살용으로 많이 쓰였다고 한다.

얼마 남지 않았다고 생각하는 순간부터 다리가 더 아픈 것은 무슨 까닭일까? 여정의 마지막 목적지인 평해가 2킬로미터씩 줄어드는데도 실감이 안 나는 것은 먼 거리를 걸어온 탓이 크다.

그러는 사이 기성면 사동리에 접어들었다. 사동리는 사랫골 또는 시동이라고 하였다. '해월헌(海月軒) 600미터'라고 쓰인 안내판을 지나니 해월헌이 저만치 보인다. 해월헌은 사동 위쪽 상사동에 있는 정자로 조선 선조 때 이름난 학자인 해월 황여일(黃汝一)이 선조를 모시고 후학들에게 글을 가르치다가 1588년 자신의 고향인 이곳에 돌아와서 지은 서재이다. 현판은 선조 때 영의정을 지낸 아계(鵝溪) 이산해가 썼으며, 백사(白沙) 이항복(李恒福)과 상촌 신흠, 월사(月沙) 이정구(李廷龜)가 해월헌에 대한 글을 지어 찬양하였다.

그러나 본래 집이 오래되고 낡아 100여 년 전에 이곳으로 옮겨 지었다고 한다. 해월헌 서쪽에 있는 송곡헌(松谷軒)은 기묘사화(己卯士禍) 때 현감을 지낸 이명유(李命裕)가 자신의 호를 따서 지은 정자이다.

사동리 서북쪽에 봉우재는 사동산이라고도 부르는데, 조선시대에 봉수대가 있었던 산이다. 남쪽으로 표산, 북쪽으로 울진 전반산에도 봉수대가 있었다.

다릿골에 있는 남씨 열녀비는 조선시대에 남편이 죽자, 그 시신을 안고 7일 동안 서글퍼하다가 죽은 남씨를 기려 세웠으나, 지금은 자리만 있을 뿐 비는 허물어져 없어졌다고 한다.

평해 14킬로미터, 경주 127킬로미터. 오르막길은 언제나 힘겹기만 하다. 앞으로 고개를 얼마나 더 넘어야 평해에 닿을 수 있을까. 하지만 아

관동 옛길 길을 넓히면서 옛길의 흔적도 사라져간다.

무리 많다고 해야 몇 개나 더 되겠는가. 상사동을 지나고 주담 마을을 지나서 고개를 넘어서자 흰 구름 너머로 보이던 나지막한 산과 바다는 종적은 감췄다.

평해 13킬로미터를 지나며 '화재, 당신의 모든 것을 빼앗아갈 수 있습니다'라는 현수막이 보인다. 울진 삼척지구의 산불 이후 이런 현수막을 흔히 볼 수 있다. 기성면 척산리에 접어든다. 척산리는 기성면 소재지가 있는 곳으로 객사 터를 비롯한 관아 자리가 남아 있다. 척산리의 요곡 마을은 요임금과 같은 어진 사람이 살았다고 해서 요곡이라고 부르며 요곡 서북쪽에서 정명리 웅연으로 넘어가는 고개가 경골재이다.

이제 지도에는 관동대로의 마지막 점선 부분만 남아 있다. 본래 평해군 원북면 지역으로 자산 또는 척산이라고 하였는데, 4차선 국도를 개설하느라 공사 중이다. 중장비들이 분주하게 오가는 것으로 보아, 이곳도 몇 달 뒤에는 자동차들이 쌩쌩 달리고 있을 듯하다.

옛길에 새로운 길이 들어서고

포클레인의 육중한 굉음에 묻히고 사라져가는 옛길에서 잠시 배낭을 내려놓는다. 지금 이 붉은 황톳길이 몇 달 혹은 몇 년 뒤에는 어떤 모습으로 우리를 맞이할 것인가? 아마도 "그동안 길 참 좋아졌어" 하고 탄성을 지를 사이도 없이 자동차들만이 평해, 포항, 경주, 강릉 등으로 질주할 것이다.

곱게 물든 단풍들 위로 빛나는 푸른 하늘……. 이렇게 한 해는 저물어 간다. 감상도 잠시 콧물을 훌쩍인다. 눈물이 흐르지 않아 다행이다. 춥고 배고픈 데다 콧물까지 흐르니 이보다 더 처량한 나그네가 어디 있을까 싶다.

기성교를 지나니 평해 10킬로미터라고 쓰인 이정표가 보인다. 평해 9킬로미터를 남겨두고 다시 고갯길이다. 멀리 보이는 고갯마루까지 길은 오르막이고 고갯마루를 넘어서니 정명리에 이른다. 정명리 새재 동쪽에는 조선 선조 때 학자인 황응청(黃應淸)과 황여일을 모신 명계서원(明溪書院)이 있었다. 고종 때 철폐되자 그 지역 선비들이 그 자리에 강당을 지어 글을 가르쳤다고 한다.

문득 고개를 들어보니 배낭에 '동대문에서 평해까지'라고 적힌 작은 깃발을 꽂은 일행들이 저만치 보이고 바람은 내 뺨을 스치고 지나간다. 온통 공사 중인 길을 용케 걸어왔다는 생각에 마음이 흐뭇하다.

마지막으로 무릎 서리하다

고갯마루에 들어선 기성 휴게소는 어느 사이 문을 닫았는지 기척이 없다. 이제 어현리 마을 옆으로 이어진 어티재를 넘으면 곧 평해에 이를 것이다.

열다섯 번째 지도가 거의 끝나가고 열여섯 번째 마지막 지도인 병곡 지도를 꺼낸다. 울진 공항으로 이어진 길을 조금 지나자 기성면 황보리에 접어든다. 본래 평해군 근북면 지역으로 큰 보가 있었다고 하여 황보(黃堡)라고 했는데, 길이 한적해서 고샅길이나 진배없다.

마을에 들어서기 전 앞으로 서리할 기회도 없을 것 같아 무 두 개를 뽑았다. 처음에는 세 개를 뽑을 요량이었는데 미안한 마음에 하나는 조인경 씨에게 하나는 민경권 씨에게 주고는 시치미를 떼고 마을에 들어섰다. 그런데 웬걸, 마을 한가운데 있는 감나무에 홍시가 몇 개 달려 있는 것이 아닌가. 차마 지나칠 수가 없어서 감나무에 오르려는데 마을 아낙네 두 사람이 우리를 보더니 "감 따지 마세요, 우리가 줄게요" 하는 게 아닌가.

무 세 개를 뽑으려다가 착한 마음(?)으로 두 개를 뽑았더니 '마음이 착한 사람은 자다가도 떡을 얻어먹는다'는 옛말처럼 길을 가다가 홍시를 얻어먹는다고 하자 선뜻 감을 건네준 황금숙(53세) 씨가 손뼉을 치며 웃는다.

이러다가 바늘 도둑이 소도둑되는 건 아닌지 모르겠다. 내 간에 털이 나거나 남들보다 간이 두 배쯤 커질지도 모르겠다. 《능엄경(楞嚴經)》에서 '훔칠 생각을 갖지 마라'는 내용의 글을 다시 한 번 되새겨본다.

> 네가 삼매를 닦는 것은 본래 번뇌에서 벗어나고자 함이거늘 훔칠 마음을 없애지 못하면 번뇌에서 벗어나지 못할 것이니, 비록 지혜가 많아서 선정이 앞에 나타난다고 하더라도 만일 훔칠 마음을 끊지 못하면 반드시 사도(邪道)에

떨어지리니, 크게 잘 되어야 정령(精靈)이 되고 중간쯤 되면 요매(妖魅)가 되고 하품(下品)이 되면 귀신들린 사람이 된다. 저 사귀들도 무리가 있어서 각각 스스로 최상의 도를 성취했다고 하느니라.

비단같이 맑았던 금강

황보리에는 금강(錦江)이라는 마을이 있다. 옛날에 마을 앞을 흐르는 황보천이 비단같이 맑고 깨끗한 데서 마을 이름이 유래했다고 한다.

황보리의 중심이 되는 노동 마을은 노동서원이 있었기 때문에 지어진 이름인데, 서원이 철폐된 자리에 흥학당(興學堂)이라는 건물이 들어섰다. 동막골에서 사기막을 거쳐 다천리로 넘어가는 고개가 동막재이며, 노동 서북쪽에서 다천리 하다(下茶)로 넘어가는 긴 고개가 지심재이다. 사기막 서북쪽에 있는 등성이는 정승 구씨의 묘가 있다고 해서 구정승 밋등으로 불린다.

황보교를 지나 큰길로 나가는 길, 바람에 나뭇잎 흔들리는 소리가 들린다. 한적하다. 도보답사에 나선 사람에게는 자동차가 다니지 않는 길만 걸어도 행복하다. 평해 4킬로미터, 평해읍 월송리에 접어든다.

소나무 숲 너머로 달이 떠오르고

굵은 소나무들이 늘어서 있는 월송정(越松亭) 어귀는 제법 운치가 있

월송리 소나무 숲

다. 이 소나무 숲을 성단송전(城壇松田)이라 부른다. 이 솔밭에 평해, 장수, 창원 황씨의 시조가 된 황락(黃洛)을 기리는 황장군단비(黃將軍壇碑)가 있다. 황락은 중국 후한 광무제 때 유신(儒臣)으로 굴미봉 아래에서 살았는데, 그의 묘가 이 근처에 있어서 단을 쌓고 비를 세웠다고 한다. 황장군단비 앞에는 황락을 모신 추원재(追遠齋)가 있다.

소나무 숲길을 한참 따라가면 월송정이 나온다. 관동팔경의 하나인 월송정에 대해《신증동국여지승람》'누정조'에는 다음과 같은 기록이 보인다.

> 월송정은 고을 동쪽 7리에 있다. 푸른 소나무가 만 그루요, 흰 모래는 눈과 같다. 소나무 사이에는 개미도 다니지 않으며, 새들도 집을 짓지 않는다. 민

간에서 전하여 오는 말이 '신라 때 신선 술랑(述郎) 등이 여기서 놀고 쉬었다'고 한다.

또 다른 유래는 영랑, 술랑, 남(석)랑, 안(상)랑이라는 네 화랑이 울창한 소나무 숲의 경치가 빼어난 줄 모르고 지나쳤기 때문에 월송정이라 지어졌다고도 하고, 누군가는 중국 월나라의 소나무를 가져와 심어서 붙여진 이름이라고도 한다. 비가 갠 후 떠오른 달이 소나무를 비출 때가 가장 아름다운 풍취를 보여준다고 해서 월송정(月松亭)이라고도 부른다.

월송정은 처음에 경치를 감상하는 정자로서가 아니라 왜구의 침입을 살피는 망루의 기능을 하였다. 그 후 왜구의 침입이 잠잠해진 조선 중종 때 반정공신으로 활약했던 박원종(朴元宗)이 강원도 관찰사로 있으면서 이곳을 정자로 중건하였다. 월송정은 그 뒤부터 관동팔경 중 하나로 많은 사람들의 사랑을 받아왔다.

조선시대 성종이 조선 팔도의 시정 가운데 경치가 빼어난 곳을 그리라고 명했는데, 화공이 함경도 영흥의 용흥각과 월송정을 그려 올렸다고 한다. 그리고 용흥각의 버들과 부용이 좋기는 하나 경치로는 월송정만 못하다는 평을 들었다. 숙종과 정조도 이곳의 아름다운 경치를 시로 노래했다.

고려 때 문장가 이곡은 "가을바람에 옛 자취 찾아 말머리 동쪽으로 돌리니 울창한 정자 소나무 좋기도 하구나. 몇 해 동안이나 이 마음은 신선 지경 찾으려 했다. 천 리 먼 길에 길 떠나려 양식을 방아 찧었네. 도끼의 액운이 없었으니 한위(漢魏)를 지났고, 재목은 큰 집 지을 수 있으니 기룡(夔龍, 순임금의 충직한 신하)에도 비끼겠네. 난간을 의지하여 자연

침음(沈吟)하기 오래인데, 졸렬한 붓으로 만분의 일도 허용하기 어렵구나"라고 월송정의 경치를 노래했다.

선조 때에 영의정을 지냈던 이산해가 유배를 와서 기문을 지었는데 그 내용은 다음과 같다.

> 월송정은 군청 소재지의 동쪽 6~7리 거리에 있다.
>
> 그 이름을 두고 어떤 이는 "신선이 솔숲을 날아서 넘는다〔飛仙越松〕는 뜻을 취한 것이다" 하고, 어떤 사람은 "월(月) 자를 월(越) 자로 쓴 것으로 성음이 같은 데서 생긴 착오이다" 하니 어느 것이 옳은지 알 수 없다.
>
> 그런데 내가 월(月) 자를 버리고 월(越) 자를 취한 것은 이 정자의 편액을 따른 것이다.
>
> 푸른 덮개 흰 비늘의 솔이 우뚝우뚝 높이 치솟아 해안을 둘러싸고 있는 것은 몇 만 그루나 되는지 모르는데, 그 빽빽함이 참빗과 같고 그 곧기가 먹줄과 같아 고개를 젖히면 하늘에 해가 보이지 않고, 다만 보이느니 나무 아래 곱게 깔려 있는 은부스러기 옥가루와 같은 모래뿐이다.
>
> (중략)
>
> 정자 아래에는 한 줄기 물이 가로 흘러 바다 어귀와 통하며, 물을 사이로 동쪽에는 모래언덕이 휘감아 돌아 마치 멧부리와 같은 모양을 하고 있다. 언덕에는 모두 해당화와 동청초(冬青草, 겨우살이)뿐이며 그 밖은 바다이다.
>
> (중략)
>
> 아아, 이 정자가 세워진 이래로 이곳을 왕래한 길손이 그 얼마이며, 이곳을 유람한 문사(文士)가 그 얼마였으랴. 그중에는 기생을 끼고 가무를 즐기면서 술에 취했던 이들도 있고, 붓을 잡고 먹을 놀려 경물(景物)을 대하고 비

월송정 관동팔경의 하나로 울진 평해에 있다.

장하게 시를 읊조리며 떠날 줄을 몰랐던 이들도 있을 것이며, 호산(湖山)의 즐거움에 자적했던 이들도 있고, 강호(江湖)의 근심에 애태웠던 이들도 있을 것이니, 즐거워한 이도 한둘이 아니요, 근심한 이도 한둘이 아니다.

그런데 나 같은 자는 이들 중 어디에 속하는가. 왕래하고 유람하는 길손도 문사도 아니며, 바로 한 정자의 운연(雲烟)과 풍월을 독차지하여 주인이 된 자이다. 나를 주인으로 임명해준 이는 누구인가. 하늘이며 조물주이다.

천지간에 만물은 크든 작든 저마다 분수(分數)가 있어 생겼다 사라지고 찼다가 기우니, 이는 일월과 귀신도 면할 수가 없는 법인데, 하물며 산천이며, 하물며 식물이며, 하물며 사람일까 보냐. 이 정자가 서 있는 곳이 당초에는 못이었는지 골짜기였는지 바다였는지 뭍이었는지 알 수 없는 일이거니와 종내에는 또 어떠한 곳이 될까.

또한 솔을 심은 이는 누구며, 솔을 기른 이는 누구며, 그리고 훗날 솔에 도끼를 댈 이는 누구일까. 아니면 솔이 도끼를 맞기 전에 이 일대의 모래언덕과 함께 흔적 없이 사라져버릴 것인가. 내 작디작은 일신(一身)은 흡사 천지 사이의 하루살이요 창해에 떠 있는 좁쌀 한 톨 격이니, 이 정자를 좋아하고 아끼어 손이 되고 주인이 되는 날이 그 얼마일는지 알 수 없거니와, 정자의 시종과 성쇠는 마땅히 조물주에게 물어보아야 할 것이다.

이산해의 유배지 평해

한편 정철과 정치적 견해를 달리했던 아계 이산해는 평해에서 귀양살이를 하는 동안 이 정자에 자주 올라 시를 읊었다고 한다.

이산해가 태어났을 때 울음소리를 들은 작은 아버지 이지함은 형에게 "이 아이를 잘 돌보십시오. 우리 문호가 이 아이 때부터 다시 홍할 것입니다"라고 하였다. 신동으로 불렸던 이산해는 어린 시절 토정 이지함에게 학문을 익혔다. 김시양(金時讓)은 《부계기문(涪溪記聞)》에서 이산해에 대해 다음과 같이 적고 있다.

아계 이산해는 4세에 능히 글씨를 읽고, 5~6세에 능히 시를 짓고, 병풍과 족자에 글씨를 쓰니 이름을 장안에 떨쳤다. 23세에 문과에 급제하여 처음으로 벼슬길에 올라 청환(淸宦)과 현직(顯職)을 역임하였다.

자못 청렴하고 근신하여 명성을 얻었다. 그러나 재상 자리에 오른 뒤에는 벼슬을 잃을까 근심하는 마음이 생겼다. 공량(公諒)이라는 자가 있으니 김빈(金嬪)의 아우다. 김빈은 임금의 총애를 받음이 후궁 중 으뜸이었다. 산해는 공량에게 종처럼 섬기어 자기의 지위를 굳혔다. 어두운 밤에 찾아다니며 애걸하되 종기를 빨고 치질을 핥는 일도 상야하지 않았으므로 도리어 청의(淸議)에서 죄를 얻었다.

이산해는 동인의 영수였는데도 동인들 거개가 화를 입은 기축옥사(己丑獄事) 때에도 무사했으며, 1590년 영의정에 올라 종계변무(宗系辨誣, 명나라 행정법전에 조선 태조 이성계의 혈통을 잘못 기록한 것)의 공으로 광국(光國)공신에 책록되었다. 이듬해 서인의 영수인 정철이 건저문제(建儲問題, 왕세자 책봉 문제를 둘러싼 서인과 동인 간의 정치적 갈등)를 일으키자 유성룡과 함께 정철을 탄핵하는 데 앞장섰다. 결국 이 사건으로 기축옥사 이후 정권을 잡고 있던 서인들은 몰락하고 수세에 몰렸던 동인들이 다시 정권 세력으로 등장했다.

1592년 임진왜란이 일어나자 이산해는 양사(兩司, 사헌부와 사간원)로부터 나라를 그르치고 왜적을 들어오게 하였다는 죄목으로 탄핵을 받고 파직되었다. 다시 김시양의 글을 보자.

공론(公論)을 좇아 이산해를 평해로 귀양 보냈다. 그러나 임금의 권애(眷愛)는 줄지 않았다. 을미년에 정승 정탁(鄭琢)이 그를 석방하여 돌아오게 하기를 청하였는데, 아마 임금의 뜻에 영합한 것이리라. 이산해는 다시 조정에 들어오기를 바랐는데, 그때 국정을 맡고 있던 유서애가 이를 저지하니, 이산해의 원망하는 마음이 골수에 사무쳤다. 그의 무리와 함께 제거하기를 꾀하여 무술년에 이르러 서애를 축출하고 자신이 대신 정승이 되었다.

선조는 그를 두고 "말은 마치 입에서 나오지 못할 듯하고 몸은 마치 옷을 이기지 못할 듯하지만 한 덩이 진기(眞氣)가 가슴속에 충만하여 바라보면 공경심이 일어난다"고 평하였다. 이산해는 선조 때 문장 8가(文章八家)의 한 사람이었다. 조정에서는 동인에 속했고, 다시 북인에 속했다가 마지막에는 대북(大北)의 영수가 되었다.

이산해는 54세 때 평해에서 3년 동안 유배 생활을 했다. 이 기간에 《아계유고(鵝溪遺稿)》에 실린 시 840수 가운데 절반이 넘는 483수를 지었다. 또한 이때 쓴 작품에 대해 허균은 "초년에 당시(唐詩)를 배웠고, 만년에 평해로 귀양 가 있으면서 조예가 극도로 깊어졌다"고 높이 평가했다.

수백 년의 세월이 흐른 지금 그가 보았던 빽빽한 소나무 숲은 많이 사라지고 정자도 자취를 감추었다. 월송정은 고려와 조선시대를 거쳐 1930년대에 보수되었으나 일제강점기에 미군 폭격기의 목표물이 된다 하여 아예 헐어버렸다. 지금의 건물은 1980년에 다시 세운 것이다.

월송정의 소나무 숲 위로 멀리 바닷물이 넘실거린다. 월송정 밑에는 조선 명종 10년(1555)에 쌓은 월송포성이 있었다. 이 성은 둘레 489자, 높이 7자의 석성을 쌓고 수군 400명과 수군만호를 두어 바다를 통해 들어오는 적을 막았다고 한다. 지금은 그 터만 남아 있다.

월송정 앞에 은빛 백사장과 그 너머 동해의 쪽빛 바다 그리고 백사장 주변에는 만여 그루의 소나무들이 울창한 숲을 이루었으나 일제강점기에 일본 사람들이 모두 베어버렸다. 그 뒤 1956년 월송리에 사는 손치후라는 사람이 사방 관리소의 도움을 받아 해송 1만 5,000그루를 심어 아름다운 경치를 되살려놓았다.

관동팔경 답사를 마치고 월송정에서 막걸리 한 잔을 기울이며 소나무 숲 너머로 밀려오는 파도를 바라보고 있자니 정철의 〈관동별곡〉에 나오는 신선이 된 듯하다.

월송 황씨의 본고장 월송리

월송리는 월송 황씨(越松黃氏)의 본고장이다. 《삼국사기》를 보면 한나라의 황락(黃洛)이란 사신이 교지국(交趾國), 즉 지금의 베트남으로 가다가 풍랑을 만나 이곳에 정착하여 황씨의 시조가 되었다고 한다. 그때가 신라 유리왕 5년, 서기 28년이었으니 이 마을의 역사는 약 2,000년이나 된다.

한편 평해는 성종 때 간신으로 알려진 임사홍의 아들이자 예종의 사위인 임광재가 강원도 통천으로 유배를 가던 도중 가마를 타고 간 일이 들통 나 유배를 왔던 곳이다.

조선시대에 정치범들이 동해 쪽으로 유배를 많이 왔는데, 그들 중에서도 정조 때 선화자(仙華子) 김약행(金若行)을 가장 먼저 떠올릴 수 있다. 그는 3,000리 유배형을 받았는데, 정조가 옛날 관행을 적용하여 리(里)수를 꽉 채워 보내라고 하였다. 김약행은 경상도 기장으로 갔다가 다시 강원도 평해로, 그리고 함경도 단천까지 감으로써 3,000리를 채웠다고 한다.

그러나 우리나라의 유배형은 땅덩어리가 큰 중국의 형벌을 본떠 '대명률'을 따르는 것은 애당초 문제가 많았다. 그러한 시정을 감안하여 세종 12년(1430)에 2,000리는 600리 밖으로, 2,500리는 750리 밖으로,

3,000리는 900리 밖 바닷가에 인접한 고을로 귀양을 보내게 하는 배소상정법(配所詳定法)을 만들었다.

도사 또는 나장들은 유배형을 받은 사람을 지정된 유배지까지 압송하여 고을 수령에게 인계하고 수령은 보수주인(保授主人)에게 위탁하였다. 보수주인은 그 지방의 유력자로서 집 한 채를 귀양지로 제공하고 유죄인 감호의 책임을 졌으며, 귀양지를 배소 또는 적소(謫所)라고 하였다. 유죄인은 고을 부담의 특명이 없는 한 스스로 생활비를 해결해야 했다. 그러므로 가족의 일부 또는 전부가 따라가게 마련이었다.

《대명률직해(大明律直解)》에도 비슷한 조항이 실려 있다.

> 무릇 유죄에 해당한 죄를 짓고 귀양 가는 자는 처첩을 따라가게 하며, 아비나 할아비나 아들이나 손자가 따라가고자 하면 청어 한다. 먼 곳에 강제로 이송하는 형에 처해진 자나 유배지의 제한된 구역에 연금된 자의 가구도 이에 준하여 처리한다.

중봉 조헌의 유배 생활

관례에 따르면 역(驛)에 유배된 이는 반드시 역관에게 사정하여 종으로 하여금 노역을 대신하게 하거나 아예 면제받는 일도 있었다. 물론 그러지 않고 자기에게 부여된 일을 묵묵히 수행하는 사람도 있었다.

이수광이 지은 《지봉유설》에 다음과 같은 글이 실려 있다.

정여창(鄭汝昌)이 종성으로 귀양을 가서, 일찍이 뜰에 횃불 놓는 역부(役夫)로 일하면서 항상 사신(使臣)이 공관에 들어오면 번번이 공손하게 횃불을 잡았지만, 지금은 귀양 간 사람이 편리할 대로 한가로이 살 따름이다. 비록 가산을 적몰하고 종으로 만들어 도년(徒年)에 처하더라도 부역하는 일이 없다. 지난해에 오직 중봉 조헌(趙憲)만이 홀로 그렇게 하지 아니하고 반드시 몸소 노역을 담당하여 말하기를 "조정에서 정히 이렇게 노역시키는 것으로 죄 있는 자를 다스리고자 하는데 이를 모면하기 요구한다면 이것은 반드시 임금의 명을 받지 않은 것이다" 하였다. 이러하였으므로 왕명을 받는 사신으로 조헌이 유배된 영동역(嶺東驛)에는 들르지 않고 지나가는 자가 많았다.

조헌이 통진 현감으로 있을 때 방자하고 횡포한 내노(內奴, 내수사 소속의 종)를 때려죽인 사건이 있었다. 그 일로 조헌은 부평으로 귀양을 가고 이어서 부친상을 당한다. 조헌의 집은 배소에서 거리가 10리도 못 되는 김포였으나 법 때문에 분상(奔喪)을 하지 못했다고 한다.

요즘 남이야 어찌 되든 돈만 벌면 된다는 파렴치한 사람들을 볼 때마다 유배형을 내리면 어떨까 생각해본다. 물론 유배형에 불합리한 면도 많지만 오늘에 되살려봄직한 형벌도 있다.

어딘가로 늘 떠나는 꿈을 꾼다

한편 월송정 북쪽 둔덕에 위치한 화구 마을은 꽃이 많이 피는 마을로, 매화꽃이 떨어지는 매화낙지형(梅花落地形)의 명당이 있다고 한다.

월송정 답사를 마치고 나오자 솔머리 남쪽에 있는 달효 마을에 이른다. 본래 아질달(阿叱達)이라고 하였는데, 조선 태종 5년에 달효로 바뀌어 삼척의 평릉역에 딸린 역을 두고 달효역이라고 불렀다고 한다. 달효 서쪽에 방아짓골의 막힌 골짜기로 넘어가는 매키고개가 있고, 달효 남쪽의 정산 마을은 조선시대에 향회(鄕會)를 했다고 하여 행잇골로 부르다가 그 이름이 바뀌어 생골 또는 정산이라고 부른다. 달효 서쪽 산에 있는 장수바위는 옛날 장수가 와서 놀다 갔다는 바위이고, 달효 동쪽에 아릿 서낭당나무는 해마다 정월 대보름에 달효 사람들이 모여서 당산제를 지내는 곳이다. 찰방 군수들의 몇몇 송덕비가 있는 월송초등학교 앞을 지나 모롱이를 돌아서 남대천의 제방 길로 간다.

평해 1킬로미터. 남대천변에 갈대는 바람에 사각거리고, 들판 너머에 평해읍이 눈에 잡힐 듯 보이는 제방에서 잠시 숨을 고른다.

이 땅에 태어나서 꼭 하고 싶었던 일들을 하나하나 이루어간다는 생각에 만감이 교차한다. 우리나라 산 400여 곳을 올랐고, 남한 8대강을 걸었으며, 조선시대 9대로 중 영남대로, 삼남대로 그리고 관동대로를 한 발 한 발 다 걸은 것이다.

그 오랜 편력과 방랑을 바탕으로 《다시 쓰는 택리지》를 비롯하여 관동대로까지 우리 국토를 주제로 한 책 20권에 역사와 삶을 오롯이 담았다.

일정을 잡았다 바꾸기를 여러 번, 마침내 관동대로 392킬로미터가 조금밖에 남지 않았다. 392킬로미터를 한 발 한 발 내딛은 내 다리는 무쇠다리라서 아프지 않은가? 많이 걸었는데도 아프지 않은 다리가 어디 있겠는가. 다들 아프다고 하는데 나마저 아프다면 어떻게 되겠는가? 아프다는 말도 못한 채 그저 웃으며 걸었던 그 시간들이 주마등처럼 스쳐 지

평해를 지나는 남대천 여정의 끝이 눈앞에 보인다. 내가 길을 불러낸 것인지 길이 나를 이곳으로 불러들인 것인지 알 수 없는 천릿길이 끝나간다.

나간다. 언제나 일행 뒤를 따라온 나는 지금 외로운가? 지금은 외롭지 않다.

사람들은 저마다 스스로와 약속을 한다. 그러나 잘 지키지 못하는 게 약속이다. 꿈속에서는 그 무엇도 되는 일들이 현실에서는 잘 이루어지지 않는다. 그런데도 사람들은 끊임없이 꿈을 꾼다. 어딘가로 떠나는 꿈을……. 현대인들만 그럴까? 옛날 사대부들도 늘 떠나는 꿈을 꾸었다. 그러나 실제로 떠난 사람은 그리 많지 않았다.

충주 가흥에서 태어나 강원도 삽교에서 살다가 세상을 등진 처사 안석경(安錫儆)은 1741년에 꿈속에서 어느 산을 유람하고 그 감회를 〈일산기(一山記)〉에 남겼다.

생각해보니 나는 세상을 살아가는 일에는 실로 기쁜 것이 없고, 산수를 유람하는 것에서만 기쁨을 느낀다. 그러나 병이 들어 그러한 산수를 다 유람할 수가 없다. 그러니 내가 꾸었던 꿈은 어쩌면 상상 속 유람이었던가? 아니면 내가 과연 실제 경물을 오고가며 본 것이 아니었던가? 알지 못하겠다. 다만 마음이 넉넉해지고, 아직 내가 보았던 것들이 남아 있어 산수에서 일어난 일 하나하나가 눈앞에 생생하게 펼쳐지므로 차마 버리지 못하겠다. 그래서 지필묵을 가져다가 기록한다.

도보답사를 준비할 때 가장 먼저 하는 일은 지도 작업이다. 언제나 해왔던 일인데도 걸어가야 할 곳을 점검할 때마다 설레고 두려웠다. 그런데 이 길을 거의 다 온 것이다.

평해는 군이었다

경상북도 울진군에 딸린 평해읍은 본래 조선시대의 현으로, 고구려 때 이름은 근을어(斤乙於)였다. 신라 경덕왕(757) 때 평해로, 고려 초기에 지군으로 바뀌었다. 그리고 조선 세조(1466) 때 군으로 승격되었다. 1914년에 행정구역을 개편하면서 울진군에 속했다가 1963년에 울진군이 강원도에서 경상북도로 이관되고 1980년에 평해읍으로 승격되기까지 역사의 발자취를 고스란히 담고 있다. 《신증동국여지승람》에 실린 평해의 동쪽은 바닷가까지 7리, 남쪽은 경상도 영해부 경계까지 24리, 서쪽도 같은 부의 수비부곡 경계까지 51리, 북쪽은 울진현 경계까지 38리, 한양과의 거리는 971리였다.

유의손(柳義孫)은 〈풍월루(風月樓)〉 기문에서 "동남쪽은 바다에 의지하고, 서북쪽은 산을 등졌다"고 했는데 평해의 진산은 부곡산(釜谷山)으로 평해 서쪽에 있다. 평해읍성은 돌로 쌓았으며 둘레 2,325척, 높이 9척이며 성 안에 우물 여섯 곳이 있고 군량 창고가 있었다고 전해지지만 현존하는 것은 거의 없다.

고려 말의 문장가 이곡(李穀)이 "말 머리 관동 땅에 길이 다하려 하는데, 기이한 경치 눈을 스치고는 이어 없어지네"라고 노래한 관동대로의 종점 평해는 동해 바닷가에 인접해 있다. 낙동정맥이 평해를 감싸고 있으므로 고려 말기에 해안에서 침범하는 왜구들의 침입이 잦았다고 한다. 북쪽으로부터 여진족이나 몽골군의 침입이 있었지만 서남쪽으로부터는 없었다.

《세종실록지리지》에 평해군은 "땅이 기름지고 메마른 것이 반반이며 기후가 따뜻하고 풍속이 해산물로 생업을 삼고 무예를 숭상한다"고 실려 있다. 이때 평해군의 호수는 247호이고, 인구는 911명이었다. 군정은 시위군 25명, 선군 71명, 수성군은 단 7명이었다. 2005년 말 평해읍 인구는 4,030명, 호수는 1,700호에 이른다.

드디어 평해읍 평해리 평해에 접어들었다. 평해읍사무소 정문 앞에서 관동대로 답사를 마무리하며 완주 소감을 이기춘 씨에게 물었다.

"길을 걸으면서 끊임없이 내가 살아 있다는 것을 느꼈어요. 관동대로를 종주하고 나니까 해야 할 일을 다 끝낸 기분이에요. 앞으로는 어떤 일이든 자신감을 가지고 할 수 있을 것 같아요."

뒤이어 안명숙 씨가 이야기한다.

"스스로 새장 속에 가둬놓은 새처럼, 발목을 묶어둔 코끼리처럼 그 한계를 벗어나지 못하고 살았다는 것을 알았어요. 지금은 무엇이든 할 수 있을 것 같아요. 하고 싶었던 일을 무사히 마치고 나니까 가슴이 찡하네요. 나 자신에게 '장하다'고 칭찬해주고 싶어요."

조인경 씨는 "다리도 기특하고 입도 기특하다"고 하고, 이수아 씨는 2~3구간을 걷지 못한 데 대해 아쉽고 속상해했다. 박지숙 씨는 관동대로를 걸은 우리 모두에게 축하 인사를 건넸다.

"이제야 길을 걷는다는 의미를 조금은 알 것 같아요. 다시 걷는다면 더 잘 걸을 것 같은데, 무엇보다도 종착지에 도착하는 순간 돌아갈 집과 가족이 있다는 것이 기뻤어요."

고혜경 씨가 소감을 말하는데 눈망울에 이슬방울이 맺힌다. 고혜경 씨 이야기처럼 먼 길을 걸어온 나그네의 고달픔과 가족들에 대한 그리움이 밀려들어 애잔한 마음을 말로 표현할 수가 없다.

멀리 떠나왔지만 돌아갈 곳이 있다는 것, 힘겨웠던 나날을 잊어버리고 다시 새로운 길에 나설 수 있다는 것, 그게 길 떠난 나그네의 유일한 기쁨이자 축복일 것이다. 나도 자신에게 물었다.

"넌 지금 행복하니?"

나는 아무런 말을 하지 못한다.

중국 고서인 《문선(文選)》에 보면 '기쁨이 크면 슬픔도 크다'는 말이 있다. '슬픔과 기쁨이 한데 엇갈린다(悲喜交集)'는 말도 있으며, '슬프기도 하고 기쁘기도 하다(一悲一喜)'는 말도 있다. 모두 지금의 내 마음을 말해주는 듯하다. 그러면서도 인생은 덧없는 것, 어떤 즐거움도 정상에 도달하거나 길게 지속된 뒤에는 오히려 슬픔을 느끼게 된다는 말처럼,

392킬로미터 관동대로를 두 발로 걸으며 고락을 함께한 우리땅걷기 길벗들

다 왔다고 생각되는 순간 성취감보다 비애감이 밀려드는 것은 무슨 까닭일까?

동대문에서 평해까지 걸어오는 동안 나는 누구를 만났고 무엇을 보았고 무엇을 잃었는가? 힘들 때마다 누군가를 원망하기도 했고 나를 탓하기도 했다. 그러나 길에서 만난 모든 사람과 모든 사물이 나의 스승이자 도반이었다는 사실에는 변함이 없다.

길을 걷는 것도 세상일과 같아서 생각하는 대로 되는 것은 하나도 없다. 열나흘 계획했던 것이 하루가 줄어들어 열사흘이 되었고, 서로 마음속에 크고 작은 앙금이 생겼다가 없어지기도 했다. 그런데도 서로 잘 참고 견디었기에 이렇게 경상북도 울진군 평해읍까지 무사히 걸어온 것이다. 우리가 지나온 관동대로의 모든 구간을 잊지 않고 언제까지 간직할지는 아무도 모른다. 함께 같은 것을 보았어도 저마다 간직한 기억들은 다를 것이다.

끝냈다는 안도감과 만족감, 그리고 뭐라 설명할 수 없는 쓸쓸함을 안고 점심을 먹은 뒤 기분 좋게 평해 터미널에 들어섰다. 무심결에 버스 요금표를 보았다. 나흘 전 떠나온 동해까지 버스 요금은 1만 1,400원이었다. 느림의 속도와 빠름의 속도는 무엇이란 말인가. 나흘 동안 죽기 살기로 걸어온 80킬로미터 거리는 1만 1,400원과 1시간 30분으로 대신할 수 있었던 것이다.

나는 방랑을 통하여 국토를 알았고, 사람을 알았고, 자연을 알았고, 길에 대한 사랑을 알았다. 이미 알아버린 그 사랑을 위해 나는 이 길이 끝나자마자 다른 길을 준비할 것이고 다시 길 위에 설 것이다. 길 끝에서 언제나 또 다른 길이 시작된다.

서울로 갈 사람들을 보내고 대구를 향해 바닷길을 달린다. 밀려오는 파도 속에 내가 걸어온 그 길이 하나 둘씩 물살처럼 되살아났다. 그리고 길이 끝난 지점에서 내가 걸어가야 할 새로운 길이 희미하게 보이고 《법구경》 중 몇 구절이 가슴속을 비집고 들어왔다.

지혜로운 사람을 만나는 것은 축복이니
그의 곁에 살면서
진정한 행복을 찾도록 하라.
어리석은 사람을 만나지 않음은
기쁨이다. 영원한 기쁨이다.

어리석은 사람과 함께 가지 말라

거기 원치 않는 고통이 따르게 된다.
어리석은 사람과 함께 산다는 것은
원수와 함께 사는 것만큼이나 고통스럽다.
그러나 현명한 사람과 함께 있으면
거기 기쁨은 넘쳐 강물로 흐른다.

그 영혼이 새벽처럼 깨어 있는 사람
인내심이 강하고 고개 숙일 줄 아는 사람
이런 사람을 만나거든 그의 뒤를 따르라.
저 별들의 뒤를 따르는 달처럼

— 제15장 〈안락품(安樂品)〉 중에서

역사의 길에 발자취를 남기다

고혜경(우리땅걷기 운영위원)

2007년 10월 3일 우리땅걷기 길벗들과 서울 동대문을 출발하여 양평, 원주, 대관령을 거쳐 울진 평해에 이르는 관동대로 392킬로미터를 열사흘 동안 걸었다.

송강 정철이 지은 〈관동별곡〉의 무대이자 조선시대 이산해를 비롯한 수많은 사람들이 유배 길을 떠났고, 율곡 이이와 허균 등 수많은 선인들이 오갔고, 임진왜란 때는 왜장 고니시 유키나가가 한양을 향해 진격했던 길이다.

또한 병자호란 당시 척화파였던 김상헌과 김상용을 배향한 석실서원터에서 진경문화와 북학사상을, 남양주 지금동의 양수리 마재에 있는 다산 정약용 생가 여유당에선 대실학자의 면모를 느낄 수 있었다.

2002년 동해안의 대형 산불로 초토화된 민둥산을 넘어 임원으로 넘어가는 고갯마루 성황당엔 수백 년 풍상에도 꿋꿋이 살아남은 소나무 한 그루가 동해를 내려다보고 있다. 그 소나무 밑엔 우마의 고삐를 잡고, 봇짐을 이고 지고 울진 장으로 오갔을 민초들의 기원이 수북한 돌무더기로 남아 있다.

이렇듯 신분의 높고 낮음에 관계없이 길은 삶의 개별성과 시간을 뛰어

넘는다. 역사의 산실이자 박제되지 않은 박물관이란 말에 공감하는 까닭이 바로 여기에 있다.

또한 옛길의 길모퉁이에서 문득 찾아오는 자연의 경이는 이 땅을 두 발로 걷는 자만이 누릴 수 있는 축복이자 선물이리라.

저물녘의 가을 하늘과 산봉우리를 오롯이 비춰주던 용문의 흑천이 그랬다. 비에 젖어 점점 무거워지는 배낭과 다리를 이끌고 도착한 삼척의 죽서루는 관동팔경다운 기품과 늦가을 비에 더욱 선명해진 단풍이 어우러져 절경을 연출했다.

임원에서 소공령을 넘어 사기촌으로 넘어가던 옛길 또한 너무 아름다워 관동의 차마고도라 이름 붙였다. 발 아래 끝없이 펼쳐진 푸른 동해와 겹겹이 둘러싸인 능선들이 빚어놓은 아름다운 풍경을 어찌 무릉도원에 비교하랴! 파우스트의 한 구절처럼 '너 정말 아름답구나! 하고 감탄하는 그 순간에는 악마가 나를 잡아가도 좋다'는 표현은 길을 걸으며 자연과 물아일체(物我一體)의 행복을 느껴본 사람만이 알 수 있을 것이다.

아스콘으로 포장된 쭉 뻗은 길에서 밀려나 초목에 묻힌 채 사라져가는 옛길 구간을 걷는 일은 보물찾기 못지않게 가슴이 설렜다. 가을빛에 물든 옛길은 인적이 끊겨 고요하고 애잔했다. 서울 쪽 관동대로는 도로를 넓히면서 옛 경치를 잃어버렸지만 강원도와 경기도에서는 산지(山地)가 발달한 지역을 통과하기 때문에 도로를 넓히는 대신 다른 노선을 건설해 그나마 옛 흔적이 잘 남아 있다.

13일 동안 자동차가 쉼 없이 질주하는 아스팔트 길과 산길, 들길을 걸어서 울진 평해까지 완주하고 나니 내 안에 숨어 있던 강인한 또 다른 나를 발견했다. 걷는 동안 너무 힘들어 포기하고 싶었다. 지금은 그러한 순간들을 이겨낸 인내력과 끈기만 있다면 무슨 일이든 잘 해낼 자신감이 생겼다.

길은 사람을 위해 존재한다.

길은 시대의 요구와 변화에 따라 바뀌어왔고 앞으로도 변할 것이다. 서울에서 평해까지 하나 둘 사라져가는 옛길에서 조상의 정치, 경제, 사회, 문화의 궤적들을 되짚어보고 그 역사의 길에 발자취를 남긴 내 인생 여정에도 특별한 의미를 부여해본다.

정말 원한다면 길을 나서라

박수자(우리땅걷기 운영위원)

살고 싶었다.

왼쪽 신장 반을 떼어내고 두 달 만에 일상으로 복귀했지만 5년 안에 전이되면 죽는다는 암 선고는 몸보다 마음이 먼저 알고 불면증까지 찾아왔다.

실존주의 철학자 니체는 "나를 죽이지 않는 한 모든 것은 나를 강하게 만들 뿐이다"라고 했다. '그래, 어디 누가 이기나 해보자'라는 심정으로 나선 길이었다.

동대문에서 평해까지 전 구간을 걷지는 못했지만 길 위 야생오리처럼 자유로운 동행이었다. 사라져버린 길을 찾아 헤매기도 하고 덤불을 헤집고 올라간 곳이 전원주택 마당이라는 사실에 우리 일행은 어이없는 불청객이 되는 순간도 있었다.

800미터의 문재 정상을 오를 때는 폭염에 심장이 턱 막히고 머리가 터질 것 같았다. 일행 누구도 말이 없었다. 삶에서 가장 힘든 순간은 바로 자신과 맞설 때라는 사실을 온몸으로 실감했다. 도보답사는 끊임없이 맞닥뜨렸던 내 자신과의 싸움뿐 아니라 일상에서 마주하는 바리케이드를 훌쩍 뛰어넘는 원동력이 되었다.

대관령 옛길, 단풍들은 고구려 벽화 색감이었다. 약간 바랜듯 속살까지 햇빛과 숲 향기가 스민 얼굴들……. 그리고 동해의 찬란함. 유자차와 산수유 술을 마실 때면 대관령 옛길들이 아련하게 떠오른다. 푹신하고 아늑한 발 아래 촉감까지……. 딸과 같이 걸었던 구간이기에 추억보험 하나는 확실하게 보장받은 셈이다.

기차가 간간이 지나가는 안인진리에서 정동진까지 구불구불한 길은 은비늘을 뒤척이는 바다와 가장 가깝게 걸을 수 있는 비경이다. 수평선 위에 작은 배들, 해송들, 두 팔을 쫙 벌리고 바람을 가득 담았던 유쾌한 구간이었다.

옛길은 도로와 택지 개발로 사라져가는 데다 포장도로에 나서면 매연과 질주하는 차들로 마음놓고 걷기가 힘들다. 옛길도 훌륭한 문화유산임을 더 많은 사람들이 인식하고 몸소 걸어보기를 권한다.

핏줄과 학연으로 만난 사람들이 아닌 걷는 것이 좋아 만난 사람들. 평생 길 위를 걸으며 몸으로 체득한 경험과 동서양을 넘나드는 철학과 시를 들려주던 신정일 선생님. 그리고 관동대로를 함께 걸은 20명의 길벗들.

길 위에 많은 것이 있다. 탄생을 알리는 금줄이 있고 죽음을 알리는 꽃상여가 있다. 묵묵히 제 길을 가는 자벌레와 기쁨으로 꽃을 피우는 들풀들이 있다.

살아 있다는 것이 축복이란 걸 느끼고 싶고 정말 원한다면, 길을 나서라 그리고 두 발로 뚜벅뚜벅 걸어라.

관동대로 서울에서 평해까지 옛길을 걷다

지은이 | 신정일

1판 1쇄 발행일 2008년 10월 31일
1판 1쇄 발행부수 2,000부 총 2,000부 발행

발행인 | 김학원
편집인 | 한필훈 선완규
경영인 | 이상용
기획 | 최세정 홍승호 황서현 유소영 유은경 박태근
마케팅 | 하석진 김창규
디자인 | 송법성
저자 · 독자 서비스 | 조다영(humanist@humanistbooks.com)
스캔 · 표지 출력 | 이희수 com.
조판 | 새일기획
용지 | 화인페이퍼
인쇄 | 청아문화사
제본 | 정민제본

발행처 | (주)휴머니스트 출판그룹
출판등록 제313-2007-000007호(2007년 1월 5일)
주소 | 서울시 마포구 연남동 564-40 121-869
전화 | 02-335-4422 팩스 | 02-334-3427
홈페이지 | www.humanistbooks.com

ⓒ 신정일, 2008
ISBN 978-89-5862-255-0 03900

만든 사람들

기획 | 박태근(ptk2001@humanistbooks.com) 최세정
편집 | 이미경
지도 | 맵핑
사진 | 고혜경 권태균 신정일
디자인 | 석운디자인